suhrkamp taschenbuch 1463

Wien um die Jahrhundertwende. Ein junges Mädchen aus gutem Hause, elf Jahre alt, schreibt ein Tagebuch, dreieinhalb Jahre lang. Es geht um Schule, Lehrer und Lehrerinnen, Freundinnen, die Beziehung zu den Eltern, zum Bruder, und vor allem um die Konflikte mit der älteren Schwester Dora. Das Mädchen wird älter, entdeckt die Sexualität. Die Informationen über die biologischen Funktionen des Menschen, sein sexuelles und erotisches Verhalten werden unter den Schulfreundinnen gehandelt wie Rauschgift. Und von Gretel in seltener Offenheit beschrieben.

Das Tagebuch erschien erstmals 1919, herausgegeben von der Psychoanalytikerin Dr. Hermine Hug-Hellmuth. Sigmund Freud schrieb damals: »Das Tagebuch ist ein kleines Juwel. Wirklich, ich glaube, noch niemals hat man in solcher Klarheit und Wahrhaftigkeit in die Seelenregungen hineinblicken können, welche die Entwicklung des Mädchens unserer Gesellschafts- und Kulturstufe in den Jahren der Vorpubertät kennzeichnen. Wie die Gefühle aus dem Kindlich-Egoistischen hervorwachsen, bis sie die soziale Reife erreichen, wie die Beziehungen zu Eltern und Geschwistern zuerst aussehen, und dann allmählich an Ernst und Innigkeit gewinnen, wie Freundschaften angesponnen und verlassen werden, die Zärtlichkeit nach ihren ersten Objekten tastet, und vor allem wie das Geheimnis des Geschlechtslebens erst verschwommen auftaucht, um dann von der kindlichen Seele ganz Besitz zu nehmen...«

In England wurde das Tagebuch wegen »sittlicher Gefährdung« verboten. 1927 wurde es aus dem deutschsprachigen Buchhandel gezogen, seither ist es nicht wieder erschienen. Versehen mit einem Vorwort von Alice Miller und einem Nachwort von Hanne Kulessa wird es erneut vorgelegt.

Tagebuch eines halbwüchsigen Mädchens

Mit einem Vorwort
von Alice Miller
neu herausgegeben und
mit einem Nachwort
versehen
von Hanne Kulessa

Suhrkamp

Das *Tagebuch eines halbwüchsigen Mädchens* erschien erstmals 1919
im Internationalen Psychoanalytischen Verlag, Leipzig und Wien. Die
Herausgeberin war Dr. Hermine Hug-Hellmuth.
Umschlagmotiv: Max Liebermann, Die Tochter des Künstlers im
Lehnstuhl sitzend und lesend, 1901
© Marianne Feilchenfeldt, Zürich

suhrkamp taschenbuch 1463
Erste Auflage 1987
© Suhrkamp Verlag Frankfurt am Main 1987
Suhrkamp Taschenbuch Verlag
Alle Rechte vorbehalten, insbesondere das
des öffentlichen Vortrags, der Übertragung
durch Rundfunk und Fernsehen
sowie der Übersetzung, auch einzelner Teile.
Satz: Hümmer GmbH, Waldbüttelbrunn
Druck: Ebner Ulm
Printed in Germany
Umschlag nach Entwürfen von
Willy Fleckhaus und Rolf Staudt

1 2 3 4 5 6 – 92 91 90 89 88 87

Inhalt

Vorwort von Alice Miller

Ein Kind bezeugt
Zum »Tagebuch eines halbwüchsigen Mädchens«

»Wir können sagen, daß das rundum normale kleine Kind nahezu durch und durch egozentrisch, gierig, schmutzig, von heftigem Temperament und zerstörerischen Gewohnheiten, zutiefst sexuell orientiert, großspurig in seinem Verhalten, bar jeden Realitätssinnes – es sei denn in primitiver Form –, ohne jedes moralische Empfinden und in seiner Einstellung gegenüber der Gesellschaft (vertreten durch seine Familie) opportunistisch, rücksichtslos, dominierend und sadistisch ist. Wenn wir uns dann der kriminellen Persönlichkeit zuwenden, die wir als Psychopathen bezeichnen, stellen wir fest, daß viele der soeben genannten Eigenschaften unter bestimmten Umständen durchaus bis ins Erwachsenenleben hinein bestehen bleiben können. Ja, gemessen an den sozialen Maßstäben des Erwachsenen ist das normale kleine Kind geradezu der geborene Verbrecher.«

Diese Sätze stammen nicht aus dem Mittelalter, auch nicht aus den Lehrbüchern der »schwarzen Pädagogik« etwa eines Schreber, Sulzer oder Campe, sondern aus einem Buch des führenden britischen Psychoanalytikers, Edward Glover. Sie wurden noch in den 70er Jahren publiziert und spiegeln die seit Jahrhunderten unverändert bestehende Auffassung vom Kind. Leider ist diese Auffassung, die auf einem grundlegenden Irrtum beruht, sehr weit verbreitet und wurde von Sigmund Freud aus der Pädagogik seiner Zeit auch noch in die Psychoanalyse hinübergetragen. Sowohl die traditionelle Pädagogik als auch die Psychoanalyse vertreten die Meinung, das Kind käme böse auf die Welt und müsse von den guten, unschuldigen Erwachsenen erzogen werden, damit es einmal so liebevoll, ehrlich, edel und tolerant werde, wie es die Erwachsenen angeblich seien.

Viele ältere Menschen sind heute noch fest davon überzeugt, man müsse und könne Kinder mit Hilfe von Strafen dazu bringen, ihre Bosheit aufzugeben. Dabei ist es bereits experimentell bewiesen, daß ein Kind durch Strafen nichts anderes lernt, als zu lügen, um neuen Strafen zu entgehen und allenfalls die Strafmethoden selber später anzuwenden. Doch das stört den Erwachsenen nicht absonderlich, solange er selber das System der Lügen, in dem er lebt, nicht durchschaut. Er ist ja einst durch diese Schule gegangen und hat sich längst daran gewöhnt, daß die Lüge zu den Spielregeln der Gesellschaft gehört. Im Religionsunterricht werden zwar Worte wie Wahrheit und Ehrlichkeit hochgehalten, doch wehe dem naiven Kind, das diese Worte ernstnehmen will. Das Kind darf nicht ehrlich sagen, was es denkt und fühlt, es darf auch das Natürlichste gar nicht denken oder fühlen, es muß um jeden Preis die Lügen, die verlogenen Normen der Gesellschaft gut lernen, um von den Erwachsenen akzeptiert zu werden.

Wie sich dieser Lernprozeß abspielt, zeigt das vorliegende Tagebuch, in dem das seltene Wunder geschieht, daß ein echtes, unverstelltes Kind ausführlich zu Wort kommt, erzählt, berichtet, bezeugt. Gretel ist das jüngste von drei Kindern. Sie hat offensichtlich weniger als ihre älteren Geschwister für die Kindheitstraumen ihrer Eltern büßen müssen. Sie ist freier, spontaner als Dora und Oswald. Sie war das Lieblingskind des Vaters und erfuhr von beiden Eltern Zärtlichkeit und Wärme. Daher kann sie eine tragfähige Freundschaft eingehen, daher kann sie Wut, Schmerz und Freude erleben und dies zum Ausdruck bringen. Daher kann sie sich wehren, sich Hilfe verschaffen, wenn sie sie braucht, sie kann erstaunlich gut beobachten, wahrnehmen, kritisch denken und die Unehrlichkeit der anderen durchschauen. Und vor allem: sie darf reden. Sie sagt zum Beispiel mit 12 Jahren: »Denken Sie sich, Fräulein, meine *Schwester* hatte im vorigen Jahr Mittelohrentzündung und *deshalb* dürfen *wir beide* heuer nicht aufs Eis«. (S. 57). Oder: »Überhaupt, was liegt mir denn jetzt am Leben. Wenn die Menschen so falsch sind« (S. 80). Wie viele Erwachsene sind zu einer Differenzierung fähig: »An der Hella sind solche große Worte herrlich, an der Dora ärgern sie mich fürchterlich, weil sie ihr nicht vom Herzen kommen« (S. 86).

Weil Gretel in Liebe und Geborgenheit aufwuchs, weil ihre Seele nicht amputiert wurde, kann sie ihre lebendige Sprache voll entfalten und zeigen, wer sie ist. Damit zeigt sie auch, wie Kinder in ihrem Alter sein *könnten*, wenn man sie nicht durch strenge Erziehung, Lieblosigkeit und Verwahrlosung verletzen würde.

Ein verletztes Kind kann nicht wie ein Kind frei sprechen, es spricht, wie der Erwachsene es von ihm haben will. Es muß sehr früh die Kunst der Verstellung lernen. Friedrich Nietzsche schrieb auch ein Tagebuch mit 12 Jahren, aber dieses Tagebuch wirkt angepaßt, leblos, langweilig. Erst als er die Professur innehatte und seine Gefühle intellektuell begründen konnte, ließ er sie zu. Aber die Unmittelbarkeit der Erlebnisse ging dabei verloren. Sie sind in einer verschlüsselten Sprache der Dichtung eingesperrt geblieben.

Bei Gretel sind sie leicht zu finden, und dies macht die Lektüre dieses Buches zu einem spannenden Erlebnis. Die Direktheit, Echtheit und Wärme dieses Mädchens teilt sich dem Leser in jeder beschriebenen Situation mit, weil sich dieses Kind noch nicht verstecken muß.

Doch Gretel wird es bald lernen müssen. Sie muß es lernen, wenn sie erwachsen werden will. Und das will sie unbedingt. Um endlich ernstgenommen zu werden, muß sie die Kunst der Verstellung lernen. Sie darf nicht zeigen, daß sie neugierig ist, darf keine Fragen stellen und muß sich schuldig fühlen, wenn sie sich die Antworten selber verschafft. Sie muß auch die Fähigkeit aufgeben, logisch zu denken, weil sie die Eltern nicht in Frage stellen darf. Doch vorläufig ist sie noch frei, die Wahrheit zu bezeugen. Sie zeigt die Gesellschaft in voller Schärfe, wie ein Kind sie erfährt und zu zeigen vermag, bevor es gelernt hat, ihre Lügen zu übersehen. Da dieser tragische Lernprozeß bei den meisten Kindern viel früher stattfindet, nämlich bevor sie zu schreiben gelernt haben, sind Berichte von solcher Authentizität kaum zu finden. Ich könnte mir vorstellen, daß es in Zukunft den Kindern eher möglich sein wird, ihre Gefühle und Gedanken zu artikulieren und sie nicht in Gedichten verstecken zu müssen. Doch bisher kenne ich kein anderes Dokument dieser Art. Ich las es beinahe an einem Stück, mit Freude und Faszination. Es gab darin nichts, was mich gestört hätte, außer das Wort »Seelchen«, das bezeichnenderweise von einer Erwachsenen stammt. Dieses Tagebuch zeigt unter anderem, wie starke, lebendige Seelen der Kinder zu armen Seelchen gemacht werden, und es zeigt, welcher Reichtum bei diesem Prozeß des Erwachsenwerdens verloren geht.

Vieles, was ich geschrieben und publiziert habe, hat Ärger und Unwillen hervorgerufen, aber keine meiner Thesen ist einem so starken Widerspruch begegnet, wie die Behauptung von der Unschuld des Kindes. Die angebliche Schuld des Kindes, über die sich die meisten einig sind, gehört zu den zahlreichen Lügen, die wir sehr früh lernen mußten, um endlich in die Welt der Erwachsenen Einlaß zu finden. Die Lügen der Gesellschaft fordern Opfer, immer neue Opfer. Doch sie lassen sich entlarven, und zwar durch die jetzt erwachte Sprache der Betroffenen, die als Erwachsene berichten, was ihnen in der Kindheit geschah und wie sie zum Lügen erzogen wurden. Dank ihnen erfahren wir heute zum ersten Mal, was Erwachsene seit Jahrtausenden mit den Kindern gemacht haben, wie sie deren Fähigkeit zu fühlen und mitzufühlen von Anfang an verstümmelt oder gar zerstört haben und damit unsere Zukunft gefährdeten.

Louise Armstrogs Buch »Kiss Daddy Good-Night«, das 1985 im Suhrkamp Taschenbuch Verlag herauskam, ist inzwischen zum Klassiker geworden, weil hier zum ersten Mal Fakten erzählt wurden, die bisher in der ganzen Geschichte der Menschheit bekannt, aber verschwiegen werden mußten. Seit dem Erscheinen dieses Buches häufen sich neue Berichte, die mit der Zeit das Bewußtsein der Gesellschaft verändern werden, weil sie von Fakten, von Realitäten erzählen, die durch keine Theorien mehr zugedeckt werden können.

Ich stelle mir vor, daß das »Tagebuch eines halbwüchsigen Mädchens« einen Beitrag zu dieser Bewußtseinserweiterung liefern kann. Es zeigt nämlich, wie die Erwachsenen ihre aus der eigenen Kindheit stammenden Schuldgefühle auf ihre Kinder projizieren und ihnen die Neugier verbieten, um sagen zu können: *du* bist verdorben. Verletzte Kinder sind wehrlos und müssen diese fremden Kleider tragen, solange sie keine anderen bekommen. Gretel gehörte zu den glücklichen Ausnahmen. Sie war ein geliebtes Kind, durfte daher liebesfähig werden und durfte sprechen; so konnte sie uns ein Geschenk von seltenem Wert machen: ihr Tagebuch, in dem ein unverstelltes Kind die Wahrheit bezeugt.

Zusatz: Ich halte es für durchaus möglich oder sogar wahrscheinlich, daß die Herausgeberin des Tagebuchs unter Zuhilfenahme des Pseudonyms »Gretel« hier ihre eigenen Aufzeichnungen aus der Kinderzeit publizierte. Doch ich halte es, aus Gründen, die mein vorangegangener Text enthält, für ausgeschlossen, daß dieses Tagebuch von einer erwachsenen Person geschrieben bzw. simuliert wurde.

Tagebuch eines
halbwüchsigen Mädchens

Geleitwort von
Dr. Hermine Hug-Hellmuth
zur ersten Auflage des
»Tagebuch eines halbwüchsigen Mädchens«,
1919

In den vorliegenden Blättern gelangen die Aufzeichnungen eines halbflügen Mädchens aus vornehm-bürgerlicher Familie zur Veröffentlichung. Ich weiß ihnen kein schöneres Geleite zu geben als die Worte, in die Herr Professor Dr. *Freud* ihren Wert als Kulturdenkmal unserer Zeit in seinem Brief an mich vom 27. April 1915 faßte:

>»Das Tagebuch ist ein kleines Juwel. Wirklich, ich glaube, noch niemals hat man in solcher Klarheit und Wahrhaftigkeit in die Seelenregungen hineinblicken können, welche die Entwicklung des Mädchens unserer Gesellschafts- und Kulturstufe in den Jahren der Vorpubertät kennzeichnen. Wie die Gefühle aus dem kindlich Egoistischen hervorwachsen, bis sie die soziale Reife erreichen, wie die Beziehungen zu Eltern und Geschwistern zuerst aussehen und dann allmählich an Ernst und Innigkeit gewinnen, wie Freundschaften angesponnen und verlassen werden, die Zärtlichkeit nach ihren ersten Objekten tastet, und vor allem, wie das Geheimnis des Geschlechtslebens erst verschwommen auftaucht um dann von der kindlichen Seele ganz Besitz zu nehmen, wie dieses Kind unter dem Bewußtsein seines geheimen Wissens Schaden leidet und ihn allmählich überwindet, das ist so reizend, natürlich und doch so ernsthaft in diesen kunstlosen Aufzeichnungen zum Ausdruck gekommen, daß es Erziehern und Psychologen das höchste Interesse einflößen muß.
>…Ich meine, Sie sind verpflichtet, das Tagebuch der Öffentlichkeit zu übergeben. Meine Leser werden Ihnen dafür dankbar sein…«

Bei der Herausgabe dieser Blätter wurde nichts beschönigt, nichts dazugetan oder weggelassen. Die Änderungen beziehen sich einzig auf die Unkenntlichmachung der Personen durch die Wahl anderer Orts-, Familien- und Vornamen, durch die Verwischung all dessen, was Eingeweihte auf die Spur der Schreiberin führen könnte. Damit erfülle ich den Wunsch der Eignerin des Tagebuches, die mir diese Aufzeichnungen zu freier Verwendung im Dienste der Wissenschaft überließ.

Es wurden auch die kleinen Unebenheiten des Stiles und Verstöße gegen die Rechtschreibung beibehalten. Denn sie sind zum überwiegenden Teil nicht als Ausdruck kindlicher Unbeholfenheit in der Beherrschung des Wortes zu betrachten, sondern als Äußerungen affektuöser Strömungen, als echte Fehlleistungen aus dem Wirken des Unbewußten zu werten.

Wien, im Herbst 1919.   *Die Herausgeberin*

Geleitwort zur dritten
Auflage, 1922

Das »*Tagebuch eines halbwüchsigen Mädchens*« hat allerorten ein so starkes wissenschaftliches und auch rein menschliches Interesse gefunden, daß der Wunsch der Leser, etwas über den Eindruck, den die Schreiberin im persönlichen Verkehr machte, über ihre Veranlagung, ihren Charakter und endlich über ihr weiteres Schicksal zu hören, ein gut begreiflicher ist. Allerdings geben die Tagebuchblätter auf alle diese Fragen mit Ausschluß der letzten besser Auskunft, als es der Schilderung eines anderen gelingen könnte. Weil man aber meinte, über diese Punkte nicht genug erfahren zu haben, so wollte man zumindest den Namen der Herausgeberin kennen. Insofern dieser Wunsch dem entspringt, sich dadurch gewissermaßen wenigstens eine Bürgschaft für die Unverfälschtheit der Aufzeichnungen zu sichern, ist er verständlich und nicht unberechtigt; tauchten doch da und dort Zweifel in dieser Richtung auf, die durch die Anonymität der Herausgeberin an Berechtigung zu gewinnen schienen.

Triftige Gründe persönlicher Natur hinderten mich bislang, *für die Echtheit des Tagebuches mit meinem Namen einzustehen,* ein Umstand, der mir deshalb weniger schwerwiegend erschien, weil ja der größere Name *Professor Freuds* dafür bürgte.

In der Zeit nach dem Druck der 2. Auflage sind die persönlichen Gründe weggefallen und ich empfinde es als Befreiung, meinen Namen als Herausgeberin nicht länger verschweigen zu müssen. Und damit kann ich auch das Verlangen vieler, über die Schreiberin des Tagebuches einiges zu erfahren, was in den Aufzeichnungen nicht enthalten ist, erfüllen. Dem wissenschaftlichen Interesse werden die Angaben, die ich machen kann, ohne das Versprechen der Verschwiegenheit zu brechen, genügen, müßige Neugierde freilich wird unbefriedigt bleiben.

Das Mädchen stand niemals in psychoanalytischer Behandlung. Ich lernte sie als 19jährige kennen, als sie sich, in einer Wiener Pension lebend, zur Ablegung der Gymnasialmatura vorbereitete und mich, da sie von gemeinsamen Bekannten gehört hatte, daß auch ich diese Prüfung nach privatem Studium abgelegt hatte, über Wege und Dauer der Ausbildung um Rat fragte. Schließlich bat sie mich, sie wenigstens in einigen Fächern (Deutsch, Mathematik, Physik und Psychologie) selbst vorzubereiten. In dem Jahre gemeinsamen Arbeitens lernte ich in ihr einen um ihres *ehrlichen Charakters* willen liebenswerten Menschen kennen. Von einnehmendem Äußern, heiterer Sinnesart und gefälligen Umgangsformen, wird sie eine recht sympathische Erscheinung. Ihre geistige Begabung ging keineswegs über das Mittelmaß hinaus, ja manchmal machte sie mir den Eindruck, als sei sie irgendwo in ihrer intellektuellen Entwicklung stecken geblieben. Eine gewisse Fahrigkeit und Ungeduld kennzeichneten neben dem Ehrgeiz, hinter anderen nicht zurückzustehen, ihr Wesen. Stärker als dieser Ehrgeiz war aber ihre Abneigung gegen andauernde geistige Anstrengung und so gab sie den Plan, die Matura abzulegen, wieder auf. Nur die Vorträge über Psychologie hatten ihr Interesse wirklich gefesselt und mancherlei Erinnerungen aus ihrer Kindheit wachgerufen, ohne daß ich aber aus den gelegentlichen Mitteilungen über ihr Verhältnis zu Schwester und Bruder und zu den Eltern, zu Freunden und zur Schule ein klares Bild ihres Familienlebens hätte gewinnen können. Daß diese Bruchstücke mir später einmal wertvoll sein werden, wußte ich damals nicht.

Wir blieben in oberflächlichem freundlichen Verkehr. Zwei Jahre später brachte sie mir zugleich mit der Mitteilung ihrer Verlobung ein Bündel Tagebuchblätter, die sie ursprünglich am Wendepunkt ihres Lebens als »wertlose Kinderei« hatte vernichten wollen, dann aber, da sie sich meines Interesses für das kindliche Seelenleben erinnerte, mir zur allfälligen Verwertung zu übergeben beschloß. Es war ein recht umfangreiches Paket Zettel verschiedenen Formats, zerknittert, teilweise verwischt, oft unleserlich in dem echten Gekritzel einer flüchtigen Kinderhand. Da mir nicht selten von jugendlichen Analysanden Niederschriften von Herzensergüssen in Prosa und Poesie zur Verfügung gestellt werden, die sich in der Regel als recht wenig wertvoll, weil gekünstelt und auf Effekt berechnet, erweisen, ging ich mit einer gewissen Skepsis ans Lesen. Je tiefer ich aber in die Lektüre kam, desto wertvoller erschienen mir *diese, nach Schrift, Inhalt und stilistischer Entwicklung unzweifelhaft unverfälschten Aufzeichnungen eines kaum halbwüchsigen Mädchens.* In diesem Sinne schrieb ich ihr; die darauf bezüglichen Stellen ihrer Antwort nahm ich in das Geleitwort der 1., bezw. der 2. Auflage des Tagebuches auf.

Das Mädchen hat kein glückliches Ziel erreicht. Bei Ausbruch des Krieges ging die junge Verlobte, die gehofft hatte, das Weihnachtsfest 1914 an der Seite des geliebten Mannes im eigenen Heim zu verleben, als Krankenpflegerin auf den serbischen Kriegsschauplatz. Körper und Seele waren aber den ungeheuren Anforderungen des Pflegedienstes nicht gewachsen; sie erlag dem Ansturm der Erlebnisse in ihrem neuen Wirkungskreis.

Die Nachricht von ihrem frühen Tode kam erst nach mehr als Jahresfrist auf Umwegen zu mir, da ich niemanden ihrer Angehörigen kenne. –

Endlich ein Wort an die Kritik des Tagebuches. Die meisten Referenten würdigen seine Bedeutung als »Kulturdenkmal unserer Zeit« in vollem Umfang. Neben dieser in der weitaus überwiegenden Zahl verständnisvollen Kritik treten, wie schon bemerkt, Zweifel an der Echtheit des Tagebuches auf. Der eine und andere bemüht sich, mit mehr oder weniger Scharfsinn nachzuweisen, daß es sich um eine gut gelungene Mystifikation, um eine Reproduktion der Kindererlebnisse von der Hand einer Erwachsenen handle. *Cyril Burt,* der heftigste Kritiker des Tagebuches, zweifelt im *British Journal of Psychology* (August 1921) zunächst die Ausdauer der Schreiberin als für ein 11–14½jähriges Kind recht ungewöhnlich an, er berechnet, daß im Durchschnitt 400 Worte auf die Stunde – »eine gute Leistung für ein Kind!« – kommen und findet die Kontinuität der Eintragungen bei der durch die »neugierige inquisitorische Schwester« und die »ängstliche Mutter« gebotenen Heimlichkeit höchst unwahrscheinlich. Er hebt besonders den »logischen Aufbau der Eintragungen und der Einwände gegen die elterlichen Ansichten« zweifelnd hervor, es erscheint ihm das Tagebuch »merkwürdig zusammenhängend« und die »fast dramatische« Einführung der Personen, die jede Fußnote überflüssig mache, gekünstelt. Bei diesen Einwendungen übersieht der Kritiker die typische Einstellung des Kindes zur Umwelt: Aus Eifersucht auf die ältere Schwester ermüdet die Elfjährige nicht, es ihr gleichzutun und, was anfangs sicher nicht selten förmlich als lästiger Zwang empfunden sein mochte, wird allmählich zur Gewohnzeit, zum Bedürfnis. Daß Kinder bei Führung eines Tagebuches in der Regel von einer fast peinlichen Gründlichkeit in der Angabe der Personen und ihrer Beziehungen zu einander sind, ist jedem, der selbst in jungen Jahren Tagebuchblätter geschrieben hat oder solche von anderen Jugendlichen kennt, nichts Erstaunliches. Jede Gestalt, die in die Gefühlswelt des Kindes eingreift, erscheint ihm so wichtig, daß es ihm einfach selbstverständlich ist, ihr Verhältnis zu ihm und andern eingehendst zu erörtern, ein Zug, der uns an nicht wenigen Erwachsenen von bescheidenem Intellekt in ihren Berichten ermüdend auffällt. Ich habe nie den Eindruck gehabt, Rita habe das Tagebuch *für die Freundin* geschrieben, die Kinder haben bloß das Versprechen getauscht, einander gegenseitig Einsicht in die Blätter zu gewähren, was ja Hella auch tatsächlich während ihrer Rekonvaleszenz der Freundin zugesteht. Der Kritiker, der sich an der Kontinuität der Eintragungen stößt, hätte leicht verfolgen können, wie das ganze Ich des Kindes in Anspruch nehmende Erlebnisse, die Vorbereitungen zu Festtagen, zum Landaufenthalt und zur Rückkehr in die Stadt, drohende Zensuren, Krankheit und Tod der geliebten Mutter, tage- und wochenlange Unterbrechungen in den Eintragungen bedingen.[1] Und wenn ihm ihre Länge unwahrscheinlich dünkt, so ist darauf nur zu sagen, daß es eben auch schon unter den Kindern wie unter den Erwachsenen »schreibselige« gibt; die Heimlichkeit und Hast machte nur einfach die Aufzeichnungen schwerer entzifferbar, eine Mühe, die ich gern auf mich nahm.

Daß der Kritiker die stilistische Fassung in den ganzen 3½ Jahren als »ziemlich unverändert« bezeichnet, halte ich für eine mangelhafte Beobachtung seinerseits. Es sind eben kunstlose Aufzeichnungen, wie sie von einem Durchschnittsmädchen zwischen 11 und 14½ Jahren ohne Berechnung, einfach affektiv hingeworfen werden.

Man hat der jungen Rita endlich wiederholt einen merkwürdigen Mangel an großen Interessen zum Vorwurf gemacht. Nun, sie hat ihr junges Dasein in einer von keinen großen Ereignissen bewegten Zeit wohlbehütet im Kreise der Ihren verlebt; kein Wunder also, daß ihr die Familie und ein engster Freundeskreis alles bedeutet. Darin ist sie einfach ein Beispiel für den großen Typus der Tochter aus einer vornehmen Wiener Beamtenfamilie, sowie ihre Freundin Hella die typische österreichische Offizierstochter der Vorkriegszeit repräsentiert.

Nein, an dem Tagebuch ist nichts unecht, nichts geändert als die Namen der Personen und Orte, sowie der Beruf des Vaters der Schreiberin (er war wohl ein höherer Staatsbeamter, stand aber nicht im Justizdienst). Es sind echte Wiener Kinder, wie sie vor dem Jahre 1914 zu finden waren, liebenswert und anmutig in ihrem sichern engen Kreis, aus dem sie kein noch so triebstarkes Verlangen nach großen Erlebnissen zu reißen vermochte. Selbst das sexuelle Geheimnis ist für sie viel mehr Gegenstand des Intellekts als der Sinnlichkeit; denn es ist so eng verknüpft mit den Gestalten von Vater und Mutter, daß weit mehr das Verbotene daran reizt, als das Rätsel selbst.

Man hat auch wiederholt bedauert, daß ich unbeschadet des Versprechens an das Mädchen, das Original des Tagebuches zu vernichten, nicht doch aus jedem Jahre einige Blätter aufbewahrte, um aus der Entwicklung der Schrift die Echtheit des Dokumentes erweisen zu können. Nun, ich meine, der richtige unverbesserliche Zweifler würde sich auch durch ein solches Faksimile nicht beruhigen lassen. Ihm ist der Zweifel Bedürfnis und darum läßt er sich auch nicht durch »Beweise« überzeugen.

Wien, im Mai 1922.   *Dr. Hermine Hug-Hellmuth*

---

1 Hervorgehoben seien bloß die 1monatigen Unterbrechungen im 1. Jahre vom 12. Jänner bis 12. Februar, Wochen, in denen das Lernen keine Zeit zur Tagebuchführung ließ; im 3. Jahre vom 26. März bis 16. Mai, in welche Zeit Krankheit und Tod der geliebten Mutter fielen, im 4. Jahre vom 6. November bis 3. Dezember; 1– bis 3wöchentliche Pausen im 1. Jahre vom 20. Februar bis 8. März, im 3. Jahre vom 9. bis 22. März, vom 8. bis 14. September; im 4. Jahre vom 6. bis 15. und vom 18. bis 24. Jänner.

I. Jahr
(Von 11–12 Jahren)

12. Juli 19..: Die Hella und ich schreiben jetzt ein Tagebuch. Wir haben uns vorgenommen, wenn wir ins Lyzeum aufgenommen werden, alle Tage ein Tagebuch zu führen. Die Dora schreibt auch ein Tagebuch, aber sie ärgert sich furchtbar, wenn ich es sehe. Ich nenne die Helene *Hella* und sie nennt mich *Rita;* Helene und Grete ist so furchtbar gewöhnlich. Die Dora nennt sich seit neuestem *Thea;* ich sage aber doch wie immer *Dora.* Sie behauptet für so kleine Kinder (damit meint sie mich und die Hella) paßt überhaupt noch gar kein Tagebuch. Und was da für Unsinn drin stehen wird. Auch nicht mehr als in den ihren und Lizzi ihrem.

13. Juli: Eigentlich sollten wir erst nach die Ferien anfangen zu schreiben, aber weil wir beide wegfahren, so beginnen wir schon jetzt. Damit wir wissen, was wir in die Ferien erlebt haben.
Also vorgestern haben wir Aufnahmsprüfung gemacht, es war sehr leicht, im Diktat habe ich nur 1 Fehler gemacht *in* ohne h. Das Fräulein hat gesagt, das macht nichts, ich hab mich nur geirrt. Das ist auch wahr, denn ich weiß recht gut, daß man ihn mit h schreibt. Wir waren beide weiß angezogen mit den rosa Maschen und alle haben geglaubt, wir sind Schwestern oder wenigstens Kusinen. So eine Kusine ließ ich mir schon gefallen. Aber als Freundin ist es noch besser, der kann man alles anvertrauen.

14. Juli: Unser Fräulein war sehr lieb. Wegen ihr ist mir und der Hella eigentlich leid, daß wir nicht in die Bürgerschule gehen. Denn da hätten wir alle Tage vor der Schule zu ihr in die Klasse hinunter gehen können. Wegen der anderen Kinder ist es uns aber recht. Man ist doch mehr, wenn man ins Lyzeum geht als bloß in die Bürgerschule. Und darum ärgern sich auch die Kinder furchtbar. *Sie bersten vor Neid,* (das sagt meine Schwester von mir und der Hella, aber es ist nicht wahr.) *Unsere beiden Studentinnen* hat das Fräulein gesagt, wie wir uns verabschiedet haben. Wir sollen ihr bestimmt schreiben am Land. Ich tue es auch.

15. Juli: Die Lizzi, der Hella ihre Schwester, ist nie so gemein wie die Dora, die ist immer so nett! Heute schenkte sie uns jeder mindestens zehn Praliné. Die Hella sagt zwar oft zu mir: »Du kennst sie nicht, wie sie sein kann. Zu mir ist *Deine* Schwester auch gewöhnlich sehr lieb.« Natürlich, das ist sehr lieb, wenn sie immer von uns die *Kleinen* oder die *Kinder* sagt, als ob sie nie ein Kind gewesen wäre und zwar noch ein viel kleineres, als wir jetzt sind. Übrigens jetzt sind wir dasselbe wie sie. Sie geht halt in die Vierte Klasse und wir in die Erste.

Morgen fahren wir nach Tirol, nach Kaltenbach. Ich freue mich schon riesig. Die Hella ist heute gefahren, nach Ungarn zu ihrem Onkel und ihrer Tante mit ihrer Mama und der Lizzi. Und ihr Papa ist in die Manöver.

19. Juli: In die Ferien ist es sehr schwer, alle Tage zu schreiben. Es ist einem alles so neu und man hat keine Ruhe zum schreiben. Wir wohnen in einer großartigen Villa im Wald. Aber den Platz vor dem Haus, den hat die Dora gleich für sich genommen zum schreiben. Und rückwärts sind so gräßlich viele ganz kleine Fliegen; da ist alles schwarz vor Fliegen. Vor Fliegen und solchen Tieren graust's mir. Wegen des vorderen Platzes lasse ich mir diese Verdrängung auf keinen Fall gefallen. Das gibts nicht, das hat auch der Papa gesagt: »Kinder, streitet nicht!« (*Kinder* auch zu *ihr*!!) Das ist schon recht, weil sie sich gar so viel einbildet, daß sie im Oktober vierzehn wird. »Die Plätze gehören ja allen und jedem,« hat der Papa gesagt. Das ist wahr, der Papa ist *immer* gerecht, nie gibt er der Dora Recht, während die Mama schon öfters die Dora bevorzugt. Heute schreibe ich an die Hella. Sie hat mir übrigens auch noch nicht geschrieben.

21. Juli: Die Hella hat mir geschrieben, 4 Seiten lang und so lieb. Wenn ich *sie* nicht hätte! Vielleicht kommt sie im August zu mir oder ich zu ihr. Ich zu ihr, das wäre beinahe besser. Ich mache gern Besuche auf lange. Der Papa hat gesagt: »Na, wir werden schon sehen«, also da erlaubt er es bestimmt. Wenn die Eltern sagen, wir werden schon sehen, heißt das immer ja; aber sie wollen es nicht direkt sagen, damit, wenn es doch nicht geht, die Kinder ihnen keinen Vorwurf machen können, daß sie ihr Wort nicht halten. Der Papa täte überhaupt alles erlauben, aber die Mama. Na, wenn ich öfters Klavier übe, wird sie es vielleicht schon erlauben. Ich muß spazieren gehen.

22. Juli: Ich muß mich zwingen, hat die Hella geschrieben, jeden Tag zu schreiben, denn einen Schwur muß man halten und wir haben es geschworen, jeden Tag zu schreiben. Ich – –

23. Juli: Es ist gräßlich, man hat keine Ruhe. Gestern wie ich schreiben will, wird aufgeräumt und in der Laube war die D... vor der schreib ich *absolut* nicht und am offenen Platz vorn sind mir die Blätter weggeflogen. Wir schreiben nämlich auf lose Blätter. Die Hella meint, es ist besser, weil man nichts herausreißen braucht. Aber wir haben einander geschworen, daß wir nichts wegwerfen und zerreißen. Und warum denn? Vor einer Freundin kann man alles sagen. Das wäre eine schöne Freundschaft. Wie ich gestern zuerst doch in die Laube komme, schaut die Dora mich mit einem infamen Blick an und fragt: Du wünschest? Als ob die Laube ihr allein gehörte, überhaupt, wo sie zuerst den Platz vorn wollte. Das ist wirklich eine Gemeinheit.

Gestern nachmittags waren wir auf dem Kobler-Kogel. Es war sehr schön. Denn der Papa war sehr lustig und wir haben uns mit Tannenzapfen beworfen. Das war lustig. Der Dora habe ich einen auf ihren ausgestopften B... geworfen, da hat sie furchtbar aufgeschrien und ich habe ganz laut gesagt: Das spürst du ja gar nicht. Im Vorbeigehen hat sie gesagt: Fratz! Aber das macht nichts, wenigstens weiß ich, daß sie es verstanden hat und daß es wahr ist. Ich möchte wissen, was sie alle Tage der Erika zu schreiben hat und was *sie* eigentlich in ihr Tagebuch schreibt. Der Mama war nicht gut und da ist sie zuhaus geblieben.

24. Juli: Heut ist Sonntag. Den Sonntag habe ich besonders gern. Der Papa sagt zwar: Kinder, ihr habt ja alle Tage Sonntag. In den Ferien ist es wahr, aber sonst haben wir gar nicht alle Tage Sonntag. Die Bauern sind alle in ihren Kostümen und die Bäuerinnen und Kinder auch, ganz so wie im Theater. Wir haben heute die weißen Kleider an und ich habe mir einen großen Kirschenfleck hineingemacht, aber unabsichtlich, weil ich mich auf verfaulte Kirschen gesetzt habe. Jetzt muß ich nachmittags zum Spazierengehen doch das rosa Kleid anziehen. Das ist mir ganz recht, ich habe nicht gerne dasselbe Kleid an, wie die Dora. Niemand braucht gleich wissen, daß wir Schwestern sind. So kann man glauben, wir sind bloß Kusinen. Sie kann es übrigens auch nicht leiden, warum, möchte ich wissen? In 8 Tagen kommt der Oswald, da freue ich mich schon riesig. Der ist doch noch älter als die Dora, aber mit ihm vertrage ich mich immer. Die Hella hat mir geschrieben, daß sie sich langweilt ohne mich; ich mich auch.

25. Juli: Heute schrieb ich an das Fräulein Prückl. Sie ist in Achensee. Ich möchte sie sehr gerne sehen. Nachmittag gehen wir alle Tage kalt baden und spazieren. Aber heute regnet es schon den ganzen Tag. Das ist fad. Ich habe meine Farben zum Malen vergessen und lesen darf ich nicht den ganzen Tag. Die Mama sagt, wenn du jetzt alles verschlingst, hast du dann gar nichts mehr. Das ist wahr, aber nicht einmal schaukeln kann ich gehen.

Nachmittag: Das muß ich extra schreiben. Ich habe einen *furchtbaren* Streit mit der Dora gehabt. Sie behauptet, ich stöbere in ihren Sachen herum. Weil sie keine Ordnung hat. Ich möchte wissen, was mich *ihre* Sachen interessieren sollen. Ihren Brief an die Erika hat sie gestern selber am Tisch liegen lassen und da habe ich weiter nichts gelesen, als: Er ist göttlich schön. Wer, das weiß ich nicht einmal. Aber da kam sie schon bei der Tür herein. Wahrscheinlich der Krail Rudi, ihr Partner beim Tennisspielen, mit dem macht sie furchtbare Geschichten. Aber schön, na Geschmacksache!

26. *Juli:* Es ist doch ganz gut, daß ich mir den Puppenkoffer mitgenommen habe. Eigentlich hat die Mama gesagt: Nimm ihn nur für Regenwetter. Also spielen tu ich ja natürlich längst nicht mehr; aber schließlich Kleider nähen, das kann man schon tun mit 11 Jahren; man lernt ja auch gleich dabei etwas. Und wenn etwas fertig ist, machts mir riesige Freude. Die Mama schneidet mir die Sachen zu und ich nähe sie ganz leicht zusammen. Da kommt die Dora ins Zimmer und sagt: Ach, die Kleine näht Puppensachen. Eine solche Frechheit, als ob sie nie mit Puppen gespielt hätte. Und dann von Spielen ist bei mir doch überhaupt keine Rede. Wie sie sich neben mich niedersetzt, fahre ich mit der Nadel so stark aus, daß ich ihr einen Riesenkratzer auf der Hand mache und sage: O Pardon, du bist mir leider zu nahe gekommen. Den Sinn wird sie hoffentlich verstanden haben. Natürlich wird sie es der Mama klatschen. Soll sie. Was hat sie mich denn *Kleine* zu nennen. Und den roten Kratzer hat sie doch, noch dazu auf der rechten Hand, wo ihn jedes sieht.

27. *Juli:* Wir haben hier sehr viel Obst. Den ganzen Tag sitz ich bei den Stachelbeeren und Himbeeren und die Mama sagt, darum esse ich nichts zu Mittag. Der Doktor Klein sagt doch immer, Obst ist so gesund; also warum denn auf einmal nicht? Die Hella sagt auch immer, das, was man gern tut und hat, da drüber wird so lange geschimpft, bis es einem zuwider wird. Und die Hella ärgert sich auch oft furchtbar über ihre Mama und ihre Mama sagt: Da opfert man sich auf für seine Kinder und die lohnen es mit Undank. Na also aufopfern, ich möchte wissen, wieso. Eher müssen die Kinder sich opfern. Denn wenn ich Stachelbeeren essen

will und nicht darf, so ist das ein Opfer von *mir* und nicht von der *Mama*. Ich habe das auch Hella geschrieben. Das Fräulein Prückl hat mir geschrieben. Gott wie süß, die Adresse Fräulein Grete Lainer, Lyzealschülerin. Die Dora weiß es natürlich schon wieder besser und sagt, in den oberen Klassen von der vierten an (weil sie nämlich in die vierte kommt), schreibt man Lyzeistin.» Und in den Ferien *vor* der ersten Lyzeumsklasse ist man überhaupt noch keine Lyzealschülerin.« Da ist der Papa dazugekommen und hat gesagt, *wir* (*ich* habe nicht angefangen) sollen mit diesem ewigen Wortgeplänkel aufhören; er will das nicht hören. Da hat er *sehr* recht; aber es wird leider nichts nützen, denn die Dora hört ja doch nicht auf. Das Fräulein Prückl hat mir geschrieben, sie hat sich *sehr* gefreut, daß ich ihr geschrieben habe. Und wenn ich wieder einmal Zeit habe, so soll ich ihr wieder schreiben. Gott! für *sie* habe ich immer Zeit. Ich schreibe ihr noch heute nach dem Nachtmahl, damit sie nicht umsonst wartet.

29. Juli: Gestern war es mir unmöglich zu schreiben. Die Warth sind angekommen und ich war den ganzen Tag bei der Erna und Liesel, obwohl es den ganzen Tag geregnet hat. Wir haben uns großartig unterhalten. Sie haben eine Menge Gesellschaftsspiele mit und wir haben um Zuckerln gespielt. Ich habe 47 gewonnen, fünf habe ich dann der Dora gegeben. Der Robert ist schon um mehr als einen Kopf größer als wir, nämlich als die Liesel und ich; ich glaube er ist fünfzehn. Er sagt Fräulein Grete und hat mir den Mantel getragen, den mir die Mama geschickt hat wegen dem Regen und er hat mich nach dem Nachtmahl bis nachhaus begleitet. Morgen ist mein Geburtstag, da sind alle eingeladen und die Mama macht Erdbeerschnee und Waffeln. Das ist fein.

30. Juli: Heute ist mein Geburtstag; ich habe einen wunderbaren Sonnenschirm mit eingewebter Bordüre bekommen vom Papa und Malsachen und von der Mama ein riesiges Postkartenalbum für 800 Stück und Erzählungen für Backfische und die es bald sind, von der Dora hochfeine Billets de Corresp. und die Mama hat eine Chokoladecremetorte gemacht für heute nachmittags neben der Erdbeercreme. Von den Warth habe ich in aller Frühe drei Geburtstagskarten bekommen. Und der Robert hat auf seine geschrieben: In aufrichtigster *Verehrung Ihr treuer R.* Geburtstag haben ist herrlich, alle sind so nett, sogar die Dora. Vom Oswald habe ich ein Holzmesser zum Bücheraufschneiden bekommen, der Griff ist ein Drache, der statt des Feuers die Klinge speit; oder die

Klinge kann auch die Zunge sein, das sieht man nicht so genau. An meinem Geburtstag hat es noch nie geregnet. Der Papa sagt ich bin ein Glückspilz. O, das ist mir schon recht, das kann ich sehr gut brauchen.

31. Juli: Gestern war es himmlisch. Wir kugelten uns vor Lachen beim Sekretärspiel. Immer kam ich mit dem Robert zusammen und was wir alles getan haben, nämlich nicht wirklich, sondern nur aufgeschrieben: geküßt, umarmt, im Walde verirrt, mitsammen ins Bad gegangen; na also, *das* täte ich wohl nicht! miteinander gestritten. Nein, das wird nicht vorkommen, das ist ganz unmöglich! Und dann haben wir auf meine Gesundheit angestoßen mit 5 Kracherln und der Robert hat durchaus einen Wein holen wollen, aber die Dora hat gesagt, nein, das wäre äußerst taktlos! Also, in Wirklichkeit war es von ihr ganz etwas anderes. Sie ärgert sich nämlich immer sehr, wenn ich *je einmal* die Hauptperson bin, und die war ich gestern unbedingt.

Jetzt noch schnell von heute. Es war herrlich. Wir waren mit Warth im Tiefen Graben, wo furchtbar viel Erdbeeren wachsen. Die schönsten pflückte der Robert für mich, zum riesigen Ärger der Dora, die sich alle selber suchen mußte. Eigentlich suche ich ja auch gerne selber, aber wenn wer anderer *aus Liebe* (so sagte nämlich der Robert direkt) für einen pflückt, so verzichtet man gerne auf das Selbersuchen. Übrigens habe ich nebenbei auch selber gesucht und gab die meinen dem Papa und einige auch der Mama. Bei der Jause in Flischberg saß ich leider neben der Erna und nicht dem Robert. Die Erna ist eigentlich die Fadeste. Die Mama sagt, sie ist *bleichsüchtig;* das ist furchtbar interessant, aber ich weiß eigentlich nicht genau wie das ist. Die Dora behauptet auch immer, sie ist bleichsüchtig, aber es ist natürlich nicht wahr. Und der Papa sagt immer: »Red dich nicht hinein in solche Faxen; du bist pumperlgesund. Das ärgert sie furchtbar. Die Lizzi war voriges Jahr wirklich bleichsüchtig, da hat es der Arzt gesagt, sie hatte immer Herzklopfen und mußte Eisen nehmen und Rotwein trinken. Mir scheint darauf hat es die gute Dora abgesehen.

1. August: Die Hella ist ein bißchen beleidigt, weil ich ihr geschrieben habe, daß ich den ganzen Tag bei den W. bin. Deswegen ist sie doch meine einzige Freundin, sonst würde ich ihr das doch nicht schreiben. Sie hat ja auch am Land jedes Jahr eine andere Freundin, aber deshalb bin ich doch nicht beleidigt. Warum ihr übrigens der Robert nicht gefällt, weiß ich nicht; sie kennt ihn ja gar nicht, außer von dem, was ich ihr geschrieben habe und das war doch sicher nur lauter Gutes. Das heißt sie kennt ihn, weil er zu den Sernig verwandt ist und weil sie ihn dort einmal getroffen hat. Aber von *einmal* kennt man doch einen Menschen noch nicht. Und jedenfalls kennt sie ihn nicht so, wie ich. Gestern war ich den ganzen Tag bei den W. Wir spielten »Platz dem König« und da erwischte mich Robert und ich mußte ihm ein Bussel geben. Und da sagte die Erna, das gilt nicht, ich habe mich absichtlich fangen lassen. Da ist der Robert furchtbar wild geworden und hat gesagt: Die Erna ist eine fade Nocken, die verdirbt jedem seine Freude. Da hat er Recht, übrigens ist jemand anderer genau so. Hoffentlich hat die Erna nichts der Dora wegen des Bussels gesagt. Denn dann wissen es gleich alle und das ist doch nicht nötig. Ich habe der Erna mit den Bonbons aufgewartet, die uns Tante Dora geschickt hat. Die anderen haben ich und der Robert und die Liesel aufgegessen. Sie waren sehr fein und beinahe lauter große. Der Robert hat sich zuerst ein ganz kleines nehmen wollen, aber ich habe gesagt, er soll nur ein großes nehmen. Und dann hat er sich immer große ausgesucht. Wie ich abends mit der leeren Schachtel nachhause gekommen bin, hat der Papa gelacht und gesagt: Ein Neidhammel ist unsere Gretel nicht. Übrigens hat die Mama noch eine ganze Schachtel voll; ob die Dora noch viel hat, habe ich keine Idee; aber wahrscheinlich.

2. *August:* Heute nachmittag um 5 Uhr ist der Oswald gekommen. Er ist furchtbar fesch; er bekommt schon beinahe einen Schnurrbart. Am Abend ist er mit dem Papa ins Gasthaus gegangen, sich bei den Herren vorzustellen. Er sagt, das ist ihm gräulich, aber er wird sicher allen sehr gut gefallen, besonders mit seinem neuen Touristenanzug und der echten Lederhose. Die Großmama und der Großpapa lassen alle schön grüßen. Ich kenne sie aber gar nicht. Und sie haben uns eine Menge Bäckerei geschickt und der Oswald hat riesig geschimpft, daß er es hat mitschleppen müssen. Der Oswald raucht furchtbar viel Zigaretten und der Papa hat zu ihm gesagt: Komm Alter, wir gehen ins Gasthaus, dein Zeugnis begießen. Also das finde ich komisch; bei der Dora und bei mir wird nichts begossen, höchstens bekommen wir etwas. Der Oswald hat lauter Zweier und Dreier und ganz wenige Einser und in Griechisch sogar ungenügend, ich habe aber lauter Einser. Er hat zum Papa etwas Lateinisches gesagt und der Papa hat sehr gelacht und auch etwas gesagt, was ich nicht verstanden habe. Ich glaube,

es war nicht lateinisch, sondern eher ungarisch oder englisch. Der Papa kann fast alle Sprachen, sogar böhmisch, aber das spricht er Gott sei Dank nicht, außer wenn er uns ärgern will. Wie damals am Bahnhof, wo ich und die Dora uns so geniert haben. Böhmisch ist gräßlich, das sagt auch die Mama. Wenn der Robert böhmisch nachmacht, muß man sich kugeln vor Lachen.

3. August: Neulich war ich zu lange im kalten Bad und habe mich verkühlt, deshalb darf ich jetzt ein paar Tage nicht baden gehen. Da bleibt der Robert immer ganz allein bei mir und erzählt mir alles Mögliche. Und dann schaukelt er mich so hoch, daß ich furchtbar schreie. Heute hat er mich eigentlich beleidigt, er sagt, der Oswald ist ein öder Pimpf. Ich habe gesagt, das ist nicht wahr, die Buben können sich immer gegenseitig nicht leiden. Und daß er beim Reden anstößt, ist wirklich nicht wahr. Überhaupt ist mir der Oswald viel lieber als die Dora, die immer *die Kinder* sagt, wenn sie von mir und von der Hella und sogar vom Robert spricht. Da hat er gesagt: Die Dora ist grad so eine Gans, wie die Erna. Da hat er wirklich Recht. Der Robert sagt, er wird nie rauchen, das ist furchtbar ordinär, wirklich feine Herren rauchen nicht. Na also bitte, und mein Papa? Und er sagt auch, er wird auch nie einen Bart tragen, sondern er wird sich alle Tage rasieren und seine Frau muß ihm alles herrichten. Also dem Papa steht sein Bart sehr gut, ich kann ihn mir gar nicht vorstellen ohne Bart. Ich heirate jedenfalls keinen Mann, der keinen Bart hat.

5. August: Wir gehen alle Tage auf den Tennisplatz. Wie wir gestern gehen, der Robert und ich und die Liesel, die Erna und der René, ruft uns die Dora nach: Das Brautpaar in spee. Das hat sie nämlich vom Oswald und das heißt, glaube ich, in hundert Jahren. Na, so lange wartet vielleicht *sie,* aber wir nicht. Die Mama hat sie deswegen ordentlich ausgezankt und gesagt, sie soll nicht so blöde Sachen reden. Das war schon recht; in spee, in spee. Wir nennen sie jetzt nur mehr Inspee, da weiß niemand von wem wir reden.

6. August: Die Hella kann nicht hieher kommen, denn sie fährt mit ihrer Mama nach Klausenburg zu ihrem anderen Onkel, der ist dort Bezirksrichter oder wie das in Ungarn heißt. Jeden Bezirksrichter stell ich mir so vor, wie den Bezirksrichter Th... den wir kennen, so eckelhaft. Die Nase und dabei ist seine Frau so schön; aber sie wurde gezwungen zum Heiraten von ihren Eltern. Zu so etwas ließe ich mich nie zwingen, da heirate ich lieber gar nicht, sie ist auch sehr unglücklich.

7. August: Es ist ein greulicher Skandal bei uns wegen der Dora. Der Oswald hat dem Papa gesagt, daß sie beim Tennisspielen furchtbar kokettiert und das kann er nicht dulden. Der Papa hat wahnsinnig geschimpft und jetzt dürfen wir nicht mehr Tennisspielen gehen. Und am meisten hat sie geärgert, daß der Papa vor mir gesagt hat: So ein Fratz von 14 Jahren fängt schon an, sich den Hof machen zu lassen. Sie hat ganz rot geschwollene Augen und hat am Abend nichts gegessen vor *Kopfweh*!! Also dieses Kopfweh kennt man schon. Aber wie ich dazu komme, daß ich nicht gehen darf, das sehe ich nicht ein.

8. August: Der Oswald sagt, der Student hat sich ganz fer benommen, die Schuld liegt nur an der Dora. Also das weiß ich am besten; wenn ich nur denke, damals auf der Südbahn. Also ich darf richtig auch nicht Tennisspielen gehen, obwohl ich die Mama riesig gebeten habe, sie soll beim Papa für mich sprechen. Aber sie sagt, das nützt nichts, der Papa ist furchtbar böse und ich darf auch nicht mehr ganze Tage bei den Warth sein. Ganze Tage, ich möchte wissen, wann ich einen ganzen Tag dort war. Da hätte ich doch mindestens zu Mittag essen müssen. Was kann denn ich dafür, daß die Dora sich den Hof machen läßt. Das ist doch lächerlich. Aber immer sind die Eltern so. Wenn eins was tut, müssen die andern mitleiden.

9. August: Gott sei dank, ich kann wieder auf den Tennisplatz gehen; ich habe den Papa so lange gebettelt, bis er es *mir* erlaubte. Die Dora behauptet, sie verlange es sich ohnehin nicht! Na also, das kennt man schon, das ist der Fuchs mit den sauern Trauben. Sie spielt sich seit neuestem auf die Kranke hinaus, geht nicht ins kalte Bad und bleibt womöglich von den Spaziergängen zuhause. Ich möchte wissen, was ihr fehlen sollte. Mich wundert nur, daß der Papa es erlaubt, denn die Mama ist immer sehr, aber schon sehr nachsichtig gegen die Dora; sie ist entschieden ihr Liebling, besonders wenn der Oswald nicht da ist. Daß man den Oswald zum Liebling hat, kann ich begreifen, aber die Dora? – Überhaupt der Papa sagt immer, Eltern haben keinen Liebling, alle Kinder sind ihnen gleich. Ja vom Papa ist das auch wahr, obwohl die Dora behauptet, ich sei der Liebling vom Papa; aber das bildet sie sich wirklich nur ein. Wir bekommen zu Weihnachten und auch sonst immer gleich viel und das ist doch das sicherste Merkmal. Die Rosa Plank bekommt immer dreimal so viel als ihre Geschwister, das heißt ein Liebling sein.

12. August: Ich kann nicht alle Tage schreiben, denn ich bin meistens mit Warth zusammen. Der Oswald kann den Robert nicht leiden, er sagt, er ist ein Lausbub und noch naß hinter den Ohren. Eine solche Gemeinheit. Ich rede seit drei Tagen nichts mit ihm, das heißt nur das Notwendige. Die Erna und die Liesel, denen ich das erzählte, sagen: alle Brüder sind so impertinent gegen ihre Schwestern. Ich möchte wissen warum? Übrigens der Robert ist im allgemeinen sehr nett zu seinen Schwestern. Sie sagen: Ja vor dir, weil er sich vor dir scheniert. Gestern haben wir uns gekugelt vor Lachen, was er uns erzählt hat, wie sich die Buben über ihre Professoren lustig machen. Das mit den Zigarettenstumpferln war zum Totlachen. Und sie haben einen Verein, der heißt T.Au.M., d. h. nämlich auf Lateinisch Schweig oder stirb, in den Anfangsbuchstaben. Keiner darf etwas verraten und wenn einer neu aufgenommen wird, muß er sich ganz ausziehen und er muß sich so hinlegen und jeder spuckt ihm auf die Brust und verreibt es und sagt: So sei der Unsere, aber alles auf Lateinisch. Und dann muß er zum Ältesten und Größten gehen und bekommt von ihm mit einer Rute ein paar auf den P... und muß schwören, daß er nie einen verrät. Und dann raucht jeder eine Zigarre an und tupft ihn mit dem brennenden Ende auf den Arm oder sonst wohin und sagt: Jeder Verrat soll dich so brennen. Und dann ritzt ihm der Älteste, der einen besondern Namen hat, den ich mir aber nicht gemerkt habe, das Wort Taum, d. h. eben Schweig oder stirb ein und ein Herz mit dem Namen von einem Mädchen. Der Robert sagt, wenn er mich früher kennen gelernt hätte, so hätte er *Gretchen* gewählt. Ich fragte ihn, was für einen Namen er eingeritzt habe, da sagte er, das dürfe er nicht verraten. Aber ich werde dem Oswald sagen, er soll im Bade schauen und es mir dann sagen. In diesem Verein schimpfen sie furchtbar über die Professoren und wer die besten Streiche ausdenkt, wird in die Rohon gewählt; ein Rohon sein, ist eine Auszeichnung und die anderen müssen ihm unbedingt folgen. Und manches kann er mir nicht einmal erzählen, sagte er, weil es zu arg ist. Und dann mußte ich ihm schwören, daß ich das alles vom Verein niemanden sage und er wollte ich soll mich zum Schwören niederknien, aber das habe ich nicht tun wollen und da hat er mich beinahe umgeworfen. Und schließlich mußte ich ihm die Hand drauf geben und ein Bussel. Das habe ich ihm schon eher gegeben, denn an einem Bussel ist nichts dabei, aber niederknien, nein das tue ich absolut nicht. Aber ich habe mich schrecklich gefürchtet, weil wir ganz allein im Garten waren und weil er mich so beim Hals packte und niederdrückte. Das vom *Verein* hat er mir nämlich ganz allein erzählt, weil er sagte: Deinen Namen darf ich nicht mehr einritzen, denn zwei Namen geht gegen unsere Gesetze, aber dafür sollst du gegen deinen Schwur wissen, was ich im geheimen bin und denke.

Ich habe die ganze Nacht nicht schlafen können, weil mir immer von dem Verein träumte. Ob es im Lyzeum auch solche Vereine gibt und ob die Dora auch bei einem ist und einen Namen eingeritzt hat. Aber ganz ausziehen ist doch gräßlich, noch dazu vor seinen Mitschülerinnen. Vielleicht ist das bei den Vereinen der Lyzealschülerinnen weggelassen. Aber ich würde auch nicht sagen, daß ich mir den Namen Robert einritzen will.

15. August: Gestern erzählte mir der Robert, daß es auch Vereine von Buben gibt, wo sehr unanständige Sachen geschehen, aber bei ihnen darf das nicht sein. Aber er sagte nicht was. Ich sagte, ich finde das Ganzausziehen schrecklich; aber er sagte, das ist gar nichts, das muß sein, wenn einer dem andern vertrauen soll, wenn nur nichts Unanständiges geschieht. Ich möchte sehr gerne wissen, was. Ob der Oswald es weiß, und ob er bei einem solchen Verein oder einem anständigen ist und ob der Papa dabei war. Wenn ich nur draufkommen könnte. Aber fragen darf ich nicht, weil ich sonst den Robert verrate. Wenn er mich sieht, preßt er mir immer so das linke Handgelenk, ohne daß es wer sieht. Er sagte, das ist die Mahnung, daß ich schweigen muß. Aber es wäre wirklich nicht notwendig, denn ich verrate ihn auf keinen Fall. Er sagte: Der Schmerz soll dich an mich binden. Wenn er das sagt, so werden seine Augen ganz dunkel, förmlich schwarz, obwohl er eigentlich graue Augen hat und riesig groß. Besonders am Abend, wenn wir auseinander gehen, schaut das gräßlich aus. Mir träumt immer von ihm.

18. August: Gestern abends war ein herrliches Kaiserfest mit Illumination. Wir kamen erst um ½21 Uhr nachhause. Zuerst gingen wir zum Parkkonzert und zur Beleuchtung. Von den Höhen schossen sie herunter und Höhenfeuer brannten überall; es war förmlich schaurig, obwohl es wunderbar war. Mir schnapperten ein paarmal die Zähne, ich weiß nicht aus Angst, daß etwas geschieht, oder was. Dann kam der R. zu mir und erzählte mir riesig viel. Er will unbedingt Offizier werden. Aber da braucht er eigentlich gar nicht so viel lernen, da lernt er alles jetzt umsonst. Er sagt, das macht nichts, das gibt ein riesiges Übergewicht. Ich finde nicht, daß er etwas blöd ausschaut, das sagt der Oswald nur, damit ich mich recht ärgere. Auf einmal waren wir von den anderen ganz getrennt und da setzten wir uns auf eine Bank und warteten auf sie. Derweil fragte ich den R. nochmals wegen der anderen Vereine, bei denen so unanständige Sachen eingeführt sind. Aber er sagte es nicht, er sagte, er wolle mir nicht meine Unschuld rauben. Das finde ich sehr blöd; vielleicht weiß er es selber nicht und tut nur so. Nur das sagte er, daß jeder beim Eintritt in den Verein so lange gekitzelt wird, bis er es nicht mehr aushalten kann. Und einmal hat einer Veitstanz bekommen, das sind schreckliche Krämpfe und da wäre bald alles aufgekommen. Und seither dürfen sie in ihrem Verein nicht mehr kitzeln. Soll ich dich auch ein bissel kitzeln? Untersteh dich nicht, sag ich, und überhaupt du traust dich auch gar nicht.

Er lacht riesig und auf einmal packt er mich am Arm und kitzelt mich unter der Achsel. Ich habe schrecklich lachen müssen, aber ich habe es verbissen, weil doch manchmal Leute vorbeigegangen sind. Drum ließ er mich auch aus und kitzelte mich in der Hand. Das war zuerst ganz angenehm, aber später ärgerte ich mich schon und riß ihm die Hand weg. Da kam gerade die Inspee mit zwei anderen Mädchen und wie sie vorbei waren, gingen wir schnell hinter ihnen, als ob wir immer so gegangen wären. Dadurch habe ich mir einen Putzer von der Mama erspart, die immer will, daß alle beisammen sind. Beim Weggehen sagt der R.: Paß auf Gretel, einmal kitzel ich dich so, daß du schreist. – Lächerlich, das lasse ich mir nicht gefallen, da gehören doch zwei dazu.

Richtig, bei der Juxtombola habe ich eine Vase mit 2 Turteltäubchen und ein Sackerl mit Bonbons gewonnen und der R. ein Eßbesteck. Das hat ihn furchtbar geärgert. Die Inspee hat eine Füllfeder gewonnen, wie ich sie mir wünsche und einen Spiegel, in dem man furchtbar häßlich ausschaut. Das gönne ich ihr, weil sie sich so viel einbildet.

29. August: Gotteswillen, es ist mir etwas Gräßliches passiert. Ich habe Seite 30 bis 34 verloren vom Tagebuch. Ich muß es entweder im Garten oder auf der Louisenhöhe liegen gelassen haben. Das ist furchtbar. Wenn das wer findet. Und ich weiß nicht einmal genau, was gerade auf diesen Seiten steht. Ich bin rein zum Unglück geboren. Wenn ich nicht der Hella geschworen hätte, alle Tage Tagebuch zu schreiben, so tät ich am liebsten ganz aufhören.

Wenn die Mama oder gar der Papa etwas erfährt. Und heute regnet es so greulich, daß ich nicht einmal in den Garten gehen kann, und auf die Louisenhöhe schon gar nicht, überhaupt nicht allein. Ich muß es vorgestern verloren haben, denn gestern und vorgestern habe ich nicht geschrieben. Wenn es nur niemand findet, das wäre gräßlich. Ich bin so aufgeregt, daß ich zu Mittag gar nichts essen konnte, obwohl wir meine Leibspeise Moor im Hemd hatten. Und ich bin auch so unglücklich, denn der Papa war so besorgt und die Mama auch und sie fragten in einer Tour, was mir fehlt und ich konnte kaum das Weinen verbeißen vor allen Leuten. Wir waren nämlich heute im Hotel, weil die Resi für 2 Tage weggefahren ist. Und dann im Zimmer bei den Eltern durfte ich auch nicht weinen, weil ich mich sonst verraten hätte. Ich habe nur eine Hoffnung, daß niemand weiß, daß die Blätter von mir sind, weil wir die Hella und ich im Tagebuch steil schreiben, erstens, damit niemand unsere Schrift erkennt und zweitens weil man mehr Papier erspart als beim gewöhnlichen Schreiben. Wenn es nur morgen schön wäre, daß ich gleich in der Frühe in den Garten suchen gehen könnte. Heute freut mich gar nichts und ich habe mich nicht einmal sehr geärgert, wie die Inspee sagte: O, vielleicht einen Streit gehabt mit dem Herrn Bräutigam!

30. August: Im Garten ist es nicht. Ich habe die Mama gebeten, daß wir nachmittag unbedingt zur Louisenhütte gehen. Die Mama war furchtbar lieb und fragte, warum ich so aufgeregt bin, ob mir etwas geschehen ist. Und da konnte ich mich nicht mehr zurückhalten und weinte gräßlich. Und sagte der Mama, ich habe etwas verloren, was mir schrecklich ist. Die Mama glaubte den Brief der Hella, den sie mir am Dienstag schickte und da sagte ich: Nein etwas viel Ärgeres, mein Tagebuch. Da sagte die Mama: Nun das ist doch hoffentlich nicht so arg und das wird doch niemanden interessieren. O ja, sage ich, weil alles vom R. seinem Verein drin steht. Und da sagt die Mama: Schau Gretel, weil du schon vom R. sprichst; ich sehe wirklich nicht gern, daß du immer bei Warth bist; sie passen wirklich nicht zu uns und der R. ist keine Gesellschaft für dich; du bist jetzt, wo du ins Lyzeum kommst, kein kleines Kind. Versprich mir, daß du nicht ewig mit ihnen bist. – »Ja Mama, ich werde mich unauffällig zurückziehen.« Da hat sie furchtbar gelacht und mich auf beide Wangen geküßt und hat mir versprochen, daß sie der Inspee nichts sagt vom Tagebuch, denn die braucht nicht alles wissen. Gott die Mama ist so entzükkend. Noch 3 Stunden und vielleicht liegen die Blätter noch dort.

Am Abend: Gott sei dank! Vor der Hütte lagen 2 Blätter ganz zerweicht vom Regen und verwischt und ein Blatt lag auf dem Fußboden, das war ganz zerrissen. Da muß einer mit dem Absatz darauf gestanden sein und 2 Blätter waren zu einem Fidibuß gerollt und etwas verbrannt. Also hat niemand etwas gelesen. Ich bin so glücklich und beim Nachtessen sagte der Papa: nun was leuchten denn deine Augen so überglücklich? Hast du das große Los gezogen? und da habe ich die Mama auf den Fuß getreten, daß sie mich nicht verrät und der Papa hat furchtbar gelacht und gesagt: So, mir scheint, da wird in meinem eigenen Hause eine Verschwörung angezettelt und ich sag schnell: Wir sind zum Glück nicht im eigenen Haus, sondern im Hotel und alle lachen und jetzt ist Gott sei dank alles vorüber. Aber durch Schaden wird man klug. Das passiert mir kein zweitesmal.

31. August: Ich gehe wirklich weniger mit W. und mit dem R. Ich glaube, er ist beleidigt. Heute nachmittag, wie ich zur Jause hinaufgehe, faßt er mich beim Handgelenk und sagt: Dein Vater hat recht, du bist eine Hex. »Dich muß man kuranzen«. Das ist eine Gemeinheit. Ich habe übrigens nicht gewußt, was kuranzen heißt. Da habe ich den Papa gefragt und er hat mir's erklärt und gefragt woher ich das habe. Da sagte ich, ich habe es im Vorbeigehen von 2 Herren gehört. Eigentlich habe ich geglaubt kuranzen heißt kitzeln. Aber es geht mir furchtbar ab, wenn ich niemanden zu Reden habe. Die meisten Leute sind schon fort und wir fahren auch heute 8 Tage. Wegen dem Kuranzen ist das so. Den Papa lüge ich nicht gerne an, aber man wird förmlich gezwungen dazu. ich kann doch nicht sagen der R. will mich kuranzen, wenn ich nicht einmal weiß, was das heißt. Die Dora lügt noch viel mehr, und ich freue mich immer, wenn ich ihr auf eine Lüge komme, nämlich ihre Lügen sind so handgreiflich. Ich werde nie ertappt. Nur einmal, damals wie die Frau Oberst v. Stary da war, da hat der Papa etwas gemerkt, weil er dann sagte: Du Schlaucherl, du abgedrehtes.

3. September: Eine solche Gemeinheit! Ich rede mit dem R. nie mehr ein Wort. Der Oswald hat wirklich recht, wenn er sagt, er ist ein Lausbub. Wenn ich wirklich aus der Schaukel gefallen wäre, hätt ich mir den Fuß brechen können, 4 Tage vor dem Wegfahren. Und die Fragerei, wie das passiert ist. So kitzeln ist wirklich eine

Frechheit und ich hab ihm ein ordentliches mit dem Absatz hineingehaut. Mir scheint auf die Nase oder den Mund. Und dann untersteht er sich zu sagen: Eigentlich geschieht mir recht, das kommt davon, wenn man sich mit solchen Fratzen, mit solchen Wickelkindern abgibt. Der hats notwendig, er ist selber noch nicht ganz vierzehn. Das war bloß geschwindelt mit den fünfzehn Jahren und er soll einer der schlechtesten Schüler im Gym. sein, lauter genügend hat er und er kommt nicht in die Fünfte, sondern erst in die Vierte. Also jedenfalls haben wir ausgeredet, mein Herr. So ein Frechdachs. Ich werde das nie jemanden erzählen, es ist mein erstes und hoffentlich mein einziges Geheimnis vor der Hella.

6. September: Morgen fahren wir weg. Die letzten Tage waren eckelhaft fad. Ein paar mal sah ich den R. aber ich drehte den Kopf weg. Der Papa fragte, was ich mit den Warth und dem R. gehabt habe, daß auf einmal die dicke Freundschaft entzwei ist. Natürlich mußte ich lügen, denn die Wahrheit konnte ich *unmöglich* sagen. Ich sagte, der R. schimpft über alles, was ich tue, über meine Schrift und daß ich nicht ordentlich vorlesen kann. (Das ist nämlich wirklich wahr, das hat er einmal gesagt) und der Papa sagte: Na morgen beim Abschied werdet ihr euch schon wieder aussöhnen. O, da irrt sich der Papa sehr. Mit so einem Menschen rede ich überhaupt kein Wort mehr.

Die Dora bekommt einen tegetthoffblauen, seidenen Staubmantel im voraus zu ihrem Geburtstag. Ich finde, das paßt eigentlich noch nicht für sie und dann ist sie auch für einen Staubmantel viel zu mager.

14. September: Vorgestern ist die Hella gekommen. Sie schaut großartig aus und sagte mir dasselbe. Ich bin so froh, daß sie wieder da ist. Ich habe doch der Hella das erzählt vom R. Sie ist empört und sagt, ich hätte ihm 2 geben sollen; eins für das Kitzeln und eins für das *Wickelkind* und eins für die *Fratzen*. Wenn wir ihn nur einmal begegnen würden, da werden wir ihn beide ordentlich anschauen.

17. September: Die Inspee hat richtig den seidenen Staubmantel bekommen, aber die Kapuze aus schottischer Seide finde ich etwas kindisch. Aber ich habe nichts gesagt, sondern daß ihr der Mantel sehr gut steht. Sie hat ihn wenigstens schon fünfmal probiert. Ob der Papa das im Ernst gemeint hat, daß sie wie eine Dame aussieht, oder ob er sie zum Narren gehalten hat. Ich glaube das letztere. Denn wie eine Dame schaut sie wirklich nicht aus. Natürlich, sie wird ja auch schließlich erst 14 Jahre. Gestern nachmittag waren eine Menge Mädeln eingeladen, natürlich für mich die Hella und wir haben uns großartig unterhalten. Aber die meisten haben gräßlich aufgeschnitten vom Land, wo sie überall *angeblich* waren. Wir waren 9 Mädeln, aber die liebste ist mir die Hella.

21. *September:* Morgen fängt die Schule an. Das heißt, wir haben verabredet, daß wir immer Liz sagen und nie Schule. Ich bin schon furchtbar neugierig.

22. *September 19..:* Heute hat die Schule angefangen. Die Hella hat mich abgeholt und wir sind miteinander gegangen. Die Inspee hat bei der Mama geklatscht, daß wir ihr davongelaufen sind. Wir brauchen doch keine Gouvernante. Wir sind 34 in der Klasse. Als Klassenvorstand haben wir eine Frau Doktor, dann 2 Fräulein, 1 Professor und ich glaube noch ein Fräulein im Zeichnen. Die Frau Doktor hat Deutsch und Schönschreiben. Sie hat uns nebeneinander gesetzt in die 3. Bank. Dann hat sie eine Anrede gehalten, dann sind die Bücher diktiert worden, aber wir sollen noch warten mit dem kaufen bis Montag. Wir haben 2 mal Pause, eine lange und 2 kurze. Die lange gehört zum Spielen, die kurzen zum Hinausgehen. Ich war nie draußen in der Volksschule und jetzt gehe ich schon gar nicht. Die Mama sagt auch immer, das ist nur eine schlechte Gewohnheit. Die meisten Kinder waren draußen, sogar unter der Stunde. Heute haben wir keinen eigentlichen Unterricht gehabt. Morgen beginnt er, aber wir wissen nicht was. Dann gingen wir nachhause.

23. *September:* Heute haben wir das Fräulein von Geographie und Geschichte gehabt, das ist keine Doktorin. Die Inspee sagt, sie haben sie voriges Jahr gehabt, aber sie haben sie nicht leiden können, sie ist gar nicht schön. Der Papa hat geschimpft und hat zur Inspee gesagt: Du dummes Ding, setz ihr nur so dummes Zeug in den Kopf. Da zeig deine Auktorität als Große. Bei jeder Lehrerin und jedem Lehrer kann man etwas lernen, wenn man nur will. Aber uns gefällt das Frl. Vischer wirklich nicht und Geographie und Geschichte ist so nicht meine Leibspeise. Übrigens lerne ich ja nicht für sie, sondern für mich. Die Frau Dr. Mallburg ist furchtbar lieb und schön. Wir werden immer nur Frau Dr. M. schreiben von ihr. Wenn sie lacht hat sie zwei Grüberln und eine Goldplombe. Sie ist neu an der Anstalt. Ich weiß nicht ob wir auch Gesang haben. In Französisch haben wir die Madame Arnau, die ist sehr schön gekleidet, ein schwarzes Spitzenkleid. Die Hella hat

ein wunderbares Etui für die Bleistifte und Federn; ganz weich, so müssen wir es haben, damit es keinen Lärm macht, wenn es in der Stunde hinunterfällt. Ich glaube es kostet 7 K oder 1 K 70, das weiß ich nicht genau. Heute hatten wir gleich bis 12 Uhr Schule, zuerst Deutsch, dann Rechnen, dann Religion für die Katholischen und dann gingen wir fort. Die Hella hat auf mich gewartet, der Herr Pastor war nämlich nicht da.

24. *September:* Wir haben geglaubt, die Buchhandlungen sind heute ausnahmsweise offen, aber wir haben uns geirrt. Die Mama von der Hella hat gesagt, natürlich das kommt davon, wenn die Küken klüger sein wollen, als die Hennen. Nachmittag war die Hella bei mir und die Inspee war bei F. eingeladen. Dort gehe ich nicht mit, weil es mir zu fad ist, den ganzen Tag wird Klavier gespielt. Ich habe schon von den Klavierstunden genug. Sie fangen erst an, wenn der Stundenplan fix ist. Vielleicht am 1. Oktober, dann muß ich an die Frau B. schreiben, eigenhändig, hat sie gesagt. Das verlangt sie von allen ihren Schülerinnen. Die Lehrerin von der Hella wäre mir lieber. Aber sie hat keine Zeit und ist auch teurer, glaub ich. Aber wenigstens könnte sie mir nicht immer das Fräulein Dora als Muster vorhalten. Es ist eben nicht jeder so musikalisch wie das Frl. Dora. Abends hat die Inspee bis um 10 oder um 12 Uhr in einem dicken Buch gelesen, und dabei geheult. Das hat sie geleugnet, aber ich habs gehört und sie hat auch gar nicht reden können. Sie sagt, sie hat Schnupfen, die Lügnerin.

25. *September:* Heute haben wir einen proffesorischen Stundenplan bekommen, aber er bleibt nicht, bis die Professoren vom Gymnasium genau wissen, wann sie kommen können. Unsere Frau Doktor könnte auch in einem Gymnasium sein, aber weil nur eines ist, so ist sie bei uns. Wir haben für morgen eine mündliche Redeübung: Unsere Ferien. Höchstens 8 oder 10 Sätze, zu Hause können wir es niederschreiben, aber in der Schule dürfen wir nicht hineinschauen. Ich habe es schon gemacht. Aber vom Robert habe ich nichts geschrieben. Der verdient nicht einmal, daß ich an ihn denke. Ich habe auch der Hella gar nicht alles gesagt.

25. *September:* Ich war dran bei der Redeübung und die Frau Doktor hat gesagt, sehr gut, wie heißt du? Grete Lainer hab ich gesagt und sie hat gesagt: Und das ist deine gute Freundin neben dir? Jetzt soll sie uns sagen, wie sie ihre Ferien verlebt hat. Die Hella hat es auch sehr gut gekonnt und die Frau Doktor sagte auch, sehr gut. Dann hat es geläutet. In der großen Pause hat die

Frau Doktor mit uns gespielt: Reih um. Das war sehr lustig. Ich kam 6 mal dran. In den kleinen Pausen waren wir ganz allein, weil die Lehrkräfte alle so viel zu tun haben wegen dem Stundenplan. Eine Repetentin aus dem Lyzeum F. ist bei uns. Sie sitzt in der letzten Bank, denn sie ist sehr groß. So groß wie die Frau Doktor.

26. September: Heute haben wir zum ersten mal den Professor Riegl gehabt in Naturgeschichte. Er trägt einen Zwicker und schaut einen nie an. Und im Französisch hat die Madame A. gesagt, daß ich die beste Aussprache habe. Wir haben sehr viel auf und ich weiß nicht, ob ich alle Tage zum Schreiben komme. Die Kinder sagen der Professor Igel statt Riegel und die Weinmann hat gesagt Nikel.

30. September: Ich habe gar keine Zeit zum schreiben gehabt. Die Hella schreibt schon seit dem 24. nicht. Heute muß ich aber schreiben, denn ich bin dem Robert begegnet in der Schottengasse. Guten Tag mein Fräulein, nur nicht so stolz, hat er im Vorbeigehen gesagt. Und wie ich mich umgedreht habe, war er schon vorbei, sonst hätt ich ihm was ordentliches gesagt. Ich muß zum Nachtmahl.

1. Oktober: Ich kann nicht schreiben, der Oswald ist aus S. gekommen, er hat sich den Fuß verstaucht, aber ich weiß nicht, er kann dabei herumgehen. Er ist furchtbar blaß und redet kein Wort vor Schmerzen.

4. Oktober: Heute haben wir frei, weil der Geburtstag des Kaisers ist. Gestern hat mir die Resi etwas Gräßliches erzählt. Der Oswald darf nicht mehr nach S. zurück. Er hat etwas angestellt, was, weiß die Resi nicht, sie sagt etwas sehr Unanständiges, ich möchte wissen, was, vielleicht etwas am Klosett. Er bleibt immer so lange draußen, das habe ich schon am Lande bemerkt. Oder am Ende war etwas in seinem Vereine. Die Inspee tut, als ob sie es wüßte, aber es ist natürlich nicht wahr, sie weiß gar nichts. Der Papa ist wütend und die Mama hat ganz verweinte Augen. Zu Mittag redet kein Mensch ein Wort. Wenn ich nur wüßte, was er getan hat. Der Papa hat gestern furchtbar geschrieen mit ihm und da haben wir, die Dora und ich gehört, wie er gesagt hat: So ein Lausbub hat es notwendig, (Jetzt haben wir etwas nicht verstanden) und dann hat er gesagt, du schau in Deine Schulbücheln und nicht auf die Mädeln und die verheirateten Frauen, du Lausbub du. Und die Dora sagt: Ah jetzt versteh ich und ich sag: Ich bitt dich, sag mir was denn, es ist doch mein Bruder so gut wie deiner. Aber sie sagt: »Das verstehst du nicht, das paßt nicht für so junge Ohren.« Das ist eine Gemeinheit, für ihre Ohren aber paßt es und sie ist doch nur um nicht einmal ganz drei Jahre älter als ich. Aber weil sie das blaue Kleid halblang bekommen hat, bildet sie sich so viel ein und glaubt, sie ist eine *Dame*. So schauen sie aus, die Damen und dann nascht sie Kompott, daß sie den Mund ganz voll hat und gar nicht reden kann. Wenn ich so etwas merke, rede ich immer auf sie, daß sie antworten muß. Das ärgert sie furchtbar.

9. Oktober: Jetzt weiß ich alles!!! Also daher kommen die kleinen Kinder. Und *das* hat am Ende der Robert damals gemeint. Nein, das tue ich nie, ich heirate einfach nicht. Denn dann muß man es tun; es tut furchtbar weh und doch muß man. Wie gut, daß ich es schon weiß. Aber ich möcht nur wissen, wie, die Hella sagt, das weiß sie auch nicht genau. Aber vielleicht sagt es ihr ihre Kousine, die weiß nämlich alles. Und neun Monate dauert es, bis man das Kind kriegt und dabei sterben sehr viele Frauen. O, das ist gräßlich. Die Hella weiß es schon lang, aber sie hat sich nicht getraut, mir was zu sagen. Ihr hats heuer am Lande ein Mädel gesagt. Und sie hat es der Lizzi, ihrer Schwester sagen wollen, eigentlich sie hat sie nur fragen wollen, ob das alles wahr ist und die Lizzi rennt zu ihrer Mama und sagt ihr, was die Hella gesagt hat. Und ihre Mama sagt: »Das ist schrecklich mit die Kinder, so eine verdorbene Generation, daß du dich nicht unterstehst, einem anderen Kind das zu sagen, vielleicht zu der Grete Lainer« und gibt ihr ein paar Ohrfeigen. Als ob sie was dafür könnte! Darum hat sie mir so lange nicht geschrieben. Die Arme, nein die Ärmste, aber jetzt kann sie mir alles sagen und wir werden eine die andere nicht verraten. Und die Inspee, die falsche Katze, weiß das natürlich längst und will es nur nicht sagen. Aber das weiß ich doch nicht, warum der Robert damals bei der Schaukel gesagt hat: Du Närrin, davon kriegt man noch lang kein Kind. Vielleicht weiß es die Hella. Wenn ich nachmittag ins Turnen gehe, gehe ich vorher zu ihr und frag sie. Gott ich bin so neugierig.

10. Oktober: Ich habe eine gräßliche Angst, ich war gestern nicht in der Turnstunde. Ich war bei Hella oben und da habe ich mich ohne Absicht so verspätet, daß ich mich dann nicht getraut habe hinzugehen ins Turnen. Und die Hella hat gesagt, ich soll nur bei ihr bleiben, wir sagen die Rechenaufgabe war so schwer, wir haben sie so lange nicht können. Zum Glück haben wir wirklich eine. Aber ich habe zuhause gar nichts gesagt, weil morgen der Oswald wegkommt nach G. zum Herrn Dir. S. Jetzt habe ich geglaubt, ich weiß schon alles und jetzt hat mir die Hella erst wirklich alles gesagt. Das ist gräßlich mit der P...... ich kanns gar nicht weiter schreiben. Sie sagt, natürlich hats die Inspee schon, schon damals wie ich geschrieben habe, die Inspee braucht nicht baden gehn, wenn sie nicht will; da hat sie *es* bekommen. Und wie das nur sein muß, da muß man doch immer Angst haben. *Ströme von Blut* sagt die Hella. Aber da wird ja alles ganz bl..... Und darum hat die Inspee immer das Licht abgedreht am Land, wenn sie noch gar nicht ausgezogen war, damit ich nichts sehe. Pfui Teufel, ich hätte auf keinen Fall hingeschaut. Mit 14 Jahre bekommt man es und es dauert bis 20 Jahre. Die Hella sagt, die Franke Berta in unserer Klasse weiß alles. Sie hat ihr in der Rechenstunde auf den Faulenzer geschrieben: Weist du was P..... bedeutet? Und die Hella hat darunter geschrieben, natürlich schon längst. Und dann hat die Franke um 12 Uhr auf sie gewartet, wie die Katholischen Religionsstunde gehabt haben und sie sind damals mit einander nachhause gegangen. Ich erinnere mich noch ganz gut, ich habe mich sehr geärgert, weil das keine Freundschaft ist. Am Dienstag gehen wir mit der Franke, die Hella hat ihr schon geschrieben unter der Stunde, daß ich *alles* weiß und sie braucht sich nicht schenieren. Die Inspee ahnt etwas, sie schaut immer herüber und lacht höhnisch, sie glaubt wahrscheinlich, nur sie kann es wissen.

16. Oktober: Morgen ist der Geburtstag vom Papa und von der Dora. Ich ärgere mich jedes Jahr, daß die Dora gerade mit dem Papa zusammen Geburtstag hat. Am meisten ärgert mich eigentlich, daß sie sich soviel darauf einbildet, denn es ist ja wirklich ein bloßer Zufall, wie der Papa immer sagt. Und ich glaube, ihm ist es nicht einmal besonders angenehm. Jeder will doch seinen Geburtstag an einem eigenen Tag haben, nicht mit jemanden anderen zusammen. Und diese Einbildung, die ist schon nimmermehr schön. Übrigens heuer ist es so nichts mit einer ordentlichen Geburtstagsfeier wegen der Geschichte mit dem Oswald. Der Papa ist wütend und er hat sich auf 2 Tage im Bureau frei gemacht, weil er nach G. gefahren ist, wohin der Oswald kommen soll.

17. Oktober: Es war doch schöner heute, als ich geglaubt habe. Die ganze Familie Bruckner war da und da ist natürlich vom

Oswald nicht viel geredet worden, nur daß er einen verstauchten Fuß hat, (das ist aber nicht wahr, daß weiß ich jetzt bestimmt) und daß er wahrscheinlich nach G. kommt. Und der Oberst B. hat gesagt: Das beste für einen Buben ist die Militäranstalt, da muß er parieren. Und am Abend hat der Oswald gesagt: Das ist ein Stuß, was der Hella ihr Papa gesagt hat, denn in der Militäranstalt kann man ebenso gut herausgeschmissen werden, wie aus dem Gymnasium. Das sieht man doch am Edgar Groller. Damit hat er sich aber verraten und die Dora hat auch gleich gesagt: Ah so, herausgeschmissen bist du worden, und wir haben geglaubt, du hast den Fuß verstaucht. Da hat er sich furchtbar geärgert und hat gesagt: Euch Görn, wird man nicht alles auf eure frechen Nasen binden und hat die Tür zugehaut, weil die Mama gerade nicht im Salon war.

19. Oktober: Wenn wir nur erfahren könnten, was eigentlich mit dem Oswald war. Mit einem Mädchen muß es etwas sein. Aber was der Papa dann von einer verheirateten Frau gesagt hat, das wissen wir nicht. Wahrscheinlich hat ihn eine verheiratete Frau beim Direktor oder beim Klassenvorstand angezeigt und so ist dann alles herausgekommen. Er tut mir eigentlich furchtbar leid: denn ich denke mir, wie es mir gewesen wäre, wenn alles herausgekommen wäre vom Robert und mir. Jetzt ist es mir ja alles eins. Aber damals im Sommer wäre es mir furchtbar gewesen. Der Oswald spricht fast kein Wort, höchstens noch mit der Mama. Er tut immer, als ob er lesen würde, aber lächerlich, mit einem solchen Liebeskummer liest man doch nicht wirklich. Ich habe der Franke nichts näheres erzählt, nur daß mein Bruder eine unglückliche Liebe hat und deswegen hier in Wien ist. Und da hat sie uns erzählt, daß sich heuer im Sommer ein Kusin von ihr wegen ihr erschossen hat. In der Zeitung ist gestanden wegen einer Schauspielerin, aber das ist nicht wahr, es war wegen ihr. Sie wird nämlich schon 14 Jahre.

20. Oktober: Wir gehen jetzt meistens mit der Franke. Sie sagt, sie hat schon wahnsinnig viel erlebt, aber sie kann es uns jetzt noch nicht erzählen, weil wir uns noch nicht gut genug kennen. Bis später einmal. Wahrscheinlich fürchtet sie sich, wir könnten sie verraten. Sie will längstens mit 16 Jahren heiraten. Also in 2 Jahren. Da macht sie natürlich das Lyzeum nicht fertig, sondern tritt schon aus der 3. Klasse aus. Sie hat drei Verehrer, aber sie weiß noch nicht, wem sie wählen wird. Die Hella sagt, ich solle doch nicht alles glauben, das mit den drei Verehrern auf einmal ist bestimmt aufgeschnitten.

21. Oktober: Die Franke sagt, wenn man blaue Ringe hat, dann hat man *es* und wenn man ein Kind bekommt, dann hat man es nicht mehr, bis man wieder eins bekommt. Und sie hat uns auch erzählt, wie man es bekommt, aber das glaube ich nicht recht, mir scheint, das weiß sie selber nicht ganz genau. Da ist sie sehr böse geworden und hat gesagt: »Gut, so red ich gar nichts mehr. Wenn ich es so nicht weiß«. Aber das von Mann und Frau, das versteh ich nicht. Sie sagt, es muß jeden Abend geschehen, sonst bekommen sie kein Kind; wenn sie einen Abend vergessen, so bekommen sie kein Kind. Und darum stehen die Betten ganz nebeneinander. Das nennt man *Ehebetten*!!! Und es tut so weh, daß man es kaum aushalten kann. Aber man muß, denn der Mann kann einen dazu zwingen. Wieso zwingen, das möchte ich gerne wissen. Aber ich hab nicht gefragt, weil sie sonst geglaubt hätte, ich mache mich lächerlich über sie. Und die Männer haben *es* auch, aber nur sehr selten. Wir gehen jetzt immer mit der Franke Berta, sie ist ein sehr liebes Mädel, vielleicht darf ich sie am nächsten Sonntag einladen.

23. Oktober: Heute ist der Papa mit dem Oswald weggefahren. Die Mama hat sehr geweint. Ich habe zum Oswald beim Wegfahren noch schnell gesagt: Ich verstehe, was du leidest. Aber er hat mich nicht verstanden, denn er sagte: Dumme Kröte. Vielleicht hat er es auch nur wegen dem Papa gesagt, der mit einem fürchterlichen Gesicht daneben gestanden ist.

27. Oktober: Gott, es ist alles wie verhext. Gestern hab ich ungenügend in Geschichte bekommen und heute habe ich in der Rechenschularbeit gar keine Rechnung richtig. Und wir haben gestern noch so lange gübt; Ich sag vorläufig nichts zuhause. Aber wegen der Turnstunde neulich, habe ich doch Angst. Wenn mir nur die Mama morgen das Geld mitgibt und nicht selber geht, denn dann erfährt sie es sicher.

28. Oktober: Heute war die Frau Direktor in der französischen Stunde da und hat mich sehr gelobt. Sie sagt, im Französischen könnte ich in der dritten sein und dann fragt sie mich, ob ich in den anderen Gegenständen auch so gut beschlagen sei. Ich habe nicht sagen wollen, Ja und auch nicht Nein, und da haben alle Kinder gesagt Ja, sie kann überall alles. Und da hat mir die Frau Direktor auf die Schulter geklopft und hat gesagt: Das hör ich gern. Und wie sie draußen war, habe ich gräßlich geweint und die Madame Arnau hat gefragt: Ja was hast du denn? und die Kinder haben gesagt: In der Rechenschularbeit hat sie Ungenügend und sie kann doch so gut rechnen. Und da hat die Madame gesagt: »Du wirst dir das Ungenügend schon wieder verbessern.«

30. Oktober: Heute habe ich einen furchtbaren Verdruß gehabt mit dem Fräulein Vischer aus Geschichte. Gestern wie ich mit der Mama in die Elektrische einsteige, sitzt die V. drin. Ich schau weg, damit die Mama sie nicht sieht und sie ihr nicht am Ende sagt, daß ich die dummen Sagen nicht können habe. Und heute wie sie hereinkommt, sagt sie: Lainer, kennst du die Schulordnung? Ich weiß gleich, was sie meint und sage: »Ich habe Fräulein gegrüßt in der Elektrischen, aber Fräulein haben gerad nicht hergesehen«. »Das ist sehr schön, ein Vergehen durch eine Lüge beschönigen zu wollen. Setz dich!« Ich habe mich sehr geniert, weil mich alle Kinder angesehen haben. Und um 11 Uhr hat die Franke gesagt zu mir: Mach dir nichts draus, sie hat dich auf dem Zug und da wird sie immer was finden. Und sie muß es der Frau Doktor M. gesagt haben, weil die in der Deutschstunde als freie Redeübung vom Grüßen aufgegeben hat. Und alle Kinder schauten mich wieder an. Sonst hat sie nichts gesagt. Sie ist überhaupt ein Engel, meine süße E. M., sie heißt nämlich Elisabeth; aber Namenstag feiert sie keinen, weil sie protestantisch ist; das ist riesig schade wegen dem 19. November.

31. Oktober: Ich habe doch ein Glück. Mit der Turnstunde ist nichts herausgekommen, obwohl die Mama selbst dort war. Und mündlich habe ich heute im Rechnen Eins bekommen. Das Fräulein Steiner ist auch sehr lieb und hat gesagt: Ja L. was war denn das bei der Schularbeit, du rechnest ja sonst so gut? Ich habe mir nicht anders helfen können und hab gesagt: Ich hatte neulich solche Kopfschmerzen. Da lacht die Franke beinahe heraus, das war nicht schön von ihr; ich glaube überhaupt, man darf ihr nicht ganz vertrauen; sie ist vielleicht etwas falsch. Nach der Stunde hat sie zwar gesagt, sie hat gelacht, weil »Kopfschmerzen« ganz etwas anderes bedeutet.

1. November: Heute fangen wir den Schreibtischteppich zu Weihnachten für den Papa an. Natürlich hat sich die Inspee die rechte Hälfte genommen, weil die leichter geht und ich muß die linke Hälfte machen, wo man immer den ganzen Binkel in der Hand hat. Für die Mama mach ich eine gestickte Buchtasche aus

44

Leder mit Seide und Malerei; die Malerei darf ich in der Schule machen beim Fräulein H., die hab ich auch sehr gern. Aber am liebsten habe ich die Frau Doktor M. Ich lade die Franke *nicht* ein, weil sie gestern so gelacht hat und die Mama will auch nicht, daß ganz fremde Mädeln kommen.

2. November: Ich weiß noch immer nicht alles. Die Hella weiß viel mehr. Wir haben gesagt, wir prüfen uns in Naturgeschichte und sind hinüber in den Salon und dort hat sie mir noch sehr viel anvertraut. Und dann ist die Mali, unser neues Dienstmädel hineingekommen und die hat uns etwas Gräßliches gesagt. Die Resi ist nämlich im Spital, weil sie krank ist. Nämlich alle Juden müssen als ganz Kleiner eine furchtbar gefährliche Operation durchmachen; es tut schrecklich weh und davon sind sie so grausam. Sie müssen das tun, damit sie mehr Kinder bekommen; aber nur die kleinen Buben, die Mäderln nicht. Das ist gräßlich und ich möchte keinen Juden heiraten. Wir haben die Mali auch gefragt, ob es wahr ist, daß *das* so schrecklich weh tut und da hat sie gelacht und gesagt: Es wird nicht gar so arg sein, sonst täten's nicht alle. Und die Hella hat gefragt: Haben Sie es denn auch schon getan, Sie haben ja gar keinen Mann? Und da hat sie gesagt: Gehn's Fräulein, so was redt man nicht, das ist nicht schön. Und wir haben uns sehr geniert und haben sie gebeten, daß sie nichts der Mama sagt. Und sie hat es uns geschworen.

5. November: Mit dem dummen Gürtel ist alles herausgekommen. Vorgestern räum ich meinen Kasten aus und will Ordnung machen, da kommt die Mali die Betten herrichten und sieht den Gürtel mit den Fransen. »Jö, sagt sie, der ist schön!« Sie können ihn schon haben, ich trag ihn so nicht mehr, sag ich. Und gestern zu Mittag schaut die Mama auf einmal die Mali an und ich spür', daß ich ganz rot werde. Und nach dem Essen sagt die Mama, du Gretel, hast du der Mali den Gürtel geschenkt? Ja, sag ich, sie hat mich gebeten. Da kommt sie grad herein das Wasser hinaustragen und sagt: »Nein, ich hab nicht bitt drum, die Fräuln Grete hat mir'n von selber geben. Und ich weiß nicht wie das war, ich war schon in unserem Zimmer, da kommt die Mama und sagt: Eine rechte Freude erlebt man an seinen Kindern. Die Mali hat mir gesagt, was für schöne Sachen du und die Hella redet. Ich renn gleich in die Küche und sag zur Mali: Wie können Sie einen solchen Tratsch machen? Sie haben sich in unser Gespräch gemischt. Das ist eine Gemeinheit und zwar eine kolossale. Am Abend beschwert *sie* sich beim Papa über mich und der Papa schimpft greulich und sagt: Nette Rangen habe ich, das muß man sagen. Der Verkehr mit der Hella wird eingeschränkt, verstanden?

6. November: Das ist das Schönste, jetzt bin *ich* eine dumme Gans. Wie ich aber der Hella einen Stoß gegeben habe, sie soll vor der Mali nichts reden, da hat sie gelacht und gesagt: Was glaubst du denn, die Mali weiß doch so alles; vielleicht besser als wir zwei zusammen. Und dann erst hat die Mali das von den Juden gesagt. Und jetzt bin *ich* die dumme Gans. Also weiß ich wenigstens, was ich bin, eine dumme Gans. Und das sagt einem die beste Freundin, die man hat.

7. November: Die Hella und ich sind sehr kühl zusammen. Wir gehen miteinander, aber wir reden nur das ganz Gewöhnliche von der Schule und vom Lernen, sonst nichts. Seit heute gehen wir aufs Eis, so oft wir Zeit haben, das ist leider nicht sehr oft. Die Mama arbeitet für uns an dem Teppich. Es ist eine greuliche Arbeit, aber sie hat doch weniger zu tun als wir.

8. November: Aufs Eis kommt ein wunderbares Fräulein; sie läuft großartig Bogen, Achter und Figuren. Ich bin hinter ihr gelaufen. Wie sie in die Garderobe ging, duftete es um ihr riesig. Ob sie bald heiraten wird und ob *sie* das alles weiß? Sie ist so schön und streicht sich immer die Haare aus der Stirn, wenn sie ihr hereinfallen. So schön möchte ich auch sein; dann wäre ich glücklich. Aber leider bin ich schwarz und sie ist blond. Wenn ich nur erfahren könnte, wie sie heißt und wo sie wohnt. Morgen muß ich wieder aufs Eis; lieber lern' ich in der Nacht.

9. November: Ich bin ganz aufgeregt; *sie* war nicht am Eis. Vielleicht ist sie krank.

10. November: Heute auch nicht. Ich bin zwei Stunden dort geblieben, aber leider umsonst.

11. November: Endlich! heute kam sie. Gott, *sie* ist so schön.

12. November: Sie hat mich angeredet. Ich stehe neben der Tür und auf einmal hör' ich hinter mir lachen und da hab' ich gleich gewußt: Das ist *sie!* Und richtig, da kommt sie und sagt: Wollen wir zusammen laufen? Oh bitte, wenn Sie es gestatten, sag' ich und wir machen Gitter und laufen miteinander. Mir schlug das Herz bis zum Halse, und ich möchte immer was reden, aber mir fällt gar nichts Vernünftiges ein. Und wie wir zur Tür kommen, steht schon ein Herr da und grüßt sie und sie grüßt auch, und zu mir sagt sie:

Auf Wiedersehen. Da frag ich noch schnell: Wann, morgen? Ja, vielleicht, ruft sie. – – – Nur vielleicht, vielleicht, wenn es nur schon morgen wäre.

13. November: Die Inspee behauptet, sie heißt Anastasia Klastoschek. Aber das ist nicht wahr, sie kann keinen solchen Namen haben, eher kann sie Eugenie oder Seraphine oder Laura heißen, aber Anastasia, das ist sicher nicht wahr. Wozu es so häßliche Namen gibt. Wenn sie wirklich so heißt? Und dann Klastoschek, so einen böhmischen Namen, und sie soll aus Mähren sein und schon 26 Jahre; lächerbar, 26 Jahre, sie ist vielleicht höchstens 18 Jahre, aber nein, so alt ist sie bestimmt nicht. Die Dora behauptet, sie wohnt in der Phorusgasse und sie sagt, gar so schön ist sie nicht. Das ist natürlich der bure Neid; die Dora findet keine schön außer sich selbst.

14. November: Ich habe das Fräulein an der Kassa gefragt, sie heißt wirklich Anastasia Klastoschek und wohnt in der Phorusgasse; aber wie alt sie ist, weiß das Fräulein nicht. Zuerst hat sie es mir nicht sagen wollen und hat gefragt, wozu ich es wissen will und wer mich fragen schickt. Erst als ich sagte, ich möchte es *nur* für mich wissen, schaut sie im Buch nach, weil ich nämlich die Nummer von ihrem Garderobekasten weiß; 36, das ist eine so schöne reine Zahl, die habe ich so gern, ich weiß eigentlich nicht warum, aber wenn man sie sagt, so ist es immer, als ob ein Eichhörnchen im Baum herumspringt.

20. November: Ich kann absolut nicht alle Tage schreiben. Die Mama liegt im Bett und der Doktor kommt alle Tage, aber ich weiß eigentlich nicht, was ihr fehlt. Ich glaube, der Doktor weiß es auch nicht ganz bestimmt. Wenn die Mama krank ist, so ist es zu Haus so unheimlich und sie sagt auch immer: Nur nicht krank sein, das ist das Ärgste. Mir liegt nichts dran, wenn ich krank bin; ich bin so gar gern krank, dann sind alle so nett zu einem, der Papa setzt sich, wenn er nachhaus kommt zu einem ans Bett und sogar die *Dora* tut einem verschiedens zu lieb; das heißt, sie *muß* es tun. Übrigens habe ich ihr, wie sie Diphterittis gehabt hat vor zwei Jahren, auch alles zu lieb getan, da wäre sie fast gestorben, sie hat 41,8 Fieber gehabt und die Mama war ganz verweint. Der Papa weint nie. Es muß komisch ausschauen, wenn ein Mann weint. Wie heuer mit dem Oswald der Skandal war, hat er schon geweint, ich glaube, der Papa hat ihm ein paar Ohrfeigen gegeben. Er hat zwar gesagt: O nein, aber ich glaube es doch; denn geweint hat er bestimmt, auch wenn er's leugnet. Es ist ja keine Schande und dann ist er doch so noch kein großer Mann. Wenn ich mich furchtbar ärgere, dann wein ich schon. Wegen einer Ohrfeige allerdings nicht.

21. *November:* Heute in der Religionsstunde ist die Schrötter Lisel, das ist der Liebling vom Herrn Katecheten, nein wir müssen sagen Herr Professor, also sie ist der Liebling vom Herrn Professor mit der Bibel zu ihm gegangen und hat gefragt, was *schwanger* heißt. Bei der Maria steht das nämlich wirklich in der Bibel. Die Schrötter weiß nämlich noch gar nichts und die Kinder haben sie solang aufgehetzt, bis sie gegangen ist und gefragt hat. Der Herr Professor ist ganz rot geworden und hat gesagt: Wenn du es noch nicht weißt, so macht das nichts. Das lernen wir erst später, wir sind ja noch im alten Testament. Ich war nur froh, daß die Hella nicht neben mir sitzt in der Religion, weil sie protestantisch ist; sonst hätten wir bestimmt herausgeplatzt vor Lachen. Ein paar Kinder haben sehr gelacht und da hat der Herr Professor zur Schrötter gesagt: Du bist ein braves Kind, kümmere dich nicht um die andern. Und die Schrötter hat schrecklich geweint. Ich hätte absolut nicht gefragt, auch wenn ich es wirklich nicht gewußt hätte. Übrigens ist *schwanger* ein dummes Wort, es heißt eigentlich gar nichts; nur, wenn man es weiß.

22. *November:* Wie ich gestern nach der Religionsstunde mit der Franke gegangen bin, haben wir natürlich *davon* gesprochen. Sie sagt, dazu heiraten die Leute, nur *dazu.* Das glaube ich wohl nicht, daß die Leute nur *deswegen* heiraten. Es gibt doch viele Leute, die heiraten und dann doch keine Kinder kriegen. Das ist schon richtig, sagt die Franke, aber es ist doch ganz bestimmt so. Und dann erzählte sie mir noch vieles, was ich nicht alles aufschreiben kann. Es ist zu gräßlich und merken tue ich mirs sowieso. Wie ich heute bei der Mama auf dem Bett sitze, fällt mir auf einmal ein, daß wirklich das Bett vom Papa ganz neben dem von der Mama steht. Daran hab' ich eigentlich nie gedacht. Und jetzt ist es ja auch gar nicht mehr notwendig, weil wir alle doch schon groß sind. Dann bleiben halt die Sachen stehen wie früher. Was schaust du denn so herum, mein Kleines, fragt die Mama. Ich hab mir aber nichts merken lassen, sondern hab gesagt: Ich hab nur geschaut, wenn dein Bett zuerst stünde und dann der Waschkasten, so könntest du besser zum Lesen sehen, wenn du im Bett liegst. Das geht nicht wegen dem Spiegelhaken, da ist die Wand

ganz zerklopft, sagt die Mama. Ich hab' weiter nichts gesagt und sie auch nicht. Ich schlafe überhaupt lieber auf einem Diwan als im Bett, weil man sich da so gut anpressen kann an die Rückwand. Ich bin froh, daß die Mama nichts gemerkt hat. Man muß furchtbar achtgeben, daß man sich nicht verrät, wenn man alles weiß.

25. *November:* Ich habe jetzt eine herrliche Geschichte gelesen; sie heißt *Ein treues Herz* und handelt von einem Mädchen, der ihr Bräutigam fortgehen muß, weil er einen anderen erschossen hat, der ihm aufgepaßt hat. Und die Rosa bleibt ihm treu, bis er zurückkommt nach zehn Jahren und dann heiraten sie. Es ist großartig und zuerst furchtbar traurig. Solche Bibliotheksbücher lasse ich mir gefallen, aber die wir in der Volksschule hatten, die habe ich alle schon gekannt und da hat das Fräulein nie gewußt, was sie mir und der Hella geben soll. Leider bekommen wir im Lyzeum nur alle vier Wochen ein Buch, weil die Frau Doktor sagt, wir haben so soviel zu tun, und wenn wir frei haben, sollen wir in die frische Luft gehen. Ich komme nicht jeden Tag dazu, aufs Eis zu gehen. So gern ich die *Goldfee* habe, so hab ich *sie* getauft, aber ihr Name ist mir gräßlich. Wie sie gerufen wird, die Inspee sagt Stasi, aber das glaube ich natürlich nicht; eher vielleicht Anna, aber das ist so gewöhnlich. Gott sei Dank, daß mich die Hella immer Rita nennt, so sagen jetzt in der Schule alle Rita. Nur zuhause sagen alle leider Gretl. Neulich habe ich zur Inspee gesagt: Wenn du wünschest, daß ich Thea sagen soll, so bitte ich mir Rita zu sagen; und Gretl verbiete ich mir überhaupt, so sagt man zu kleinen Kindern oder Bauernmädeln heißen so. Da sagt sie: Gott, wie *Du* mich nennst, ist mir ganz egal. Na also, dann bleibt es bei Dora, aber für immer.

27. *November:* Der Papa ist Oberlandesgerichtsrat geworden. Er ist sehr froh und die Mama auch. Wir haben gestern abends drauf angestoßen. Jetzt kann er noch Präsident des Obersten Gerichtshofes werden, aber nicht gleich, sondern in ein paar Jahren erst. Wir werden wahrscheinlich im Mai ausziehen, weil wir eine größere Wohnung nehmen werden. Die Inspee hat zur Mama gesagt, sie möchte dann ihren *eigenen* Raum, wo sie *ungestört* ist. Lächerbar, wer stört sie denn, ich vielleicht? Eher wohl sie mich, wenn sie immer herschaut, wenn ich Tagebuch schreibe. Die Hella sagt auch immer: Ältere Schwestern sollt' es nicht geben; da hat sie wohl sehr, sehr recht. Leider kann man es nicht ändern. Die Mama sagt, zum Nikolo sind wir wirklich schon zu groß, aber ich sehe

das nicht ein, dazu ist man nie zu groß. Und dann hat doch die Inspee auch noch voriges Jahr was vom Nikolo bekommen und war schon dreizehn und ich bin jetzt nicht einmal noch zwölf. Überhaupt wir kriegen ja so nur Chokolade und Zuckerln und Datteln und solche Sachen, das ist ja ohnehin kein eigentliches Geschenk. Die Kinder wollen der Frau Doktor einen großen Krampus hinstellen auf das Katheder. Aber ich finde das dumm. Einer Lehrkraft, die man gern hat, kann man doch keinen *Krampus* geben und bei einer, die wir nicht leiden können, ist schad um die Zuckerln und leer können wir ihn auch nicht hinstellen, das wäre eine Beleidigung. In der Hinsicht hat die Mama schon recht, daß der Krampus nur für die Kinder gehört.

1. *Dezember:* Wir geben allen Lehrkräften einen Krampus, jede gibt eine Krone, hoffentlich gibt mir der Papa die Krone extra. Vielleicht gibt er uns jetzt überhaupt mehr Taschengeld, wenigstens um 1 K mehr. Das wäre fein. Den Lehrkräften, die wir gern haben, geben wir einen großen und die wir weniger gern haben, einen kleinen. Nur beim Herrn Prof. J. da trauen wir uns nicht. Aber wenn nur er keinen bekommt, ist er vielleicht beleidigt.

2. *Dezember:* Heute waren wir Krampus kaufen für die Lehrkräfte. Die Frau Doktor M. bekommt den schönsten mit einer großen Butte und die Keller hat ganz kleine Bücherln, wo Schiller, Goethe und Märchen, daraufgeschrieben ist, die kommen oben drauf und drunter die Zuckerln. Das paßt ausgezeichnet für sie, weil die Frau Doktor doch Deutsch unterrichtet und diese Dichter lernt man in der Vierten in Deutsch. In der Vierten haben sie im November eine Schillerfeier gehabt und bei uns hat die Frau auch eine sehr schöne Rede gehalten und einige Kinder haben deklamiert. Die Hella hat mir übrigens ein furchtbares Gedicht gezeigt von Schiller. Da kommt vor: Ertappt ich sie im Bade, wie schrie sie da um Gnade, das Mädchen weiß, ich bin ein Mann. Und dann noch eine Stelle: »Zu Gottes freien Ebenbild darf ich den *Stempel* zeigen, woraus das Leben quillt«. Aber das steht nur in der *großen Ausgabe* von Schiller. Mir scheint, wir haben mehrere solche Bücher im Bücherkasten, weil wie die Inspee neulich so herausgekramt hat, hat die Mama aus dem anderen Zimmer gerufen: »Dora, was suchst du denn eigentlich im Bücherkasten? Ich werde dir sagen, wo es steht.« Und sie hat gesagt: Nichts, ich hab nur etwas nachgeschaut, und hat schnell zugesperrt.

4. *Dezember:* Die Kinder sind so blöd und haben einen schreck-

lichen Tratsch gemacht wegen der Krampusse für die Lehrkräfte. Es geht nämlich mit dem Geld nicht zusammen und da hat die Keller gesagt, die Markus hat sich etwas genommen und dann hat sie gesagt, nein nicht genommen aber behalten. Und die Markus hat sich natürlich beschwert bei der Frau Doktor und ihr Papa ist zur Frau Direktorin gegangen und hat sich auch beschwert. Und die Frau Doktor hat gesagt, wir wissen doch, daß Geldsammlungen verboten sind und wir dürfen niemanden einen Krampus geben. Jetzt hat die Keller die fünf Krampusse und wir wissen nicht, was wir tun sollen. Die Mama hat gesagt, solche Sachen gehen nie gut aus, da kommt immer ein Streit heraus.

5. Dezember: Wir fürchten uns schrecklich: Die Hella, ich und die Bergler Edith haben den Krampus, den wir für die Frau Doktor M. gekauft haben, vor ihre Türe gestellt. Die Bergler weiß nämlich ihre Wohnung, weil sie alle Tage bei ihr vorbeigeht. Ob sie ahnen wird, von wem der Krampus ist. Ich hab gar nicht gewußt, daß die Bergler Edith so lieb ist, mir ist sie immer so falsch vorgekommen, weil sie Augengläser tragen muß. Aber sie ist bestimmt nicht falsch, da sieht man, wie man sich oft täuschen kann. Morgen haben wir Deutsch-Schularbeit.

6. Dezember: Zuerst hat die Frau Doktor gar nichts gesagt. Und dann hat sie das Thema zur Schularbeit diktiert: »Warum ich einmal am Abend nicht einschlafen konnte«. Die Kinder waren alle ganz erstaunt und da hat die Frau Doktor gesagt: Nun Kinder, das ist gar nicht so schwer. Der eine kann nicht einschlafen, weil er knapp vor einer Krankheit steht, der andere vor Aufregung entweder aus Freude oder aus Furcht. Ein anderer hat ein schlechtes Gewissen, weil er etwas getan hat, was ihm grad erst verboten wurde; nicht wahr, so etwas Ähnliches habt Ihr doch schon alle erlebt? Und dabei hat sie die Bergler Edith und uns zwei furchtbar lang angeschaut. Aber sonst hat sie nichts gesagt. Wir wissen also nicht bestimmt, ob sie es ahnt. Ich konnte gestern nicht aufs Eisfest gehen, weil ich so stark huste und die Dora auch nicht, weil sie Kopfschmerzen hatte; ich weiß nicht ob wirkliche oder die *gewissen* Kopfschmerzen; warscheinlich solche gewisse.

17. Dezember: Jetzt bin ich eine ganze Woche nicht zum Schreiben gekommen. Vorgestern bekamen wir Interims-Zeugnisse: In Geschichte habe ich genügend, in Naturgeschichte gut und sonst lauter sehr gut. Wegen der dummen Vischer habe ich im Fleiß nur einen Zweier. Das hat den Papa sehr geärgert; er sagt im Fleiß kann jeder einen Einser haben. Das ist schon wahr, aber wenn man irgendwo genügend hat, kriegt man keinen Einser im Fleiß. Die Inspee hat natürlich lauter Einser, nur in Englisch einen Zweier. Sie büffelt aber auch sehr. Die Beste bei uns ist die Verbenowitsch, aber wir können sie alle nicht leiden, sie bildet sich wahnsinnig viel ein und die Franke sagt, sie ist nicht *vertrauenswürdig*. Die Franke läßt sich von ihrem Kusin, der geht in die 7., in die Schule begleiten; sie wird schon bald 14 und ist sehr schön. Sie sagt nicht, was für ein Zeugnis sie hat, ich glaube ein sehr schlechtes.

18. Dezember: Heute ist die Dora beim Nachtmahl ohnmächtig geworden, weil in ihrem weichen Ei schon ein kleines Henderl drin war, nämlich noch kein wirkliches, aber man hat schon die Flügel und den Kopf gesehen, aber nur angedeutet, hat der Papa gesagt. Was man aber deswegen ohnmächtig werden braucht, das sehe ich wirklich nicht ein. Nachher hat sie gesagt, es hat ihr so gegraust. Und sie kann nie mehr ein Ei essen. Zuerst war der Papa auch ganz erschrocken wie die Mama, aber dann hat er gelacht und gesagt: Solche Faxen! Sie hat sich dann gleich niederlegen müssen und ich bin noch sehr lange bei den Eltern aufgeblieben. Und wie ich dann in unser Zimmer kam, hat sie gelesen, d. h. ich habe den Lichtschein beim Türspalt gesehen; wie ich aber die Tür aufgemacht habe, war es schon finster und wie ich frage: Ah du liest ja noch, gibt sie keine Antwort und dann tut sie, als ob sie erst durch mein Lichtaufdrehn wäre wach geworden und fragt: Was ist denn? Solche Falschheiten kann ich nicht leiden und drum habe ich auch gleich gesagt: Geh bitt' dich, du weist recht gut, daß es 9 Uhr ist. Und weiter nichts. Heute auf dem Schulweg haben wir keine Silbe gesprochen. Glücklicher Weise hat sie dann eine aus ihrer Klasse getroffen.

19. Dezember: Ich bin sehr neugierig was ich zu Weihnachten bekomme. Gewünscht habe ich mir: Ein weißes Pelzwerk, nämlich Boa, Muff und ein Samtbarett mit dem gleichen Pelz verbrämt, Jackson-Schlittschuhe, weil die Meinen immer gleich locker werden, *deutsche* Heldensagen, nicht am Ende Griechische; da möchte ich mich bedanken, Haarbänder, durchbrochene Strümpfe und wenn möglich eine goldene Nadel wie die Hella sie zum Geburtstag bekommen hat. Aber der Papa sagt, die wird unserem Christkindl wohl ein bißerl zu teuer sein. Die Inspee wünscht sich ein Frontmieder. Aber ich glaube, sie bekommt es nicht, weil es ungesund ist. Der Teppich für den Papa ist schon fertig und beim Scheren, das Buchtascherl für die Mama noch nicht ganz. Der Dora gebe ich eine kleine Toilette. Ja und meinen Hauptwunsch hätte ich bald vergessen, eine Schatulle zum Versperren für mein Tagebuch. Die Dora wünscht sich auch Ajourstrümpfe und 3 Bände Kränzchen. Neulich ist mir etwas Furchtbares passiert. Ich habe ein Tagebuchblatt liegen lassen oder verstreut, das weiß ich nicht genau. Wie ich nachhaus komme, sagte die Inspee: »*das* hast du verloren, nicht? Es sind wohl Notizen aus der Schule?« Ich merk' es nicht einmal gleich, aber dann seh ich's gleich am Format und sage: Ja, es sind Notizen. Hm m, sagt die Inspee, aber kaum aus der Schule. Danke Gott, wenn ich das nicht der Mama sage. Übrigens wenn man nicht einmal noch orthographisch schreiben kann, dann sollte man wirklich noch kein Tagebuch schreiben. Das ist eben nichts für Kinder. Ich war wütend. Dann auf dem Klosett habe ich geschaut, was ich für einen Fehler gemacht habe; na, *wenn* nicht mit doppel n und *daß* ohne scharfes ß, das ist weiter was. Ich war nur froh, daß gerade nichts von *ihr* drauf gestanden ist. Das doppel n und das scharfe ß streicht sie rot an, als ob sie eine Lehrerin wäre, das ist die höhere Frechheit! Am besten wäre eigentlich in ein Buch mit Schloß zu schreiben, das man immer zusperrt, dann kann niemand etwas lesen und gar Fehler rot anstreichen. Ich schreibe doch oft so schnell, da ist ein Fehler leicht möglich. Ich möchte wissen, ob sie nie einen Fehler macht. Mich ärgert das Ganze wütend. Aber wegen der Mama kann ich weiter nichts sagen, höchstens auf dem Schulweg; aber nein, wenn ich gar nichts rede, ärgert sie sich am meisten. Wenn ich viel rede drüber, so fällt der Mama das wieder ein von den 5 Seiten am Land und das ist nicht unbedingt nötig.

22. *Dezember:* Heute ist die Tante Dora gekommen. Sie wird jetzt einige Zeit bei uns bleiben, bis die Mama ganz gesund ist. Ich habe mich nicht mehr sehr gut erinnern können an sie, da war ich nämlich erst vier oder fünf Jahre, wie sie fort von Wien ist. Der liebe schwarze Käfer hat sie zu mir gesagt und hat mir ein Bußerl gegeben. Das *schwarz* höre ich nicht gerade sehr gern, aber die Hella sagt, es steht mir sehr gut, das ist *pikant*. *Pikant* sagen immer die Offiziere von ihrer Kusine in Krems, von der der Papa sagt, sie ist eine beauté, das heißt soviel als Schönheit und sie ist auch ganz dunkel. Aber ich möchte doch lieber blond sein, blond und dazu braune oder noch lieber blaugraue Augen. Ob ich auch so eine beauté werde? Hoffentlich ja!!

23. *Dezember:* Ich freue mich schon furchtbar auf morgen. Was ich bekommen werde? Jetzt muß ich Christbaum aufputzen. Die Inspee fragt gerade: Heuer putzt die *Gretel* auch auf? Sie hat ja nie aufgeputzt! Ich möchte wissen, warum nicht. Aber die Tante drinnen hat gleich meine Partei genommen. »Natürlich putzt sie auch auf; aber bitte nicht allzuviel ins Kröpfchen«. »Wenn die Dora nichts ißt, ess ich auch nichts«, sag ich gleich.

Am Abend. Gestern haben wir die letzte Schule gehabt. Wir haben frei vom 23. bis zum 2. Jänner. Das ist herrlich. Da gehe ich jeden Tag aufs Eis. Heute und morgen habe ich natürlich keine Zeit. Ob ich der »Goldfee« eine Karte schicken soll. Wenn sie nur einen schöneren Namen hätte. Aber Anastasia Klastoschek; das ist gräßlich ordinär. Der Papa kennt einen Grafen Wilczek, aber noch ärger ist schon Schafgotsch. Ich würde nie einen heiraten, der Schafgotsch oder Wilczek heißt und wenn er auch ein Graf und ein Millionär ist. Gestern haben wir allen Lehrkräften gratuliert, bei der Frau Dr. war ich und die Verbenowitsch, weil sie uns am liebsten hat, d. h. haben *soll.* Zum Professor Rigl, Igel, wir sagen immer Nickel, hat niemand gehen wollen, weil er beim Gratulieren immer sagt: »Is scho gut«. Das ist doch eine Gemeinheit und so haben müssen die Klassenordnerinnen gratulieren gehen. Vor Weihnachten hat die Frau Doktor uns ermahnt, daß wir niemanden von den Lehrkräften etwas geben dürfen. »Ich bitt' Euch Kinder, haltet Euch darnach, es kommt nur Verdruß heraus dabei, Ihr wißt es ja vom Nikolo her. Und ins Haus dürft ihr den Lehrkräften auch nichts schicken und vor die Tür stellt ein feines Christkindl auch niemandem etwas«. Und dabei hat sie mich und die Bergler Edith furchtbar angeschaut. Also weiß sie es doch vom Krampus. Ich bin so müde, daß mir die Augen zufallen. Ah bravo, morgen ist Weihnachten!!!

24. *Dezember:* Der Weihnachtstag Nachmittag ist scheußlich. Man weiß nicht, was man tun soll, nichts freut einem mehr. Aufs Eis mag ich auch nicht, so schreibe ich jetzt lieber. Gestern ist der Oswald gekommen. Alle sagen, daß er gut aussieht; ich finde ihn schrecklich blaß und er hat auch ganz höhnisch gelächelt, wie alle seine gute Farbe lobten; natürlich, wie kann er denn gut aussehen, wenn er einen *Liebesgram* hat. Ich möchte ihm gern sagen, daß ich ihn ganz gut verstehe, aber er ist zu stolz, ein Mitleid anzunehmen. Er hat sich einen Armeerevolver zu Weinachten gewünscht, aber ich glaube, er bekommt ihn nicht, weil Mittelschüler keine Waffen

haben dürfen. Vor einiger Zeit hat im Gymnasium in Galizien ein Schüler seinen Professor aus Rache erschossen; es hat geheißen wegen schlechten Fortgang, aber in Wirklichkeit war es wegen einem Mädchen, obwohl der Professor schon 36 Jahre alt war. Heute vorm. war ich mit dem Oswald in der Stadt, Einkäufe besorgen; wir haben die Warth begegnet, nämlich die Elli und – – – den Robert. Der Oswald findet die Elli ganz passabel, aber der Robert ist ein grünes Scheusal, sagt er; und es paßt ihm nicht sagt er, daß er mich so anglozt. Wenn er erst das vom Sommer wüßte! Ich habe den Robert furchtbar von oben herunter behandelt und das hat ihn wütend geärgert. Wenn man Euch Mädeln nur behüten könnte vor all dem Traurigen, was die Welt »Liebe« heißt, sagte der Oswald am Nachhauseweg. Und wie ich anfangen will zu sagen »Ich weiß, daß Du unglücklich liebst und fühle mit Dir«, biegt die Inspee mit ihrer guten Freundin um die Ecke der Bognergasse und es rennen ihnen 2 Offiziere nach, so daß sie uns gar nicht gesehen haben. »Saperment, die Frieda hat sich herausgemausert, das ist ein feiner Bissen«, sagt der Oswald. Solche ordinäre Bemerkungen kann ich nicht ausstehen und ich habe auch den ganzen Weg nichts mehr geredet. Er hat es auch bemerkt und hat zur Mama gesagt: »Der Gretel ist vor Neid der Mund zugefroren«. Weiter nichts. Das ist wirklich infam und ich weiß wenigstens, was ich zu tun habe.

Gott, schnell noch ein paar Worte. Der ganze Weihnachtsabend ist verpatzt. Ein Dienstmann hat für die Dora ein Boukett abgegeben und der Papa ist wütend. Ich möchte nur wissen von wem? Am Ende gar von den 2 Offizieren heute? Die Inspee sagt natürlich, sie weiß nicht, von wem. Mich wundert nur, daß der Oswald nichts verraten hat. Er sagte nur: Na, das ist auch ein Gusto! Aber der Papa hat ihn gleich recht angefahren: »Du halt das Maul und denk an deine Schweinereien«. Das habe ich ihm gegönnt; ich finde ja auch die Dora nicht so großartig, aber schließlich kann sie ja doch *einem* gefallen. Im Boukett war ein Gedicht, das hat die Dora schnell heimlich herausgerissen, ehe es der Papa gesehen hatte. Es ist sehr schön und als Unterschrift steht: Einer, dem Sie das Weihnachtsfest verschönern! Und als Überschrift: »Festzauber«. Ich finde es geradezu heroisch, daß die Dora sich nicht verrät; sie behauptet auch zu mir, sie weiß es nicht; wenn das nicht eine ihrer Falschheiten ist. Ich glaube, eigentlich eher wird es von dem jungen Perathoner sein, der immer mit ihr läuft am Eis.

28. Dezember: Ich habe gar keine Zeit gehabt zum Schreiben. Ich habe alles bekommen, was ich mir gewünscht habe. Und von der Tante Dora haben wir jede einen Operngucker aus Perlmutter in Pelüschetäschchen bekommen. Wir werden nämlich in alle Schülervorstellungen gehen, wir haben von Papa die Anweisung bekommen; nämlich die hat er selbst geschrieben für *alle* Vorstellungen im Schuljahr 19.. bis 19.. Ich freue micht furchtbar, denn die Frau Dr. M. kommt auch. Wenn ich nur neben ihr sitzen könnte.

31. Dezember: Ich habe heute alles durchlesen wollen, was ich geschrieben habe. Aber ich bin nicht dazugekommen. Aber im neuen Jahr muß ich wirklich alle Tage schreiben.

1. Jänner 19...: Wenigstens ein paar Sätze muß ich schreiben. Nachmittags waren wir bei Rydbergs eingeladen und da waren auch die Warth Edle von Wernhoff!! dort. Mit der Lisel habe ich geredet wie gewöhnlich, aber mit dem R. kein Wort. Sie sind früher fort als wir, und da hat mich die Heddy gefragt, was ich mit dem R. gehabt habe. Er hat von mir gesagt: Die *schwarze Gans* kann mir gestohlen werden. Und dann hat er gesagt, mir kann man alles aufbinden. Ich bin so dumm, daß ich alles glaube. Was das eigentlich heißen soll, weiß ich nicht; denn er hat mir nie etwas aufgebunden. Übrigens werde ich mir nicht den ersten Tag im Jahr durch *den* verderben lassen. Aber da hat die Hella Recht, wenn man am 1. Jänner einen ordinären Menschen zuerst begegnet, so ist das schon ein schlechter Anfang. Ich begegnete nämlich in der Frühe, wie ich aus dem Tore ging, unseren alten Briefträger, der immer so brummt wenn ihm nicht gleich aufgemacht wird. Ich schaute schnell weg und drüben ging gerade ein feiner junger Herr, aber das nützte nichts mehr, der ordinäre Briefträger war doch der erste.

12. Jänner: Ich ärgere mich furchtbar. *Wir* dürfen nicht mehr auf Eis gehen, weil die Inspee wieder mit ihren dummen Ohren anfängt und die Mama bildet sich ein, sie hat sich im vorigen Jahr die Mittelohrentzündung am Eis geholt. Also gut, dann soll *sie* nicht gehen; aber *ich?* Was kann denn *ich* dafür, daß *sie* so empfindlich ist? Der Papa ist sonst wirklich die Gerechtigkeit selber, aber in diesem Falle verstehe ich ihn nicht. Das ist doch einfach lächerlich, das heißt es ist zu traurig, als daß man sagen kann lächerlich. Ich bin empört. Jedenfalls rede ich gar nichts.

12. Februar: Jetzt habe ich ein ganzes Monat nicht geschrieben, weil ich soviel lernen mußte. Und heute haben wir die Zeugnisse bekommen. Im Fleiß habe ich, trotzdem ich so gelernt habe in der letzten Zeit, wieder nur einen Zweier. Die Frau Dr. M. hat eine großartige Ansprache gehalten und hat gesagt: Wie die Saat, so die Ernte. Das ist aber nicht immer wahr. In Naturgeschichte habe ich zweimal nichts gekonnt und habe doch 1 bekommen und in Geschichte habe ich nur einmal nichts gekannt und habe Genügend bekommen. Allerdings kann mich das Fräulein V. nicht leiden, weil ich damals in der Elektrischen nicht gegrüßt habe. Und deshalb hat sie auch im Jänner, wie die Mama nachfragen war, gesagt: »Es fehlt ihr am richtigen Ernst«. Und damals habe ich gehört, wie der Papa zur Mama gesagt hat: Mein Gott, sie ist doch noch ein Kind, aber heute hat er mir doch einen Skandal wegen dem Fleißzweier gemacht. Das hat er doch wissen können. Die Dora hat, *wie sie behauptet,* lauter Einser, aber sie zeigt das Zeugnis nicht. Und was ich nicht sehe, das glaube ich nicht. Und die Mama verrät sie einfach nicht.

15. Februar: Der Papa ist wütend, weil der Oswald ein Nichtgenügend hat im Griechisch. Eigentlich ist das Griechisch ganz unnötig; denn niemand braucht es, außer die Leute in Griechenland und dorthin geht doch der Oswald ohnehin nie, wenn er auch auf den Landesgerichtsrat studiert wie der Papa. Die Dora lernt *natürlich* Latein; na, das tue ich mir nicht an. Die Hella hat keine besonderen Noten und ihr Papa *tobte*!!! Er verlangt, sie soll die Beste sein. Aber sie ist gar nicht so erpicht darauf und sagt: Man muß nicht alles haben. Wenn sie im zweiten Halbjahr nicht lauter Einser hat, darf sie nicht weiter gehen ins Lyz. Sie muß in die Bürgerschule gehen. Dann bringt sie sich um. Der Papa ist auch sehr komisch; Wozu hat man denn Geschichtenbücher, als daß man sie liest. Gestern lese ich im Töchteralbum und der Papa kommt herein und sagt: Du lies lieber im Geschichtsbüchel als im Geschichtenbuch und schlägt mir das Buch zu. Ich habe einen solchen Zorn gehabt, daß ich mich schon um 7 Uhr ohne Nachmahl ins Bett gelegt habe.

20. Februar: Heute begegnete ich der Goldfee. Sie redete mich an und fragte, warum ich nicht aufs Eis komme. Das Kostümfest am 14. sei großartig gewesen. Ich sagte: Denken Sie sich Fräulein, meine *Schwester* hatte im vorigen Jahr Mittelohrentzündung und *deshalb* dürfen *wir beide* heuer nicht aufs Eis. Sie lachte furchtbar und sagte so entzückend süß: Ja, die böse Schwester. Sie ist einfach göttlich: Ein rehbraunes Kostüm mit feinem Pelz, ich glaube Zobel besetzt und einen riesigen braunen Kastorhut mit Schinébändern, hochfein. Und dann diese Augen und der Mund. Ich glaube, sie wird den Herrn heiraten, der immer mit ihr gelaufen ist. Wenn wir im Herbst wieder neue Winterkleider bekommen, lasse ich mir ein rehbraunes mit Pelz machen. Wir müssen doch nicht immer gleich angezogen sein. Die Hella und die Lizzi sind nie gleich angezogen.

8. März: Mit der Franke spreche ich nie mehr ein Wort; eine solche Falschheit. Ich habe solche Kopfschmerzen, weil ich die ganze Stunde geweint habe. Sie schreibt der Hella und mir in der Rechenstunde auf: Ein *Verhältnis* heißt ganz etwas anderes. Und das Fräulein schaut gerade her und sagt: Wem hast du zugenickt? Und sie sagt: Der Lainer. Weil sie gelacht hat über das Wort »Verhältnis«. Das war aber wirklich nicht wahr. Ich habe zuerst an garnichts gedacht und erst wie ich den Zettel lese, fällt der Hella und mir ein, was *Verhältnis* heißt. Nach der Stunde ruft uns das Fräulein St. hinunter ins Professorenzimmer und sagt der Frau Dr. M., daß wir, die Franke und ich, so gelacht haben über das Wort »Verhältnis«. Und die Frau Dr. M. sagt: Was gibt es denn da zu lachen; rechnet lieber ordentlich. Und das Fräulein sagt: Schämt Euch, in der ersten Klasse sollt Ihr solche Sachen gar nicht wissen. Ich werde mir Eure Mutter vorladen. In der Deutschstunde hat die Frau Dr. M. einen Spruch als Aufsatz gegeben: Rein das Herz und wahr das Wort, klar die Stirn und frei das Aug, das sei des Menschen Hort, oder so ähnlich; ich muß es mir von der Hella abschreiben, denn ich habe die ganze Stunde geweint.

10. März: Heute hat sich die Franke herausreden wollen; aber die Hella und ich haben ihr gleich gesagt, wir reden nicht mehr mit ihr. Und sie soll nur dran denken, *was für* Sachen sie uns gesagt hat. Und da hat sie alles abgeleugnet und gesagt, wir haben ohnehin schon alles gewußt. Wir sollen uns nur nicht so verstellen. Das ist eine Gemeinheit. Wir haben eigentlich gar nichts gewußt und *sie* hat uns alles gesagt. Und schon oft hat die Hella zu mir gesagt, sie wollte, daß wir garnichts wüßten. Weil sie immer Angst hat, sich zu verraten. Und dann weil sie oft an so etwas denkt, wenn sie lernen soll. Das ist bei mir gerade ebenso. Und manchmal träumen einem auch solche Sachen, wenn man gerade Nachmittag davon geredet hat. Aber es ist doch besser, wenn man alles weiß.

22. *März:* Ich komme so selten zum Schreiben, erstens haben wir sehr viel zu lernen und zweitens freut es mich nicht mehr, seit der Papa das gesagt hat. Wie ich das letztemal geschrieben habe, das war an einem Samstag nachmittags, da kommt der Papa herein und sagt: Kommt Kinder, wir fahren nach Schönbrunn. Das ist Euch gesünder als Tagebuchkritzeln, das Ihr dann höchstens irgendwo liegen laßt. Also hat die Mama es doch dem Papa gesagt in den Ferien. Das hättè ich nie geglaubt von der Mama, denn ich hatte sie gebeten, sie soll mir schwören, daß sie's niemanden sagt. Und sie hat gesagt: Bei so etwas schwört man nicht; aber ich sage es auch so niemanden. Und jetzt muß sie es doch gesagt haben, obwohl sie es mir versprochen hatte, nichts zu sagen. Da ist ja die Falschheit von der Franke nichts dagegen, denn die kennen wir doch erst seit heuer, aber daß die Mama das tut, das hätte ich nie geglaubt. Ich habe es der Hella erzählt, wie wir aufs Tivoli jausnen gingen und sie sagte, sie würde auch ihrer Mama nicht ganz trauen, eher noch dem Papa. Aber der hätte ihr, wenn *ihr* das passiert wäre, das Tagebuch um die Ohren gehaut. Ich habe mir nichts anmerken lassen, aber am Abend habe ich der Mama nur ein ganz kleines Bußerl gegeben. Und sie hat gesagt: Was hast du denn, mein Kleines, ist dir etwas passiert? Und da habe ich mich nicht halten können und habe gräßlich geweint und gesagt: Du hast mich schmählich verraten. Und die Mama hat gesagt: »Ich«? Ja, du; du hast dem Papa das vom Tagebuch gesagt, obwohl du mir versprochen hast, nichts zu sagen. Zuerst erinnerte sich die Mama nicht einmal daran; aber dann erinnerte sie sich gleich und sagte: »Aber, Kindchen, der Papa darf doch alles wissen. Du hast doch nur nicht wollen, daß die Dora etwas erfährt«. Das ist wohl wahr, das wäre schon gar schön gewesen; aber der Papa hätte es auch nicht wissen brauchen. Und die Mama war furchtbar lieb und nett und ich ging erst um 10 Uhr ins Bett. Aber sagen werde ich ihr doch auf keinen Fall mehr etwas und das ganze Tagebuch freut mich nicht mehr. Die Hella sagt: Das ist eine Dummheit; deswegen soll ich nur weiterschreiben; aber ein andermal soll ich nichts verlieren, und dann soll ich nicht gleich immer alles der Mama und dem Papa klatschen. Sie sagt ihrer Mama gar nichts mehr, seit damals im Sommer, wo ihr ihre Mama eine Ohrfeige gegeben hat, weil ihr das fremde Mädchen alles gesagt hat. Es ist wahr, die Hella hat recht, ich bin sehr kindisch, daß ich mit allem gleich zur Mama renne und ihr alles erzähle. Und das ist vom Papa auch

nicht schön, daß er mich so aufzieht mit dem Tagebuch; wahrscheinlich hat er selber nie eines gehabt.

27. März: Juchu, wir fahren zu Ostern nach Hainfeld; ich freue mich riesig. Die Freundin der Mama wohnt dort und ihr Mann ist dort Doktor, deshalb müssen sie jahraus, jahrein dort wohnen. Voriges Jahr im Winter war sie einmal mit der Ada auf drei Tage bei uns, weil sie augenleidend ist. Die Ada ist zwar beinahe so alt wie die Dora, aber die Dora sagt in ihrer Frechheit: »Nach ihrem geistigen Niwo paßt sie entschieden besser zu dir.« Die Dora glaubt nämlich, so gescheit wie sie, ist kein anderer Mensch. Und zwei Buben haben sie, aber die kenne ich nicht genau, weil sie erst 8 und 9 Jahre sind. Die Freundin der Mama war schon einmal im Irrenhaus, weil sie trübsinnig war, wie ihr kleines Kind mit zwei Jahren gestorben ist. Ich kann mich gut erinnern, das muß vor zwei Jahren gewesen sein, da sagten die Eltern immer, die arme Anna, unter drei Tagen hat sie ihr Kind verloren. Und ich habe geglaubt, wirklich verloren, und habe einmal gefragt, ob sie es schon gefunden haben. Ich glaubte nämlich, im Wald verloren, weil bei Hainfeld soviel Wald ist. Und ich kann seither nicht leiden, wenn jemand sagt verloren statt, er ist gestorben, weil man sich dann nie auskennt, wie es gemeint ist.

Am 8. April fangen die Osterferien an und wir fahren am 11., am Gründonnerstag.

6. April: Ich weiß nicht, wie ich das machen soll mit dem Tagebuchschreiben. Mitnehmen will ich es eigentlich nicht und mir alles merken und dann nachher alles schreiben, das weiß ich, das tue ich dann nicht. Die Hella meint, ich soll mir Schlagwörter, so sagt immer die Frau Dr. M., aufschreiben in Hainfeld und dann wenn ich zurückkomme, alles ordentlich aufschreiben. Sie macht es auch so. Sie fahren nämlich auf die Brionischen Inseln. Ich war noch nie am Meere. Die Hella sagt aber, es ist gar nicht so großartig. Sie war schon viermal. Aber sie ist nicht gar so vernarrt wie alle anderen Leute. Also muß es nicht so wunderbar sein. Und ich denke mir's auch ziemlich fad.

12. April: Gestern angekommen. Ada sehr lieb und die zwei Buben furchtbar ordinär. Der Ernstl sagt zur Ada: Ich geb dir ein Paar am A...., wennst nicht augenblicklich mein Revolver hergibst. Die Ada ist schon so groß wie ihre Mama. Sie reden alle etwas bäurisch. Auch der Herr Doktor. Er trinkt furchtbar viel Bier, ich glaube 8 l.

14. April: Heute Papa nachgekommen. Hat den Herr Doktor riesig gern. Haben sich geküßt. Da habe ich furchtbar lachen müssen. Vormittag waren wir im Wald; aber es sind noch keine Veilchen, nur ganz wenig Schneeglöckchen, aber dafür riesig viel Nießwurz, ganz rote.

15. April: Gestern um 4 Uhr Auferstehung. Wir waren nicht drinnen in der Kirche, weil die Mama Angst hatte, der Dora wird schlecht vom Weihrauch und vom Stiefelgeruch. Solche Faxen! Es war sehr schön. Heute nachmittags fahren wir in die Ramsau, dort ist es sehr schön.

16. April: Heute ist der Papa weggefahren. Morgen fahren wir. Zu Pfingsten wird die Ada von der Mama zur Firmung geführt. Da kommen alle zu uns. In der Ramsau bin ich im Sumpf stecken geblieben. Das war wirklich gräßlich. Aber der Herr Doktor hat mich herausgehoben. Und dann haben wir furchtbar gelacht, wie meine Schuhe und die Strümpfe ausgeschaut haben. Zum Glück habe ich mich an einem Baumstumpf halten können, sonst wäre ich untergesunken.

18. April: Die Hella sagt, es war großartig auf den Brionischen Inseln. Sie ist ganz dunkelbraun. Aber das habe ich nicht gern, und drum gehe ich *nie* in meinem Leben nach dem *Süden.* Die Hella sagt zwar, wenn man im Winter heiratet, muß man die Hochzeitsreise nach dem Süden machen. Aber ich sehe das gar nicht ein, ich verschiebe es einfach auf den Sommer.
Die Ada ist erst dreizehn, nicht vierzehn wie die Dora, und der Herr Pfarrer schimpft furchtbar, daß sie noch nicht gefirmt ist. Die Mama führt sie heuer zur Firmung. Wir werden nicht gefirmt, weil die Eltern niemand bitten wollen. Aber ich möchte schon gefirmt werden, denn da *muß* man eine Uhr kriegen und kann sich zu Weihnachten etwas anderes wünschen.

21. April: Wir haben wahnsinnig viel zu lernen. Denn der Herr Landesschulinspektor wird bald kommen. Das ist immer sehr unangenehm. Die Mme A. sagt zwar: die Inspektion gilt den Lehrkräften und nicht den Schülern. Aber trotzdem ist es auch für die Schülerin greulich. Erstens weil sie sich blamiert und zweitens die Geschichten, die die Lehrkraft dann hinterdrein macht. Die Dora sagt, eine ungünstige Inspektion kann einem die Note um zwei Grade verschlechtern. Da fällt mir gerade ein, daß ich noch gar nicht geschrieben, warum der Oswald zu Ostern nicht da war. Er durfte nämlich, *obwohl er durchaus keine guten Noten hat,* nach

Pola zur Tante Alma fahren, weil der Richard heuer das letztemal in die Ferien kommt. Dann fährt er auf drei Jahre mit dem Dampfer Ozean nach dem Orient oder in die Türkei oder nach Persien, das weiß er noch nicht genau. Wenn der Oswald Lust hat, geht er auch zur Marine in zwei Jahren.

9. Mai: Heute war der Herr Landesschulinspektor da, zuerst in Naturgeschichte, da kam ich Gott sei dank nicht dran, und dann in Deutsch; da kam ich dran, beim Lesen und bei der Inhaltsangabe der wandelnden Glocke. Gott sei Dank hab' ich alles können.

14. Mai: Heute ist der Geburtstag von der Mama. Wir haben absolut keine Zeit gehabt, ihr etwas zu arbeiten, so haben wir eine wunderbare elektrische Lampe für den Nachttisch gekauft, der Knopf ist eine herabhängende Weintraube und der Ständer ist aus Messing. Sie hat eine große Freude gehabt. Gestern war die Frau v. R. da, das ist eine Freundin der Mama und von der Mama der Hella. Bei der Frau v. R. möchte ich sehr gern Klavierstunden haben, sie gibt nämlich welche, seit ihr Mann, der Major war, gestorben ist, obwohl sie reich ist.

15. Mai: Das wegen der Inspektion muß doch wahr sein; der Prof. Igel-Nickel sagte heute in der Pause zum Herrn Religionsprofessor: Also jetzt kommt er noch die ganze Woche und dann sind wir für dieses Jahr sicher. *Wir,* das heißt natürlich die Lehrkräfte. Aber eigentlich können die Lehrkräfte nicht immer etwas dafür, wenn die Schüler nichts können. Der Oswald sagt zwar, ja es ist einzig und allein ihre Schuld. Ich bin auch froh, wenn die Inspektion vorüber ist. Die Lehrkräfte sind ganz anders, wenn der Herr Inspektor da ist, manche sind besser, manche sind strenger und die Mme. A. sagt: Es ist ihr immer ganz schlecht vor Angst.

29. Mai: Zu Pfingsten war die Frau Dr. Haslinger aus Hainfeld mit der Ada und den zwei Buben da wegen der Firmung. Am Pfingstsonntag ist auch der Herr Dr. gekommen und abends sind alle wieder gefahren. Die Ada ist sehr schön, aber sie sieht doch bäuerisch aus. Ich lasse mich auf keinen Fall firmen, wir mußten drei Stunden warten, obwohl der Freitag vor Pfingsten ein sehr feiner Tag ist. Die Dora war gar nicht mit; nur die Mama und ich und die Ada und ihre Mama. Alle Bandl-Frauen glaubten, ich sei auch ein Firmling, weil ich auch weiß angezogen war. Das hat die Ada auch ein bischen gefuchst. Am Samstag waren wir vor- und nachmittags in der Stadt, weil das der Ada lieber war als auf den Kahlenberg; Sonntag vormittags in Schönbrunn und nachmittags fuhren sie schon weg. Die Uhr, die Ada bekommen hat, war sehr schön, und von der Dora und mir extra ein goldenes Halskettchen. Sie hat sich sehr gefreut, nur hatte sie Sonntag nachmittags greulich Kopfweh. Weil sie den Stadtlärm nicht gewöhnt ist.

31. Mai: Die Ada weiß auch schon Verschiedenes, aber nicht alles. Einiges habe ich ihr gesagt. Heuer im Winter hat sich ein Mädchen in H. ins Wasser gestürzt, weil sie ein Kind bekommen sollte. Da waren alle sehr aufgeregt und da hat ihre Mama einiges gesagt, aber eben nicht alles. Die Ada hat schon einmal gesehen, wie eine Hündin ihre Jungen bekommen hat, aber das hat sie ihrer Mama nicht gesagt; denn die wäre wahrscheinlich sehr böse darüber gewesen. Aber sie konnte nichts dafür, der Hund gehörte dem Herrn, der neben ihnen wohnt und da hat sie gerade in den Flur gesehen. Und die Ada erwartet *es* täglich, da sie schon bald 14 Jahre wird. Jedes große Mädel in H. hat einen Verehrer. Die Ada sagt, sobald sie 14 Jahre ist, bekommt sie auch einen; sie weiß schon, wen.

3. Juni: Heute hat die Ada geschrieben, bei der Mama hat sie sich für die Firmung bedankt und mir hat sie extra geschrieben. Es ist eigentlich komisch, daß sie nicht mit der Dora gute Freundin geworden ist, sondern mit mir. Aber ich glaube, die Dora redet nicht *solche* Sachen, höchstens mit ihren Freundinnen im Lyz., besonders mit der Frieda Ertl. Und drum hat die Ada mit mir Freundschaft geschlossen, obwohl ich gerade um zwei Jahre jünger bin. Sie ist wirklich ein liebes Mädel.

19. Juni: In unserer Klasse kommt fortwährend etwas weg, zuerst die Überschuhe der Fleischer, dann meine neuen Handschuhe und jetzt schon dreimal Geld und heute das neue Täschchen vom Fräulein Steiner. Es war eine große Untersuchung. Aber es ist nicht herausgekommen. Wir glauben alle, es ist die Schmolka. Aber niemand will es sagen. Wir haben heute gar nicht aufgepaßt in der Stunde, besonders wie die Sch. um ½12 hinausgegangen ist.

20. Juni: Auf unserem Klosett hat die Schuldienerin abgefallene Perlen gefunden, aber da sie nichts wußte, hat sie sie auf den Mist geworfen. Ob wirklich die Sch.? das wäre furchtbar gemein. Das Frl. St. ist schrecklich aufgeregt, weil sie das Täschchen von ihrem Bräutigam zum Geburtstag bekommen hat und weil seine Photographie drin war. Eigentlich tut mir aber die Sch. doch leid. Niemand redet mit ihr, obwohl es gar nicht bewiesen ist. Sie ist furchtbar blaß und hat immer Tränen in den Augen. Und die Hella meint auch, sie ist es vielleicht doch nicht, denn sie ist einer von den Lieblingen vom Frl. St. und sie hat sie auch sehr gern. Sie trägt ihr immer die Hefte nach Hause.

22. *Juni:* Unser Klosett war verstopft und wie der Schuldiener nachschaute, fand er das Täschchen. Aber was hat das Fräulein davon; sie kann es doch unmöglich mehr brauchen. Wir haben die ganzen Stunden gelacht, so oft wir eins das andere anschauten und die Lehrkräfte haben furchtbar geschimpft. Nur die Frau Dr. M. sagte: »Ich bitt' Euch, jetzt lacht Euch offen aus über die in jeder Hinsicht unappetitliche Geschichte und dann basta.«

23. *Juni:* Heute war ein Skandal. Die Verbenowitsch sammelt die Deutschhefte ab und wie ihr die Sch. ihr Heft geben will, sagt sie: Bitte das Heft persönlich abzugeben; ich will mit (dann machte sie eine lange Pause) Ihnen nichts zu tun haben. Wir waren alle ganz entsetzt und die Sch. war so weiß wie die Wand. Um 10 Uhr bat sie, nachhausegehen zu dürfen, weil ihr schlecht sei. Morgen wird jedenfalls ihre Mama kommen.

24. *Juni:* Die Mama der Sch. war nicht da. Die Verbenowitsch sagt: Natürlich nicht! Die Sch. war auch nicht da. Die Hella sagt, sie würde so etwas nicht auf sich sitzen lassen, sie würde sich ins Wasser stürzen. Also, eigentlich ins Wasser stürzen, das tut man doch nur aus *anderen* Gründen. Aber ich würde es meinem Papa sagen, damit er in die Schule geht. Die Franke sagt: Ja, das ist alles recht schön, weil Ihr es *nicht* getan habt; aber *wenn* eine es getan hat, dann traut sie sich garnichts zu sagen zu Hause. Übrigens ist der Vater der Sch. schwer krank, er ist ganz gelähmt und liegt schon seit zwei Jahren im Bett und kann nicht reden.

27. *Juni:* Heute sind die Hella und ich mit der Frau Dr. M. gegangen. Eigentlich geht sie nie mit jemanden, aber die Hella ist auf einmal von mir weggerannt und zu der Frau Dr. hin und sagt: Bitte schön, Frau Dr. um Verzeihung, daß ich Sie auf der Gasse belästige; wir *müssen* Sie sprechen. Und sie war ganz rot dabei. Da sagt die Frau Dr.: »Was ist denn?« Und die Hella sagt: »Kann man nicht herausbekommen, wer das Täschchen genommen hat? Wenn es die Sch. doch nicht war, so kränkt sie sich zu Tod, wie die Kinder sie behandeln, und wenn sie es war, dann dulden wir sie nicht mehr unter uns.« Die Hella war wirklich großartig und die Frau

Dr. M. hat sich alles von uns erzählen lassen, auch das von der Verbenowitsch mit den Heften; und wir haben deutlich gesehen, sie hatte Tränen in den Augen, und sie sagte: »Das arme Kind! Kinder, ich werde mich ihrer annehmen, das verspreche ich Euch.« Und wir küßten ihr beide die Hand und mir klopfte das Herz bis zum Hals. Und die Hella sagte: »Sie sind ein Engel.« So etwas bringe ich nie heraus.

28. Juni: Heute war die Sch. wieder da, aber die Frau Dr. M. hat nichts gesagt. Wir, die Hella und ich, haben sie fortwährend angeschaut und die Hella hat sich dreimal geräuspert und da hat die Frau Dr. gesagt: Bruckner, höre doch auf mit deinem Räuspern; davon werden deine Halsschmerzen nur ärger. Aber mir scheint, sie hat dazu mit den Augen gezwinkert. Also vergessen hat sie nicht. Ich wollte zu der Sch. reden, aber die Hella sagte: Warte noch, wir dürfen der Frau Dr. nicht vorgreifen. Jetzt hat sie alles in die Hand genommen. Morgen vor neun gehen wir vor ihrem Hause auf- und ab, bis sie kommt.

30. Juni: Gestern war leider Feiertag und heute hatte die Frau Dr. erst um 11 Uhr Unterricht. Aber sie hat schon mit der Sch. geredet, nur wissen wir nicht, wann und wo; in der Pause bestimmt nicht und während der Stunde ist die Sch. nicht geholt worden.

1. Juli: Heute gingen wir mit ihr. Gott, sie ist so süß. Liebe Kinder, sagt sie, das ist eine so traurige Sache, in der man auf keinen Grund kommt. Die Sch. behauptet fest und steif, sie war es nicht, und seht Kinder, ob sie es tat oder nicht, diese Tage brennen sich ihr unauslöschlich in die Seele ein und die Hella fragte: »Bitte Fr. Dr. geben Sie uns einen Rat, was sollen wir tun, mit ihr reden oder nicht?« Da sagte sie: Kinder, ich glaube, daß sie nach dieser Sache im nächsten Jahr nicht mehr zu uns kommen wird; Ihr tut ein gutes Werk, wenn Ihr ihr diese letzten Tage erträglich macht. Intim wart Ihr ja nie mit ihr, aber ein paar freundliche Worte schaden Euch nicht und können sie stützen. Und ihr 2 habt ein großes Ansehen in der Klasse; Euer Beispiel wird gut wirken. Wir gingen bis zur Schule mit ihr und deshalb konnten wir ihr nicht die Hand küssen; aber die Hella sagte ganz laut: Gott, wie himmlisch süß! Sie muß es gehört haben. Aber die Sch. war nicht in der Schule. Der Papa sagt, er ist froh, bis Schulschluß ist, denn ich bin schon ganz verrückt wegen der Geschichte. Aber er ist doch dafür, daß wir, ich und die Hella, etwas zur Sch. sprechen. Und die Mama auch. Nur die Dora sagte: Ja, es ist ganz recht, aber doch ein wenig reserviert.

5. Juli: Die Sch. war nicht mehr in der Schule. Morgen bekommen wir die Zeugnisse.

6. Juli: Wir haben furchtbar geweint, ich und die Hella und die Verbenowitsch, weil wir jetzt beinahe drei Monate die Frau Dr. M. nicht sehen werden. Ich habe nur in Geschichte und Naturgeschichte 2, sonst lauter 1. Die Franke sagt: Wer dem Professor Igel-Nigl nicht zu Gesicht steht, kann lernen, daß er krumm und dumm wird und er kriegt doch keinen Einser. Der Papa ist sehr zufrieden. Die Dora hat natürlich lauter Einser und die Hella drei Zweier. Und die Lizzi, mir scheint, auch drei oder vier. Der Papa hat uns jeder ein 2 K-Stück geschenkt, die können wir verjuxen, hat er gesagt. Und von der Mama haben wir Spitzenkrägen bekommen.

9. Juli: Wir gehen heuer nach Hainfeld, das ist fein, ich freue mich schon; aber erst am 20., weil der Papa nicht früher Urlaub bekommt und die Mama mag den Papa nicht so lange allein lassen. Überhaupt wegen der paar Tage. Nur leider ist die Hella schon fort, heute früh nach Parsch bei Salzburg; das Wort ist so unangenehm und die Hella geniert sich auch sehr, es zu sagen; wie man einem Ort einen so ordinären Namen geben kann. Sie haben eine ganze Villa gemietet.

12. Juli: Es ist greulich fad. Fast jeden Tag habe ich einen Streit mit der Dora, weil sie sich so viel einbildet. Gestern kam der Oswald. Er ist furchtbar fesch, beinahe so groß wie der Papa, das heißt um einen Viertelkopf kleiner, aber der Papa ist eben riesig groß. Und dann hat er eine ganz tiefe Stimme, die hatte er früher nicht. Und die Haare hat er schief abgeteilt, das steht ihm sehr gut. Er behauptet, er bekommt schon einen Schnurrbart, aber das ist nicht wahr; den müßte man doch sehen; fünf Haare sind doch kein Schnurrbart.

19. Juli: Gott sei Dank, übermorgen fahren wir endlich. Der Papa wollte, die Mama soll mit uns vorausfahren, aber sie wollte nicht. Aber eigentlich wäre es ganz gut gewesen.

24. Juli: Wir wohnen nur drei Häuser weit von H. entfernt. Die Ada und ich sind den ganzen Tag beisammen. Und von der Dora ist zufällig eine Schulkollegin da, die sie ganz gut leiden kann, die Rosa Tilofsky. Der Oswald sagt: Hainfeld ist zum Buckligwerden fad; er wird sich irgendwo von einem Freund einladen lassen. Hier bleibt er auf keinen Fall die ganzen Ferien. Von der Ada sagt er: »Ländliche Einfalt.« Wenn er wüßte, wieviel die weiß. Und die Rosa T. nennt er einen Wimmerlkomplex, weil sie zwei oder drei Wimmerln hat. Überhaupt hat der Oswald an jedem Mädel etwas auszusetzen: Von der Dora sagt er: Sie ist ein grüner Frosch, weil sie immer so blaß ist und kalte Hände hat und von mir sagt er: Da kann man überhaupt noch gar nichts sagen: »*Das* ist noch ein ganz unreifer Embryo.« Gott sei Dank weiß ich aus der Naturgeschichte, was ein Embryo ist, nämlich ein kleiner Frosch. »Ich habe mich wütend geärgert und da hat der Papa gesagt: Tröst' dich, er ist auch noch lange kein Mann, sonst wäre er höflicher gegen seine Schwestern und deren Freundinnen.« Das hat ihn sehr geärgert und seither redet er kein Wort, wenn die Ada und die Rosa mit uns zusammen sind. Jetzt kommt bald mein Geburtstag, da werde ich, Gott sei Dank, zwölf, und dann noch zwei Jahre, dann bin ich 14; auf das freue ich mich riesig. Heute hat mir die Hella geschrieben zum zweiten Male. Sie fährt im August nach Ungarn zu ihrem Onkel, der hat ein großes Gut und dort lernt sie reiten.

II. Jahr
(Von 12–13 Jahren)

1. August: An meinem Geburtstag war es riesig lustig. Wir fuhren im Wagen nach Glashütte, wo es sehr schön ist; dort kochten wir selbst, weil die Wirtin krank war und die Köchin auch. An einem Geburtstag sind immer alle so nett zu einem. Am meisten freut mich der Künstler-Malkasten von Ebeseder, und das Buch ebenfalls. Aber ich komme leider gar nicht zum Lesen. Die Hella hat mir ein süßes Bild geschickt: Mutterglück, eine Dackelmutter mit zwei Jungen, entzückend fein. Ich werde es zuhaus neben die Tür über die Etagere hängen. Und von der Ada habe ich ein seidenes Geldbörschen bekommen, das sie eigens für mich gearbeitet hat. Und von der Tante Dora ein Tagebuch, aber das kann ich eigentlich nicht verwenden, weil ich doch lieber auf einzelne Blätter schreibe. Und die Großeltern aus B. haben eine Marzipantorte geschickt, hochfein. Die Ada findet sie göttlich; sie kennt sie nämlich nicht.

9. August: Die Ada ist im Schuljahr jetzt in St. Pölten bei ihrer Tante und ihrem Onkel gewesen, weil die Schule in H. nicht so gut ist wie in St. P. Vielleicht kommt sie heuer nach Wien, da sie mit der Bürgerschule fertig ist und noch weiter lernen soll. Aber sie haben niemanden so nahe Verwandten in Wien, wo sie wohnen könnte. Eigentlich könnte sie ganz gut bei uns wohnen, die Dora bekäme das Kabinett für sich, wie sie so schon immer will, und die Ada und ich wären im Zimmer. Das wäre mir entschieden eine liebere Zimmergenossin als die Dora mit ihren Faxen.

10. August: Das ist wirklich großartig. So ein Bursch setzt doch alles durch, was er will. Jetzt fährt der Oswald richtig auf 14 Tage nach Znaim zu seinem besten Freund; allein, natürlich. Ich möchte sehen, wenn die Dora oder ich irgendwohin fahren wollten. So ein Bub hat's gut. Und vor allem anderen ärgert mich die Ungerechtigkeit. Denn er hat *kein gutes* Zeugnis, das wissen wir bestimmt, wenn er es auch nicht sagt. Aber natürlich, das macht nichts. Uns wird jeder Zweier vorgehalten und er darf bei mehreren Genügend hinfahren, wo er will. Überhaupt, bester Freund; seit heuer kennt er den Max Rozny und das ist eine Freundschaft. Die Hella und ich sind seit der zweiten Volksschulklasse Freundinnen und die Dora und die Frieda Ertl seit dem Lyz. Aber das über

Freundschaft haben wir ihm beide tüchtig gesagt. Er lachte höhnisch und sagte: Ja ja, es ist schon recht, die *Männer*freundschaften werden immer fester mit den Jahren, und Euer Mädelfreundschaften gehen in die ärgste Feindschaft über, wenn der erste Verehrer da ist. Das ist eine Frechheit. Überhaupt die Hella und ich warten unbedingt aufeinander mit der Hochzeit, denn wir wollen am selben Tag heiraten. Verloben natürlich wird sich ja wahrscheinlich eine früher, aber mit der Hochzeit *muß* sie warten. Das ist einfach Freundschaftspflicht.

12. August: Gestern ist der Oswald weggefahren und richtig war vorher noch ein Verdruß, weil er verlangte, eine von uns soll ihn auf die Bahn begleiten und den Coupé-Korb tragen helfen. Als ob wir seine Dienstboten wären. Die Ada wollte sich anbieten zum Tragen, aber die Dora hat ihr einen Puff gegeben, den sie glücklicherweise gleich verstanden hat. Die Dora hat manchmal, aber wirklich nur manchmal ein bischen was wie die Hella, wenn sie über etwas empört ist. Sie findet, es ist besser, wenn der Oswald nicht da ist, weil sonst immer Streitigkeiten sind. Das heißt nämlich, weil die dann immer den Kürzern zieht. Denn gescheiter ist er wirklich als sie. Und wenn er sie recht ärgern will, sagt er irgendetwas auf lateinisch, was sie nicht versteht. Ich glaube, sie lernt eigentlich deshalb Latein. Also das muß ich sagen, *deshalb* würde ich mich nicht so plagen. Das stände mir lange nicht dafür.

15. August: Heute habe ich das Paket an die Hella abgeschickt, eine Uhrkette aus Silberdraht; in vier Tagen war ich damit fertig. Hoffentlich kommt sie richtig an, was man in Ungarn nie wissen kann.

17. August: Wir haben wahnsinnig viel zu tun mit den Lampions und Tannenguirlanden. Die Honoratoren illuminieren und dekorieren ihre Häuser. Dabei hat mir die Ada *einiges* erzählt. Sie weiß mehr als die Hella und ich, nämlich von ihrem Vater, weil er doch Arzt ist. Vieles erzählt er ihrer Mama und da hört die Ada manches, obwohl sie meistens zu reden aufhören, wenn sie dazu kommt. Die Ada möchte unbedingt Schauspielerin werden. Daran habe ich noch nie gedacht, obwohl ich schon oft im Theater war.

22. August: Die Hella hat sich riesig gefreut über die Kette; sie trägt sie. Sie lernt wirklich reiten bei ihrem Kusin. Leider heißt er Lajos. Aber Ludwig ist auch nicht schöner. Er soll furchtbar nett und fesch sein, aber leider ist er schon 22 Jahre alt.

25. August: Die Ada schwärmt furchtbar vom Theater. Sie war öfters in St. Pölten im Theater und ist in einen Schauspieler verliebt, in den alle Damen in St. Pölten verliebt sind. Deshalb will sie zum Theater gehen und weil sie *frei und ungebunden* leben will. Darum möchte sie so gerne nach Wien kommen. Wenn sie nur bei uns wohnen könnte. Sie sagt, sie verschmachtet in dem öden Nest, in H. Sie verträgt die *engen Verhältnisse* nicht!! In St. Pölten hat sie ihr ganzes Taschengeld für Blumen für *ihn* ausgegeben. Und sie sagte immer, sie brauchen so viele Hefte und Sachen in der Schule. Insofern hat es eine gut, wenn sie nicht zuhause ist, da kommt die Mama nicht so leicht auf so etwas darauf. Bei uns ginge das nicht. Das Taschengeld wird einem ohnehin immer zu wenig, und die Hefte können sich die Eltern jeden Monat zeigen lassen. Für ein paar Monate möchte ich ganz gern einmal weg von zuhause. Die Ada sagt, das ist sehr gut, da lernt man erst die Welt kennen; zu Haus *versumpft und verdumpft* man nur. Wenn sie so spricht, da sieht sie wirklich wie eine Schauspielerin aus und Talent hat sie bestimmt; das sagt auch ihr Deutsch-Lehrer in der Schule. Sie durfte immer die längsten Gedichte deklamieren und die Kinder baten immer den Lehrer, daß sie aufsagen dürfe.

30. August: Heute hat die Ada ein Gedicht von Geibel deklamiert, den Tod des Tiberius, aber wirklich großartig; sie ist die geborene Schauspielerin und es ist gräßlich, daß sie sich nicht ausbilden darf; sie soll französische Lehrerin werden oder Handarbeitslehrerin. Aber sie sagt, sie wird doch zum Theater gehen; eventuell geht sie durch.

31. August: Die 14 Tage vom Oswald schauen schön aus; jetzt ist er noch nicht da und darf bis zum 4. Sept.!! ausbleiben. Wenn das die Dora oder ich wäre. Das hätt' schon längst einen Mordskrach gegeben. Aber der Oswald darf *alles* tun. Die Ada sagt auch: Wir Mädchen müssen erzwingen, was uns die Welt nicht freiwillig gibt.

5. September: Ich habe der Ada neulich im Walde versprochen, daß ich die Mama bitten werde, daß sie zu uns kommen kann, damit sie sich bei einem Schauspieler ausbilden kann. Heute habe ich die Mama gebeten, aber sie sagt, das geht absolut nicht. Die Eltern der Ada können das Studium nicht erschwingen. Wenn sie Talent dazu hat, so lernt man's eigentlich von selbst und braucht nur in eine Schauspielschule zu gehen, damit man leichter an ein gutes Theater kommt, sagt die Ada. Also gar so gräßlich teuer kann es nicht kommen. Die Ada tut mir furchtbar leid.

10. September: Gott, wir sind alle so aufgeregt. Ich soll mein

Tagebuch zum Einpacken hergeben, weil wir morgen wegfahren. Aber ich muß noch schnell schreiben. Seit drei Tagen sind Zigeuner da und gestern kam eine durch das Hintertürl in den Garten und prophezeite uns, nämlich mir, der Ada und der Dora aus der Hand. Wir glauben es ja nicht, aber der Ada sagte sie eine *große aber kurze Zukunft* nach vielen schweren Kämpfen voraus. Das stimmt ja doch vollkommen. Also bei mir hat sie sich gründlich blamiert: Wenn *ich noch einmal so alt bin als jetzt,* steht mir ein großes Glück bevor; eine große Leidenschaft und großer Reichtum. Das soll natürlich heißen, daß ich mit 24 Jahren heiraten werde. Mit 24 Jahren! das ist wirklich lächerlich. Die Dora sagt, ich sehe eben jünger als 12 aus und sie meinte deshalb mit 20 Jahren oder gar mit 18. Das ist ebenso lächerlich, denn sogar der Herr Dr. H., der doch Arzt ist und so viele Kinder kennt, sagt: Ich bin *über* meine Jahre *entwickelt.* Also kann die alte Zigeunerin doch nicht glauben, ich bin 10 oder gar erst 9 Jahre. Der Dora hat sie gewahrsagt, daß in *wenigen* Jahren ihr Schicksal in Trauer und dann in Freude besiegelt wird. Und der Ada sagte sie noch, ihre Lebenslinie sei geknickt!!

14. September: Heute in der Frühe ist der Oswald weggefahren, der Papa hat ihn auf beide Wangen geküßt und hat ihm gesagt, er soll sich um Gotteswillen wacker halten heuer, im letzten Jahr. Er macht nämlich heuer Matura, die ist natürlich furchtbar schwer. Aber er sagt, mit der nötigen Frechheit haut sich einer schon durch. Frechheit nützt oft mehr als alles Stucken und Ochsen. Das ist wahr, das weiß ich am besten; aber leider fällt mir im richtigen Moment nie ein, was ich tun soll. Hinterdrein denke ich mir dann oft, das oder das hättest du sagen sollen. Und das bewundere ich wirklich an der Hella; und auch die Franke, die eigentlich nicht besonders gescheit ist, weiß immer eine gute Antwort, mit der sie sich herausredet. Wenn nur die Hälfte von dem wahr ist, was der Oswald erzählt, daß er den Professoren sagt, dann kann ich nicht begreifen, daß er nicht aus jedem Gymn. herausgeworfen wird, sagt die Mama. Der Oswald sagt: Wenn man es nur richtig anstellt, kann einem niemand was anhaben. Na also, das ist auch nicht immer wahr.

16. September: Heute kommt die Hella. Darum schreibe ich vormittag, weil sie nachmittags zu uns kommt. Ich freue mich riesig. Ich habe die Mama gebettelt, daß sie eine Praliné-Torte kauft, weil die Hella sie so gerne ißt und ich auch.

20. September: Nur ein paar Worte. Heute hat die Schule wieder angefangen. Gott sei Dank, als Klassenvorstand haben wir wieder die Frau Dr. M. Das Frl. Steiner ist jetzt auch Doktorin, am Ende des Schuljahres hat sie das Doktorat gemacht. Dann haben wir eine neue Frau Dr. in Geschichte, wir wissen aber nicht, wie sie heißt. Die Vischer hat nämlich in den Ferien *geheiratet*!!! Das ist zum Kugeln, die!!! Die Dora sagt, der ihr Mann möchte sie nicht sein; wahrscheinlich läßt er sich bald wieder scheiden von ihr. Überhaupt Augengläser bei einer Frau. Einen Zwicker lasse ich mir gefallen, den kann man wenigstens weggeben. Aber Augengläser! Die Dora kann auch nicht begreifen, wie ein Mann eine mit Augengläsern heiraten kann. Und die Hella sagt oft, ihr wird zum Brechen, wenn die Vischer so mit ihren Augengläsern funkelt. In Naturgeschichte haben wir einen neuen Professor. Ich bin riesig froh, daß wir drei Doktorinnen und einen, eigentl. zwei Professoren, nämlich doch auch in Religion haben. In der III. haben sie bloß 1 Doktorin, das ärgert sie sehr, die Dora hat 2 Doktorinnen und 3 Professoren.

25. September: Alle Kinder sind in den Prof. Wilke in Naturgeschichte vernarrt. Die Hella und ich sind heute den ganzen Weg hinter ihm gegangen. Er ist herrlich, so groß, daß er beinahe an die Lampe anstoßt, wenn er schnell aufsteht, und einen herrlichen Bart, blond und wenn die Sonne draufscheint wie Feuer; ein Sonnengott! Wir nennen ihn darnach S. G. da weiß niemand, was es bedeutet und wen wir meinen.

29. September: Die Schmolka ist richtig nicht mehr da, wahrscheinlich wegen des Täschchens vom Frl. St. Es sind überhaupt ein paar Kinder ausgetreten und dafür drei neue gekommen, aber sie gefallen weder mir noch der Hella.

1. Oktober: Heute war ich in Naturgeschichte dran. Ich habe wahnsinnig gelernt und *Er* war göttlich. Wir dürfen das *ganze Semester* die Bilder und die Tiere tragen. Herrlich! Ich und die Hella tragen immer die gleichen Haarmaschen und in derselben Farbe legen wir Seidenpapier auf den Tisch in der N.-St. Er wünscht, daß wir Notizbücher anlegen. Eigene Beobachtungen über die Natur. Wir haben sie in lila Papier gebunden, genau von derselben Farbe wie seine Kravatte. Am Dienstag und Freitag müssen wir wegen des Herrichtens schon um ½ 9 Uhr in die Schule kommen. Gott, ich bin so glücklich.

9. Oktober: Er ist ein Kousin von unserm Turnprofessor, herrlich! Das war nämlich so. Wir, ich und die Hella gehen eigens immer bei Café Sick vorbei, weil *Er* dort immer jauset. Und wie wir am Donnerstag vor der Turnstunde vorbeigehen, sitzt unser Turnprofessor bei ihm. Wir grüßten natürlich hinein und in der Turnstunde sagt der Professor Baar zu uns: Also, Sie beide werden von meinem Kousin in der Naturgeschichte gequält und sekkiert. »Sekkiert«, sagen wir beide, o nein, es ist die schönste Stunde in der ganzen Woche. »So«, sagt er, »ich werde es getreulich berichten«. Also, wir haben ihn natürlich furchtbar gebeten, er soll uns nicht verraten; das wäre gräßlich. Hoffentlich tut er es.

20. Oktober: Die Mama der Frau Dr. Steiner ist gestorben. Sie tut uns furchtbar leid. Einige von uns gehen zum Begräbnis, ich darf nicht gehen, die Mama sagt, es paßt nicht, und die Hella darf auch nicht gehen. Ob *Er* geht? Sicher, er *muß* ja eigentlich gehen.

23. Oktober: Die Frau Dr. St. sieht schrecklich blaß aus. Die Franke sagt, jetzt wird sie jedenfalls bald heiraten, weil sie jetzt gar keine Eltern mehr hat. Ihr Verlobter holt sie öfters aus dem Lyz. ab, das heißt, er wartet in der L...straße. Der Hella gefällt er riesig, natürlich, weil er ein Offizier ist. Mir gefällt er nicht, mir ist er zu klein und zu dick. Er ist nur um ein ganz kleines Stückchen größer als das Frl. St. Mir gefällt, wenn der Mann beinahe um einen Kopf größer ist als seine Frau, oder um einen halben, so wie unser Papa und unsere Mama.

29. Oktober: Wir haben soviel zu lernen, daß wir heuer gar keine Saisonkarten nehmen, sondern jedesmal extra zahlen, wenn wir aufs Eis gehen. Wenn wir nur wüßten, ob und wohin *Er* Eislaufen geht. Die Hella meint, vielleicht können wir es mit aller Vorsicht von seinem Kousin in der Turnstunde erfahren. Sie sind sehr oft zusammen im Kaffeehaus. Ich möchte wissen, wovon sie da reden, weil sie immer so lachen. Besonders wenn wir vorbeigehen.

31. Oktober: Die Ada hat mir geschrieben. Sie ist *sehr* unglücklich. Sie ist wieder in St. P., in einer Fortbildungsschule. Aber der Schauspieler ist nicht mehr dort. Sie schreibt, sie sehnt sich hinaus aus ihren Fesseln, die ihre Seele niederdrücken. Die Ärmste. Niemand kann ihr helfen. Das heißt, ihre Mama könnte ihr schon helfen, aber die will nicht. Das muß schrecklich sein. Die Hella meint, ihre Eltern werden ihr solang verbieten, zum Theater zu gehen, bis sie sich etwas antut; dann wird es besser sein. Ja, das ist wahr, was hat ihre Mama davon, wenn sie weiß, die Ada ist entsetzlich unglücklich. Und schließlich, warum soll sie nicht zum Theater gehen, da sie doch ein solches Talent hat? Ihre Lehrerinnen und Lehrer in der Bürgerschule haben sie immer riesig gelobt beim Deklamieren und einer hat direkt gesagt, sie hat *schauspielerisches Talent*. Und die Lehrer schmeicheln einem wirklich nicht; außer...; aber *Er* ist erstens auch kein gewöhnlicher Lehrer, sondern Professor, und zweitens ist *Er* eben ganz, ganz anders als alle anderen. Wenn er seinen Bart so streicht, da wird mir immer ganz kalt und heiß vor Wonne. Und wie er den Rock in die Höhe nimmt, wenn er sich niedersetzt. Entzückend, zum Küssen. Die Hella und ich legen abwechselnd unsern Federstiel heraus auf den Tisch, damit *Er* ihn durch seine Hand heiligt beim Einschreiben. Und wenn ich dann in der Rechenstunde damit schreibe, schaue ich nur immer die Hella an und sie mich und wir wissen sofort, was die andere meint.

15. November: Weil heute Feiertag ist, schreibe ich endlich wieder. Wir haben soviel zu tun, daß ich gar nicht dazu komme. Und dann ist auch die Mama öfters krank. Sie liegt wieder seit vier Tagen und da ist es schrecklich still und öde. Da hätte ich Zeit zum Schreiben, aber ich habe keine Lust zum Schreiben. Sobald die Mama gesund ist, geht sie ins Lyz., nachfragen, wie wir im Lernen stehen. Ich freue mich riesig wegen S.-G.

28. November: Heute war die Mama in der Schule, auch bei Ihm. Ich habe sie zu Ihm hingeführt und Er war himmlisch. Er sagte: Ich bin sehr zufrieden mit Ihrer Tochter; sie ist sehr eifrig und talentiert, dazu blätterte er im Katalog, als ob Er erst nachschauen müßte. Aber Er weiß es bestimmt auswendig, wie jede ist. Das heißt, wie *jede* ist, natürlich nicht. Das kann niemand verlangen bei sovielen Schülerinnen; und dann ist er doch auch in der Realschule, wo er noch viel mehr Buben hat.

5. Dezember: Heute habe ich auf dem Eis die Goldfee gesehen. Sie ist sehr hübsch, aber so schön, wie sie mir voriges Jahr vorkam, ist sie wirklich nicht. Die Hella sagt, sie hat nie gewußt, wo ich eigentlich meine Augen hatte. »Du warst einfach blind verliebt, und du hast nicht bemerkt, daß sie entschieden eine böhmische Nase hat,« sagt die Hella. Aber das ist natürlich nicht wahr, nur habe ich eben jetzt einen *ganz anderen* Geschmack. Ich grüßte sie aber doch und sie war sehr lieb. Beim Sprechen ist sie wirklich entzückend, und dann finde ich Goldplomben riesig fein.

Die Frau Dr. M. hat auch zwei und beim Lachen ist das himmlisch.

8. Dezember: Die Dora könnte auch ihre dummen Witze bei sich behalten. Heute wie die Trobisch alle da sind und von der Schule geredet wird, sagt sie: »Oh, die Gretel schwärmt jedes Jahr für jemanden andern; voriges Jahr für die Frau Dr. Malburg und heuer für den Prof. Wilke. Jetzt ist die Frau Dr. Malburg aus der Gnade gefallen.« Wenn ich hätte wollen, da hätte ich schon anfangen können von den zwei Studenten am Eis. Aber ich bin eben nicht so und habe sie mit Verachtung angesehen und ihr unter dem Tisch einen Stoß gegeben. Und sie ist so frech und sagt: Was ist denn? Ach so, so zarte Herzensgeheimnisse darf man nicht auskramen. Na, Gretel, bei dir macht's nichts, in deinen Jahren nimmt man das noch nicht so ernsthaft.« Aber jetzt ist ihr recht geschehen: Die Frau v. Tr. und der Papa haben hellaut aufgelacht und die Frau v. Tr. hat gesagt: »O, du Großmama, hast du schon im Spiegel deine weißen Haare angeschaut?« Ich habe furchtbar gelacht und sie hat sich so geniert, daß sie blutrot war und am Abend sagt *sie* zu *mir,* ich bin ein ungezogener Fratz. Dafür habe ich ihr nicht gesagt, daß sie ihr Aufsatzheft am Tisch liegen ließ; und morgen muß sie es abgeben; aber *mir* ist das alleseins, dafür bin ich ein ungezogener Fratz.

9. Dezember: Gott, das ist schrecklich. Die Hella ist heute nachmittags um 2 Uhr ins Sanatorium Löw gebracht worden und ist sofort operiert worden. Eine Blinddarmoperation. Jetzt hat gerade ihre Mama telephoniert, daß alles glücklich vorüber ist. Aber die Professoren sagten, zwei Stunden später wäre es zu spät gewesen. Mir zittern die Knie und die Hände, wie ich das schreibe. Sie liegt noch in der Narkose.

10. Dezember: Die Hella ist furchtbar schwach; es darf niemand zu ihr als ihr Papa und ihre Mama, nicht einmal die Lizzi. Und zu Nikolo waren wir noch so lustig und haben viel Zuckerln gegessen, daß uns der Mund ganz sauer war. Aber davon kann sie unmöglich die Blinddarmentzündung bekommen haben. Am Montag abends, wie wir vom Turnen weggingen, sagt sie, es sei ihr gar nicht gut und gestern kriegt sie in der Nacht einen Schüttelfrost und der Arzt sagt in der Frühe, augenblicklich in ein Sanatorium zur Operation.

11. Dezember: In der Schule sind alle Kinder furchtbar aufgeregt wegen der Hella und die Frau Dr. St. war so lieb und hat deswegen die Mathematik-Schularbeit verschoben auf nächsten Dienstag. Am Sonntag gehe ich zur Hella. Sie sehnt sich sehr nach mir und ich mich nach ihr.

12. Dezember: Sie ist noch immer so schwach und es freut sie gar nichts; ich habe ihr durch ihre Mama Rosen und Veilchen geschickt, die freuten sie sehr.

14. Dezember: Heute war ich nachmittag von zwei bis ¼ 4 Uhr bei der Hella. Sie ist ganz blaß und wie ich hineingekommen bin, haben wir beide furchtbar geweint. Ich habe ihr wieder Blumen gebracht und habe ihr auch sofort gesagt, daß der Prof. W. sich immer, wenn er mich sieht, nach ihr erkundigt. Und die anderen Lehrkräfte auch, besonders die Frau Dr. M. Und die Kinder wollen sie besuchen, aber das erlaubt ihre Mama nicht. Wenn ein Mensch im Bett liegt, so sieht er ganz anders aus als sonst, förmlich fremd. Ich sagte das auch der Hella und sie sagte: Wir können uns nie fremd werden, auch im Tode nicht. Da weinte ich wieder furchtbar und unsere beiden Mamas sagten, ich muß fortgehen, weil sich die Hella zuviel aufregt.

15. Dezember: Heute war ich wieder bei der Hella. Sie steckte mir ein Brieferl zu, darin bat sie mich, ich soll aus ihrem Kasten das Paket mit der Schreibmappe für ihren Papa und das Schlüsselkörbchen für ihre Mama nehmen und es ihr bringen, weil die Sachen noch nicht fertig sind bis Weihnachten.

16. Dezember: Heute geht es der Hella schon besser. Ich muß ihr die Schreibunterlage für ihren Papa fertig malen. Gott sei Dank, daß ich es kann. Das Schlüsselkörbchen macht sie selber fertig, da ist nichts dran.

18. Dezember: Bei Bruckner sind sie alle furchtbar unglücklich, das ist ja wirklich kein Weihnachtsfest, wenn die Hella noch im Sanatorium sein müßte am Heiligen Abend. Es geht ihr nämlich seit gestern weniger gut, die Ärzte wissen nicht, wieso sie auf einmal wieder Fieber hat. Denn sie hat nichts gesagt, daß ich ihr Pralinés gebracht habe, weil sie einen solchen Gusto darauf hatte. Aber ich habe jetzt solche Angst, daß sie am Ende nochmals operiert werden muß.

19. Dezember: Ich war heute gleich nach der Schule bei Hella, weil ich die ganze Nacht nicht schlafen konnte vor Angst. Gott sei Dank, es geht ihr wieder besser. Der eine Doktor sagt, wenn sie in Privatpflege wäre, würde er unbedingt auf einen Diätfehler schließen; aber im Sanatorium ist so etwas ausgeschlossen. Also war es doch von den Pralinés und den zwei Marzipanstangen. Die Hella glaubt, von den Marzipanstangen, weil es doch große zu 20 Heller waren und weil Mandeln schwer im Magen liegen. Sie hat auch schon Magendrücken gehabt, wie ich noch dort war, aber sie wollte nichts sagen, weil sie doch selber schuld war, daß ich sie ihr gebracht habe. Also jetzt kann sie betteln, wie sie will, ich bringe ihr nichts mehr außer Blumen und von diesen kann sie doch nicht krank werden. Das heißt, wenn das wahr wäre von der »Blumen Rache«. Aber so etwas gibt es wohl kaum und dann bring ich keine gefährlich riechenden Blumen.

20. Dezember: O, wie ich mich freue, übermorgen oder am Dienstag darf die Hella nachhause, damit sie wenigstens beim Christbaum sein kann. Jetzt weiß ich, was ich ihr gebe, einen Streckfauteuil, der Papa hat es mir erlaubt, denn so viel Geld habe ich nicht allein, aber der Papa gibt mir drauf, soviel ich brauche. Oh, der Papa ist einzig! Morgen geht er mit mir auf die Währingerstraße einen kaufen.

21. Dezember: Heute war ich nur ganz kurz bei der Hella, weil mich der Papa bald abholte. Zuerst war sie etwas beleidigt, aber dann merkte sie, daß ein wichtiger Grund da sei und da sagte sie: Aber nur nichts aus Marzipan. Und da hätte sie uns bald alle beide verraten. Denn der Papa fragte mich auf der Gasse: Warum hat die Hella das wegen des Marzipans gesagt? Und da sagte ich schnell: Seit sie krank ist, hat sie einen furchtbaren Ekel vor allem Süßen. Gott sei Dank, hat der Papa nichts gemerkt. Aber mir ist es immer sehr unangenehm, wenn ich ihn anlügen muß. Erstens habe ich immer das Gefühl, er merkt es, und zweitens lüge ich ihn überhaupt nicht gern an. Der Sessel ist hochfein, ein türkisches Muster mit langen Quasten an der Rolle. Der Papa hat ihn wollen ganz zahlen, aber ich habe gesagt: Nein, das ist dann kein Geschenk von mir und so habe ich fünf Kronen gezahlt und der Papa 37. Morgen wird er gleich zu Bruckner geschickt.

22. Dezember: Also morgen kommt die Hella. Sie war schon ein bischen auf, aber sie ist noch so schwach, daß sie sich beim Gehen in jemanden einhängen muß. Sie ist glücklich, daß sie nachhause kommt, denn sie sagt, in einem Sanatorium hat man immer das Gefühl, als ob man sterben müßte. Da hat sie wohl recht. Wie ich das erstemal zu ihr gekommen bin, mußte ich auf der Stiege die Tränen zurückhalten. Und dann haben wir ja wirklich beide furchtbar geweint. Ihre Mama weiß schon von dem Sessel, aber er ist noch nicht geschickt worden. Wenn sie nur nicht vergessen im Geschäft.

23. Dezember: Heute ist die Hella nachhause gekommen. Ihr Papa hat sie über die Stiege getragen und ich habe sie an der Hand gehalten. Und die 2 Parteien im Mezzanin sind herausgekommen und haben ihr gratuliert und der alte Hofrat im 2. Stock und seine Frau haben einen blühenden Fliederstock heruntergeschickt. Aber dann war sie so müde, daß ich schon um fünf Uhr fortging, damit sie Ruhe hatte. Morgen bin ich zum Christbaum zuerst bei ihnen und dann bei uns. Wegen der Hella haben die Br. schon um fünf Uhr Christbescherung und wir wie gewöhnlich um sieben Uhr.

26. Dezember: Gestern und vorgestern könnte ich absolut nicht schreiben. Es war herrlich bei uns und der Hella. Was ich bekommen habe, schreibe ich gar nicht auf, weil ich keine Zeit habe und es ohnedies weiß. Die Hella hat sich über den Streckfauteuil riesig gefreut, ihr Papa hat sie hinein ins Zimmer getragen und auf den Sessel gelegt. Und ihre Mama hat geweint. Es war erhebend. Eine schwere Krankheit hinter sich zu haben, ist großartig, wie alle sich um einen sorgen, man ist unbestritten der Mittelpunkt. Ich gönne es der Hella. Sie ist so entzückend. Gestern war ich den ganzen Tag dort und nach dem Essen, wie sie schlafen sollte, sagte sie: Mach dort die Lade am Schreibtisch auf, die unterste rechts, da liegt mein Tagebuch, wenn du darin blättern willst. Das werde ich ihr nie vergessen! Wir haben es ja eigentlich verabredet, daß wir einander gegenseitig unsere Tagebücher lesen lassen, aber bisher haben wir es doch nie getan; man geniert sich doch ein bischen voreinander, und weil man auch nach längerer Zeit sich nicht mehr genau erinnert, was man alles geschrieben hat. Also, sie schreibt immer nur ganz kurz, höchstens eine halbe Seite, aber wie; gerade das Wichtigste. Natürlich konnte sie nicht schlafen, sondern ich mußte ihr Verschiedenes aus ihrem Tagebuch vorlesen, besonders aus den Ferien, wo sie immer in Ungarn ist. Dort wird sie gefeiert. Von zwei Kadetten und ihren zwei Kusins. Und dann lachten wir über verschiedene Stellen so wahnsinnig, daß der Hella schon alles weh tat und ich aufhören mußte zu lesen.

29. Dezember: Gestern haben wir uns wahnsinnig geärgert. Das war so. Wir spielen doch beide längst nicht mehr mit Puppen und solchen Sachen, aber wie ich im Kasten der Hella herumräume, stoße ich auf die Puppensachen; sie liegen ganz unten und die Hella schaut sie gar nie an. Da nehme ich das kleine Pariser

Modell heraus und sie sagt: Gib her, und bring alle Sachen dazu. Ich räume alles heraus auf ihr Bett und wir probieren so Verschiedenes. Da kommt meine Mama und die Dora. Na also, wie die hereinkommen, schaut die Dora ganz hämisch und sagt: Ah, bei ihrer Lieblingsbeschäftigung. Schau Lizzi, ganz rote Wangen haben sie vor lauter Eifer beim Spielen. Das ist doch impertinent. Wir und spielen! Und selbst wenn wir gespielt hätten, so hat *sie* sich nicht zu mokieren. Die Hella hat sich auch riesig geärgert und sagte heute: »Man ist nie vor Spionen sicher; ich bitte dich, räum alles so in den Kasten, daß ich nichts mehr sehe davon!« Es ist zu dumm, warum einem gerade immer die Puppen so vorgehalten werden, als ob das eine Schande wäre. Schließlich versteht man eigentlich erst später, wie schön die Sachen alle gemacht sind; mit 7 oder 8 Jahren oder gar als kleines Kind, wo man sie bekommt, versteht man nichts davon, ob es schön und fein ist oder nicht. Also wie gesagt, mit dem heutigen Tage ist endgültig abgeschlossen mit den Puppen. Das fällt ohnedies gerade gut, denn übermorgen ist Neujahr.

Und am meisten ärgert mich diese Frechheit der Dora; daß die Lizzi gesagt haben soll: »Wir waren auch einmal glücklich damit«, habe ich ganz überhört vor Wut. Aber vom Christbaum die besten Sachen wegessen, und zwar heimlich!!! das habe ich gesehen, *das* macht nichts. Das schickt sich mit 15 Jahren. Ich habe aber gestern nach dem Nachtmahl eigens gefragt: Wo hängt denn das zweite Sandwich aus Marzipan; es waren bestimmt zwei. Und ich schaute sie solange an, bis sie ganz rot wurde. Und nach einer Weile sagte ich: der große Gemüsekorb ist auch verschwunden. Da sagte sie: Ja, den hab ich genommen, ich werd' doch dich nicht fragen, was ich nehmen darf. Und das Sandwich hat der Oswald genommen. Ich habe mich furchtbar geärgert und da sagte der Papa: Komm, Hexerl, spül deinen Ärger mit dem zweiten Sandwich und einem Schluck Liqueur hinunter. Der Papa hat nämlich vom Großpapa einen Liqueur geschickt bekommen.

30. Dezember: Das ist ein schöner Jahresschluß. Mich freut die ganze Schule nicht mehr. Also Urscheln sind wir verliebte und zudringliche Fratzen. Das ist der Dank dafür, daß wir die ganze Zeit Dienstag und Freitag schon um ½9 Uhr ins Lyzeum kamen wegen des Herrichtens und Abstaubens der Lehrmittel und dann sagt er so etwas. Ich werde *er* niemehr mit großem E schreiben; das verdient er gar nicht. Und das muß ich alles allein hinunterwürgen, denn die Hella darf ich absolut nicht aufregen. Eigentlich habe ich mich geärgert, daß die Mama es mir gesagt hat, aber andrerseits ist es doch gut, wenigstens weiß ich, was ich zu tun habe. Die Schwester von unserm Turnprofessor, der am .... Lyzeum ist, war zufällig auch bei der Dame, wo die Mama gestern war und da erzählt sie, ihr Kusin, der Dr. W. ärgert sich so über die Zudringlichkeit der Mädeln im Lyzeum. Solche Urscheln, und die kleinen Fratzen aus der *ersten* Klasse fangen auch schon an. *Deswegen unterrichtet* er lieber bei den Buben, die haben ihn auch gern, aber sie sind nicht so *ekelhaft* lästig. Also das weiß ich, *ich* werde ihn nicht mehr belästigen. Am Freitag, wenn wir wieder Unterricht haben, gehe ich zwei Minuten vor neun Uhr hinüber und trag, ohne ein Wort zu reden, die Sachen in die Klasse. Und der Kalinsky werde ich es auch sagen, daß wir ihm so *ekelhaft lästig* sind. Überhaupt, als ob wir in der ersten Klasse wären!

1. Jänner 19..: Das mit dem Prof. W. ärgert mich wütend. Die Hella fragt gestern so oft, was ich habe, ich sei anders als sonst. Aber Gott sei Dank, ich verriet nichts. Das muß ich um ihrer Gesundheit willen verschlucken, und wenn ich davon krank würde. Überhaupt was liegt mir denn jetzt am Leben. Wenn die Menschen so falsch sind. Ins Gesicht war er immer so lieb und nett, einfach entzückend; wenn ich denke, wie er sich immer um die Hella erkundigt hat und dabei diese Falschheit!!! Wenn die Hella das wüßte. Also morgen!

2. Jänner: Ich habe ihn *furchtbar* behandelt. Angeklopft – Guten Morgen, Herr Prof., bitte, was brauchen wir zur Stunde? Er ist freundlich: Heute nichts besonders. Nun, wie war denn das Christkindel? – Ich: Danke, wie immer. – Er dreht sich um und schaut mich an: Scheint aber nicht so zu sein; nach Ihrer Miene zu urteilen. – Ich: Das hat andere Gründe. – Er: Ah, so. Er kann leicht Ah so, machen. Denn er hat keine Ahnung davon, daß ich weiß, wie er von uns redet.

6. Jänner: Heute durfte die Hella zum erstenmal ausfahren. Es geht ihr schon sehr gut und Mitte Jänner will sie in die Schule kommen. Vorher *muß* ich es natürlich sagen, die wird Augen machen. Gestern fragte sie ohnehin schon: Fragt der S. G. jetzt nicht mehr nach mir? – O ja, lüge ich, aber nicht mehr so oft. Und sie sagt: Da sieht man, aus den Augen, aus dem Sinn. Wenn sie erst die Wahrheit erfährt. Jedenfalls sage ich es ihr erst, wenn sie schon ganz gesund ist.

10. Jänner: Jetzt habe ich es der Hella doch sagen müssen, das war so: Sie schwärmt furchtbar vom S. G. Und zuerst sage ich gar nichts; da sagt sie: Was machst denn du für ein Gesicht? Darfst du nicht mehr die Lehrmittel tragen? – Ich: *Dürfen?* Natürlich *darf* ich, aber ich *will* sie nicht mehr tragen. Ich habe nicht einmal der Hella gesagt, wie ich mich kränke; denn ich *habe* ihn wahnsinnig geliebt.

12. Jänner: Die Hella muß ihn ebenfalls wahnsinnig geliebt haben, oder vielmehr noch immer lieben. Sie war am Sonntag abends so aufgeregt, daß ihre Mama geglaubt hat, sie wird rezitiv. Sie hatte nämlich Schmerzen und dabei Diarrö. Gott sei Dank, sie hat es ebenso überwunden wie ich. Sie sagte heute: Kränken wir uns nicht weiter. Wir haben unsere Gefühle (nicht Liebe!!) an einen Unwürdigen verschwendet. In solchen Momenten ist sie großartig, noch dazu jetzt, wo sie noch so blaß ist. Übrigens ist sie in den Ferien und jetzt in ihrer Krankheit riesig gewachsen. Früher war eher ich die Größere und jetzt ist sie um einen Viertelkopf größer als ich. Die Dora ärgert sich sehr, daß ich und sie beinahe gleich groß sind. Dadurch sehe ich eben älter aus als 12½ Jahre; Gott sei Dank. Die Hella darf nicht am 15. Jänner in die Schule gehen, sondern ihre Mama fährt mit ihr auf 14 Tage oder drei Wochen an die Riviera.

18. Jänner: Das ist gräßlich öde, wenn die Hella nicht da ist. Eigentlich merke ich das erst recht seit ihrer Krankheit. Mir ist es immer, als ob sie jetzt wieder krank wäre. Sie ist mit ihrer Mama nach Meran gefahren und kommt Anfangs Februar zurück.

24. Jänner: Seit die Hella krank ist, d. h. eigentlich erst seit sie weggefahren ist, gehe ich immer mit der Hübner Fritzi. Die ist sehr nett, was ich voriges Jahr gar nicht wußte. Bis die Hella wieder kommt, sitzt sie neben mir. Denn Alleinsitzen in einer Bank ist furchtbar. Die Fritzi weiß schon ziemlich viel. Im Anfang wollte sie nichts davon reden, weil doch gewöhnlich ein Tratsch herauskommt. Ihr Bruder hat ihr alles gesagt. Er ist sehr fesch und heißt Paul.

29. Jänner: Gestern war Eisfest und da durften wir gehen, ich und die Dora. Ich bin meistens mit der Fritzi und dem Paul gelaufen und habe zwei Preise bekommen, einmal mit dem Paul zusammen. Und einmal mit fünf anderen Mädchen, wo wir Wette liefen. Der Paul ist riesig gescheit, er sagt er geht zum Militär und wird Flieger. Das ist noch feiner als im Generalstab. Ihr Papa ist Major und er, der Paul, hätte eigentlich in die Militäranstalt kommen sollen, aber sein Großpapa hat es nicht erlaubt. Er soll sich einmal frei entscheiden. Aber natürlich wird er doch Offizier. Die meisten Buben werden das, was ihr Papa ist. Nur der Oswald geht vielleicht zur Marine. Ich möchte übrigens wissen, was der Papa gemeint hat, wie er nämlich einmal zur Mama sagte: Mein Gott, mir ist's nicht darum zu tun. Ich tu's nur wegen dem Oswald. Die beiden Mädeln haben ja auch nicht viel davon.

3. Februar: Jetzt lese ich gerade das vom Papa. Ich denke es mir übrigens schon, was es ist. Ich glaube, der Papa will entweder ein großes Los oder vielleicht ein Haus kaufen. Aber davon haben ich und die Dora doch auch etwas, denn das gehört doch dann nicht dem Oswald allein.

4. Februar: Gestern habe ich die Mama gefragt. Aber sie sagt, sie wisse von nichts; wenn es etwas ist, was uns betrifft, wird es uns der Papa schon sagen. Es muß doch etwas sein, denn sonst hätte die Mama nicht am Abend dem Papa erzählt, daß ich sie gefragt habe. Diese Heimlichkeiten kann ich nicht leiden. Warum sollen wir denn nicht wissen, daß der Papa ein Haus kaufen will. Der Großpapa der Fritzi hat in Brünn und in Iglau ein Haus. Aber die Fritzi ist sehr einfach angezogen und ihre Mama auch.

9. Februar: Gott sei Dank, morgen kommt die Hella, gerade noch vor ihrem Geburtstag. Glücklicher Weise darf sie schon wieder alle essen und so bekommt sie von mir eine riesige Düte Bonbons vom Viktor Schmid mit einer silbernen Zuckerlzange. Ich und die Mama holen die Hella auf der Bahn ab. Sie kommen um 8 Uhr 20.

10. Februar: Ich freue mich riesig, heute kommt die Hella. Beinahe hätte ich sie nicht abholen können, weil der Mama gerade heute nicht gut ist. Aber der Papa fährt mit mir. Die Fritzi wollte morgen nachmittags auch kommen, aber das geht nicht. Sie ist ja ein sehr liebes Mädel und ihr Bruder ist auch riesig lieb, aber am ersten Tag, wenn die Hella wieder da ist, müssen wir unbedingt allein sein. Das hat sie mir auch im letzten Brief ausdrücklich geschrieben. Sie war über drei Wochen fort. Das ist furchtbar lang, wenn man sich gern hat.

15. Februar: Ich komme gar nicht zum Schreiben, weil die Hella und ich alle freie Zeit beisammen sind. Gestern bekamen wir die Semesterzeugnisse. Die Hella hat natürlich keines bekommen. Ich habe mit Ausnahme von Geographie und Geschichte lauter Eins, auch in Naturgeschichte, obwohl ich seit Neujahr keine Zeile mehr gelernt habe. Ich hasse die Naturgeschichte. Wenn die Hella im zweiten Semester wieder in die Schule kommt, so werden wir den *einstigen* S.-G. ersuchen, uns von dem Tragen der Lehrmittel abzubestellen. Die Hella ist noch zu schwach dazu. Die Hella ist jetzt schon 13 geworden und der Papa sagt, sie wird ein bildhübsches Mädel werden. *Werden,* sagt der Papa; sie ist es doch schon. jetzt ist sie von der warmen Sonne im Süden ganz abgebrannt und es steht *ihr,* aber wirklich nur ihr, wunderbar. Denn sonst kann ich es nicht ausstehen, wenn eines so abgebrannt ist. Aber der Hella steht wirklich alles gut; wie sie im Sanatorium so blaß war, da war sie schön; und jetzt ist sie ebenfalls schön, nur ganz anders schön. Überhaupt da hat der Oswald recht, wenn er sagt: An dem Grade, in dem ein Mädel das Abbrennen verträgt, ohne in ihrer Schönheit zu leiden, kann man ihre Schönheit messen. Er hat das zwar immer gesagt, wenn er mich und die Dora ärgern wollte in den Ferien, aber Recht hat er ganz entschieden.

20. Februar: Vorgestern hat das zweite Semester begonnen. Alle waren riesig nett zur Hella, und die Frau Dr. M. hat sie auf den Wangen gestreichelt und so lieb an sich gezogen. Und jetzt kommt die Hauptsache. Heut war Naturgeschichtsstunde. Wie wir anklopfen und ins Lehrmittelzimmer kommen, sagt der Prof. W.: Ah, Sie Bruckner das ist schön; jetzt schauen Sie nur, daß Sie nicht mehr solche böse Geschichten machen. Wie geht es Ihnen? Und die Hella: »Ich danke, Herr Prof., es geht mir gut.« Und wie ich sie anschaue, macht sie ein furchtbar ernstes Gesicht und er sagt: Mir scheint die schlechte Laune Ihrer Freundin hat Sie angesteckt? – Die Hella: »Herr Prof. sind zu gütig, aber wir wollen nicht lästig fallen. Was haben wir hinüberzutragen? Und dann bitten wir auch um Enthebung von unseren Posten, weil ich mich dazu zu schwach fühle.« Sie sagt das so militärisch, wie sie es von ihrem Papa gewöhnt ist. Und das klingt riesig vornehm. Er schaut uns an und sagt: Ist schon recht, es werden sie zwei andere Schülerinnen ablösen. Wir wissen nicht, hat er es garnicht gemerkt, oder will er es nur nicht zeigen. Aber wie wir die Tür zumachten, war mir doch gräßlich leid; denn es war das letztemal, das allerletztemal.

27. Februar: Heute habe ich in Naturgeschichte *nicht genügend* bekommen. Ich bin gar nicht geprüft worden, sondern wie die Klaiber nichts gekonnt hat, habe ich gelacht und da sagt er: Also Lainer korrigieren Sie diesen Unsinn. Weil ich aber gerade an etwas ganz anderes gedacht habe, so weiß ich nicht, wovon die Rede ist und bekomme gleich ein Nichtgenügend. Natürlich *früher* hätte das nichts gemacht; aber jetzt seit .... die Hella und die Franke haben mich riesig getröstet und gesagt: »Das gibt's nicht, das war keine Prüfung; er *muß* dich noch einmal ordentlich prüfen.« Allerdings meint die Franke, wenn ich es noch so gut lerne, so kann ich froh sein, wenn er mir Genügend gibt. Eine *solche Niederlage* vergißt kein Professor. Wir haben ihr nämlich das von den Urscheln erzählt. Damals hat sie zwar gesagt, wir haben es zu auffallend getrieben. Das ist aber wirklich nicht wahr. Aber jetzt nimmt sie doch unsere Partei, weil sie einsieht, daß wir im Recht waren. Jetzt tragen die Verbenowitsch und die Bennari die Sachen. Ja, die sind viel besser dafür. Der Papa der Hella hat es ohnedies nicht gern gesehen; er sagt: dazu ist der Schuldiener oder die Schuldienerin da – den wir das ganze Jahr nie sehen, das ist köstlich.

8. März: Heuer ist Ostern erst am 16. April. Ich fahre mit den Bruckner nach Cilli, dort haben sie nämlich außerhalb der Stadt einen Weingarten mit einem Landhaus. Die Hella braucht notwendig eine Erholung. Ich freue mich riesig. Dort blüht schon im halben März alles, oder anfangs April.

12. März: Die Hella ist nicht aufrichtig. Heute begegnen wir einen Herrn, sehr fein, mit einem goldenen Zwicker und blonden Schnurrbart. Die Hella wird blutrot und der Herr grüßt und sagt: Ah, Fräulein Helenchen, Sie sehen ja sehr gut aus. Wie geht es Ihnen? Mich schaut er nicht einmal an und wie er weg ist, sagt sie: »Das war der Dr. Fekete, der bei meiner Operation assistiert hat.« – »Und *das* sagst du mir erst jetzt?« Da stellt sie sich ganz unschuldig und sagt: »Nun ja, natürlich, wir haben ihn ja vorher nie gesehen«, da sage ich: »Also *das* meine ich nicht. Wenn du wüßtest, wie rot du geworden bist, würdest du nicht leungen.« Da sagt sie: »Was leugne ich denn? Glaubst du, ich bin verliebt in ihn? Keine Spur.« – Also, wenn man *nicht* verliebt ist, braucht man doch nicht so rot werden. Ich werde jedenfalls auch nicht mehr alles sagen; ich kann auch schweigen.

14. März: Wir haben gestern weniger geredet als sonst; besonders ich war schweigsam. Da läutet es heute um 5 Uhr, wie ich gerade die Übersetzung mache und die Hella kommt und bittet mich um Verzeihung und bringt mir herrliche Veilchen. Also natürlich habe ich ihr verziehen. Das war eigentlich das erstemal, daß wir etwas böse waren. Erst wollte sie mir Bonbons bringen, aber dann entschied sie sich für Veilchen und ich finde das auch viel feiner und zarter. Zuckerln gibt man einen kleinen Kind, wenn's sich wehgetan oder zornig ist. Aber Blumen sind für Kinder nicht.

19. März: Die Frieda Belay ist gestorben. Wir sind alle ganz aufgeregt. Wir haben ja nie näher verkehrt mit ihr, aber jetzt wo sie gestorben ist, denkt man doch, daß es eine Mitschülerin war. Sie ist an Herzschwäche infolge Gelenksrheumatismus und Muskelentzündung gestorben. Wir waren alle bei ihrem Begräbnis, nur die Hella durfte nicht. Die Mama der Belay hat furchtbar geweint und ihre Großmama noch mehr; und auch ihr Papa hat geweint. Wir haben einen Kranz mit weißen Rosen gegeben und einer schönen Inschrift: Der Tod hat dich in deiner schönsten Blüte entrissen – Deinen Kolleginnen.

Ich habe heute zu nichts eine Lust. Ich habe die Belay nicht mehr gesehen, aber die Franke war gestern oben und hat sie im Sarg aufgebahrt gesehen. Und sie sagt, sie wird diesen Anblick nie vergessen, sie hat beinahe einen Herzkrampf bekommen. Und in der Kirche hat wirklich die Lampl einen Weinkrampf bekommen, weil ihre Mama erst vor 4 Wochen begraben wurde und da hat sie sich jetzt wieder an alles erinnert und sich schrecklich aufgeregt. Ich habe auch bei der Hella sehr geweint. Sie glaubt, weil ich gedacht habe, sie hätte auch im Dez. sterben können. Aber das war es nicht, an so etwas denke ich doch nicht. Aber wenn jemand stirbt, so ist das überhaupt so schrecklich traurig.

24. März: Das ist doch unerhört! Ich kann nicht mit der Hella nach Cilli fahren. Ihre Mama war nämlich bei ihrer Kusine, und wie die hört, daß sie zu Ostern nach Cilli fahren, bittet sie sie, daß sie die Melanie mitnehmen. Das heißt, sie hat nicht direkt gebeten, aber so lange herumgeredet, bis die Mama der Hella gesagt hat: Laß die Melanie mit uns fahren, das wird ihr sehr gut tun nach ihrer heurigen Krankheit. Sie hatte nämlich im Winter einen Lungenspitzenkatharr. Die Hella und ich hassen sie, weil sie furchtbar spioniert und falsch ist. Und da fahre ich natürlich absolut nicht mit. Und die Hella sagt es auch, es tut ihr furchtbar leid, aber wenn *die* mit ist, können wir so kein Wort reden; da ärgern wir uns nur halb tot. Und sie ist ganz einverstanden, daß ich nicht fahre. Aber es ärgert mich sehr, denn erstens fahre ich furchtbar gerne mit der Hella zusammen und zweitens fahre ich überhaupt gerne zu Feiertagen weg, weil fast alle Kinder unserer Klasse fortfahren. Also ist es nichts damit. Denn wie die Mama der Hella meint, sie sieht nicht ein, warum wir nicht alle 3 fahren können, das geht einfach nicht. Aber das können wir ihr nicht erklären. Die Hella ist so poetisch und da sagt sie: »Also ein schöner Traum zerstoben«. An der Hella sind solche große Worte herrlich, an der Dora ärgern sie mich fürchterlich, weil sie ihr nicht vom Herzen kommen.

26. *März:* Heute sind die Schülervorstellungen geschlossen worden mit Des Meeres und der Liebe Wellen. Ich gehe sehr gern ins Theater, aber niederschreiben tue ich mir nie etwas davon. Denn das Stück ist ja ohnedies von einem Dichter, und da kann man es ja nachlesen, wenn man will und das übrige merkt man sich sowieso. Was die Dora immer nach dem Theater am nächsten Tag soviel zu kritzeln hat, begreife ich nicht. Wahrscheinlich ist sie in irgend einen Schauspieler verliebt und schreibt deshalb so viel. Übrigens haben wir, die II. Kl. nicht für alle Vorstellungen Karten bekommen, sondern nur die Mädchen von der IV. aufwärts. Aber das machte mir nicht sehr viel, weil wir ja außerdem am Abend öfters gehen und Sonntag nachmittags. Abends darf ich nur leider gewöhnlich nicht mitgehen.

29. *März:* Heute ist der Dora und mir etwas Gräßliches passiert. Ich kann es gar nicht niederschreiben. Sie war sehr nett und sagte: Vor zwei Jahren ist ihr in der Stadtbahn dasselbe passiert, wie sie mit der Mama einmal, es war am 15. Februar, das merkte sie sich ewig, zur Frau v. Martini nach Hietzing gefahren ist. Außer ihr und der Mama war nur noch ein Herr im Waggon, die Mama fährt nämlich immer II. Kl. Sie sitzen nebeneinander und der Herr steht im zweiten Teil, so daß Mama nicht hinsehen konnte. Und wie die Dora hinschaut, macht er den Mantel auf und – – –! also dasselbe wie heute der Herr unter dem Haustor. Und wie sie aussteigen, bleibt die Boa der Dora in der Tür stecken und sie dreht sich noch einmal um, obwohl sie garnicht wollte, und da sieht sie wieder – – –! Sie hat damals einen ganzen Monat nicht schlafen können. An das kann ich mich sehr gut erinnern, aber nur wußte ich nicht warum. Sie hat es auch nie jemanden gesagt, außer der Erika und der war das auch schon passiert. Die Dora sagt, das passiert beinahe jedem Mädchen wenigstens einmal; und solche Männer sind *»nicht normal«.* Ich weiß nicht recht, was das heißt, aber fragen wollt ich doch lieber nicht. Vielleicht weiß es die Hella. Ich habe natürlich nicht genau hingeschaut, aber die Dora hat sich

geschüttelt und hat gesagt: Und *das* muß man ertragen. Und dann sagte sie zu mir im Gespräch, daß die Mama *davon* krank ist und weil sie fünf Kinder gehabt hat. Da war ich sehr dumm und fragte: »Ja, wieso *davon*?« Davon kriegt man doch nicht die Kinder? »Natürlich«, sagt sie »Ich habe geglaubt, du weißt das schon. Damals wie der Skandal mit der Mali war wegen des Gürtels, meinte ich, da hättet Ihr, du und die Hella alles erfahren.« Und jetzt war ich wieder sehr dumm d. h. schon blöd; statt zu sagen, was ich wirklich weiß, sagte ich: »Jawohl, ich weiß alles, nur das nicht.« Da lachte sie sehr und sagte: »Na, da ist es mit Euren Kenntnissen nicht weit her«. Und sie machte *endlich ein paar Andeutungen.* Wenn das wirklich so ist, dann hat die Dora recht, wenn sie sagt, es ist besser, man heiratet nicht. Verlieben kann und muß man sich, aber man löst die Verlobung einfach wieder auf. Ja, das ist ein Ausweg, da kann niemand sagen, die hat keinen Mann bekommen. Wir sind so oft vor dem Lyzeum auf- und abgegangen, daß wir beinahe zu spät kamen, gerade erst beim Läuten. Beim Nachhausegehen erzählte ich der Hella die Gemeinheit von diesem Manne. Sie weiß auch nicht, was das in *dieser Hinsicht* eigentlich bedeutet: »Nicht normal«. Wir nehmen es aber jetzt als Zeichen für etwas Greuliches. Da versteht uns niemand. Und dann erzählte mir die Hella von einem Betrunkenen, der in Nagy K.... *so* durch die Straßen des Ortes ging und vom Gendarmen eingeführt wurde. Sie sagt auch einen *solchen* Anblick vergißt man nie, nie mehr. Vielleicht war der heute früh auch betrunken, aber eigentlich sah er nicht so aus. Und wenn er *das* nicht getan hätte, hätte man ihn überhaupt für einen feinen Herren gehalten. Die Hella weiß das auch, daß man *davon* die Kinder bekommt. Sie hat mir alles erklärt, und jetzt kann ich wohl begreifen, daß man *davon* krank werden muß. Gestern war es schon nach 11 Uhr abends und so schreibe ich das alles erst heute zu Ende. Die Hella sagt: *Das* ist die Erbsünde und *das* haben auch Adam und Eva begangen, diese Sünde. Ich habe bisher immer geglaubt, die Erbsünde ist etwas ganz anderes. Aber das – das. Ich bin seit gestern furchtbar aufgeregt, ich sehe *das* immer vor mir; eigentlich hab ich gar nicht hingeschaut, aber ich muß es doch gesehen haben.

30. März: Ich weiß nicht, wieso, heute in der Geschichtsstunde fiel mir wieder alles das ein und was die Dora vom Papa gesagt hat. Aber ich kann mir das gar nicht vorstellen. Wegen des Papas ist es mir eigentlich unangenehm, daß ich das weiß. Vielleicht ist doch nicht alles so, wie die Dora und die Hella sagen. Im allgemeinen kann ich mich zwar auf die Hella verlassen, aber sie kann sich ja auch einmal irren.

1. April: Heute hat die Dora viel erzählt. Sie ist jetzt ganz anders zu mir als früher. Man sagt nicht P....., sondern M....... P..... sagen bloß die ordinären Leute oder man kann auch sagen, man ist *entwickelt*. Also die Dora hat die M....... schon seit vorigem Jahre im Aug, und es ist greulich unangenehm, weil jeder Herr es einem anmerkt. Deshalb haben wir im Lyzeum auch nur 3 Herren als Professoren und sonst lauter Doktorinnen und Fräulein. Jetzt hat die Dora die M....... manchmal gar nicht, dann wieder sehr stark und das ist eben die Bleichsucht. Wenn alle Herren das wissen, dann ist das furchtbar interessant.

4. April: Wir reden jetzt von solchen Dingen, die Dora weiß entschieden mehr als ich, d. h. nicht mehr, aber viel genauer. Aber ganz aufrichtig ist sie doch nicht. Wie ich sie frage, von wem sie das alles weiß, ob von der Erika, oder der Frieda, sagt sie »Aber keine Idee; das reimt sich doch jedes selbst zusammen; man braucht nur die Augen aufmachen und die Ohren. Und ein bissel Verstand hat man doch auch«. Also mit dem Schauen und Horchen ist wirklich nichts erreicht. Denn geschaut habe ich wirklich immer und gar so ohne Verstand bin ich doch auch nicht. Jemand muß es einem schon sagen, von selber kann man *nicht* draufkommen.

6. April: Ich mache mir jetzt garnichts aus dem Besuchemachen. Sonst sind wir immer gern zu Richters gegangen, aber heute war es mir fad. Jetzt verstehe ich übrigens erst, warum die Dora nicht II. Kl. Stadtbahn fahren will. Ich habe immer geglaubt, sie tut es mir justament, weil ich sehr gern II. Kl. fahre. Seit damals wo ihr *das* passiert ist, will sie nicht fahren. So tut man manchmal wirklich jemanden Unrecht, der es gar nicht so meint. Aber warum hat sie mir nicht die Wahrheit gesagt? Sie sagt, weil ich damals noch ein Kind war. Nun ja, aber heuer im Winter, wo ich mich so ärgerte, daß wir nach Schönbrunn III. Kl. fuhren; da habe ich wirklich geglaubt, sie tut es mir zu Fleiß, denn daß sie sich immer fürchtet, in der II. Kl., wo man oft allein fährt, könnte einer plötzlich mit einem offenen Messer hervorfahren, das glaubte ich doch natürlich nicht. Aber jetzt verstehe ich sie recht gut, denn die Wahrheit konnte sie doch der Mama, oder gar dem Papa nicht sagen. Und im Winter und im Frühling fahren oft wirklich fast keine Leute in der Stadtbahn, besonders auf der Gürtellinie.

7. *April:* Die Mama sagt heute, wir ,besonders ich, seien gestern schrecklich fad und blöd gewesen bei Richters. Warum wir immer Blicke gewechselt haben? Dies sei höchst unpassend. Ja, wenn sie wüßte, an was wir gedacht haben, wie die Frau Hofrätin Richter gesagt hat, heuer ist die Witterung *entschieden nicht normal;* eine solche *abnormale* Wärme sei schon seit Jahren nicht gewesen. Und dann wie der Herr Hofrat nachhause kommt und von seinem Bruder erzählt, der den ganzen Winter am Hochschneeberg war und sagt: Ah, mein Bruder ist ja *nicht normal,* der hat ein Radl zuviel, da habe ich wirklich geglaubt, ich muß herausplatzen. Zum Glücke hat die Frau R. uns nochmals furchtbar viel Bäckerei herausgeladen und da habe ich mich recht tief über den Teller gebeugt. Und da sagt die Mama, ich habe so gierig gegessen, als ob ich zu hause nie eine Bäckerei bekäme. Also, da hat mir die Mama schon *sehr* unrecht getan, mir war's gar nicht um die Bäckerei zu tun. Die Dora sagt auch, ich muß mich besser verstellen, ich soll sie immer anschauen, von ihr kann ich es ausgezeichnet lernen. Ja, da hat sie wohl recht, aber warum denn eigentlich? Sollen die Leute nicht solche Worte gebrauchen, die ganz etwas anderes heißen, dann braucht der andere sich nicht verstellen. Also, lernen muß ich es auf jeden Fall.

8. *April:* Wir sind heute furchtbar erschrocken; auf einmal wird um ½ 9 Uhr in der Frühe telephoniert aus dem Lyzeum, der Dora ist plötzlich in der Lateinstunde sehr unwohl geworden, sie möchte mit Wagen geholt werden. Die Mama fährt gleich im Auto hin und ich mit ihr, weil ich ja ohnedies um 9 Uhr Stunde habe und die Dora liegt in der Kanzlei auf dem Sopha und die Frau Direktorin sitzt bei ihr und die Freundin der Frau Direktorin, die Frau Dr. Preisky, die ist nämlich Ärztin, und sie haben ihr die Kleider aufgemacht und einen Umschlag auf den Kopf gegeben, denn sie ist plötzlich in der Lateinstunde ohnmächtig geworden. Das ist im heurigen Jahr schon das drittemal, also muß es doch wahr sein, daß sie bleichsüchtig ist. Ich wollte mit nachhause fahren, aber die Mama und die Frau Dr. P. haben gesagt, ich soll nur in die Stunde gehen. Und dann hat noch die Frau Dr. P., wie ich hinausging, gesagt: »Das ist ein gesundes, kräftiges Mädchen, ein lieber Kerl.« Das sagt man eigentlich nur von Buben und Herren, aber sie ist das wahrscheinlich so gewöhnt, weil sie doch immer mit lauter Herren zusammen ist. Wenn man Medizin studiert, muß man *das* alles lernen und anschauen. Das muß eigentlich gräßlich sein.

Die Dora liegt heute im Bett und der Dr. hat auch bestätigt, daß sie bleichsüchtig ist. Morgen oder übermorgen geht die Mama mit ihr zum Professor. Die Dora sagt, ohnmächtig werden ist ein herrliches Gefühl. Auf einmal hört man nichts reden und man wird ganz schwach und dann weiß man überhaupt nichts mehr. Ob ich auch einmal ohnmächtig werde? Wahrscheinlich, wenn – – – Wir haben viel geredet von allem, was uns interessiert. Nachmittag war auch die Hella da, sich nach der Dora erkundigen und sie findet sie im Bett sehr schön, so leidend und dabei so fein und vornehm. Ja, das ist wahr, vornehm schauen wir alle aus.

9. April: Heute ist der *Hochzeitstag* von Papa und Mama. Jetzt verstehe ich erst, *was* das eigentlich heißt. Die Dora sagt, daß es unmöglich wahr sein kann, daß das der schönste Tag ist, wie alle, besonders die Dichter immer behaupten. Sie meint, man muß sich doch gräßlich genieren, weil doch alle Leute wissen... Das ist richtig und man braucht ja auch schließlich niemanden sagen, wann man seinen Hochzeitstag hat. Die Dora sagt, sie würde ihren Kindern nie sagen, wann ihr Hochzeitstag ist. Das wäre aber doch schade, wenn alle Eltern das so hielten, weil dann in jeder Familie um ein Fest weniger wäre. Und je mehr Feste, desto lustiger ist es.

10. April: Morgen fahr' ich mit dem Papa nach Salzburg. Die Dora kann nicht mitfahren, weil man doch nicht weiß, ob sie nicht am Ende während der Fahrt ohnmächtig wird. Mir ist es ganz recht, obwohl ich ihr nichts Schlechtes wünsche und sie mir leid tut, aber am liebsten fahre ich mit dem Papa allein. In Salzburg war ich noch nicht länger. Ich freue mich schon riesig. Unsere Frühjahrskostüme sind prachtvoll schön, dunkelgrün mit grün und goldbraun gestreiftem Seidenfutter und dazu hellbraune Strohhüte mit Maßliebchen für den Frühling und später kommen Kirschen oder Rosen drauf. Mein Tagebuch nehme ich mit, damit ich mir alles aufschreiben kann, was mich *interessiert.*

12. April: Die ganze Fahrt habe ich verschlafen. Der Papa sagt, ich habe gräulich geknistert und mich herumgeworfen: aber davon weiß ich nichts. Wir haben ein Coupé für uns allein gehabt, nur ein Herr ist zuerst noch mitgefahren. Die Hella ist nicht mitgefahren, weil ihre Tante, die im Fasching geheiratet hat, mit ihrem Mann auf Besuch kommt. Es ist mir eigentlich ganz recht, ich bin so gern mit dem Papa ganz allein. Heute nachmittag waren wir in Hellbrunn und im Felsentheater. Das ist wunderbar.

13. April: Der Papa sagt immer zu mir: Mein Hexerl! Aber vor anderen Leuten habe ich es nicht gern. Heute waren wir auf dem Gaisberg. Es war herrlich schön, die Aussicht großartig. Wenn ich so eine weite Aussicht sehe, wird mir immer ganz traurig zumute. Daß es soviele Menschen gibt, die man gar nicht kennt und die vielleicht auch sehr nett sind. Ich möchte immerfort reisen; das wäre herrlich.

14. April: Heute habe ich mich beinahe verirrt. Der Papa schrieb einen Brief an die Mama und ich durfte hinunter in die Salzachanlagen gehen; ich weiß nicht, wie es kam, auf einmal war ich ganz weit draußen, wo ich mich nicht auskannte. Da hat mich ein alter Herr gefragt, was ich suche; weil ich nämlich dreimal an demselben Platz vorbeikam. Da sagte ich, daß wir im Hotel »Zur Post« wohnen und ich wisse nicht, wie ich hinkomme. Da ging er mit mir und wie wir so reden, kommt heraus, daß er den Papa kennt noch von der Universität her. Da ging er gleich mit mir und der Papa freute sich sehr. Er ist Advokat in Salzburg, aber er hat schon einen grauen Bart. Und beim Weggehen sagte er leise zum Papa: »Ich gratuliere dir zu deinem Töchterl; die wird was ganz Besonderes werden!« Er hat zwar ganz leise geflüstert aber ich habe es doch verstanden. Wir waren mit ihm am Kapuzinerberg den ganzen Nachmittag. Es war ein schönes Militärkonzert; zwei Jäger-Freiwillige, die am Tisch neben uns saßen, haben fortwährend herübergeschaut; der eine war besonders hübsch. Mein neues Straßenkostüm für den Sommer steht mir sehr gut, sagen alle. Und der Papa sagt auch: »Ja, du bist ja schon bald eine junge Dame! Aber nur nicht zu früh!« Warum er das sagte, sehe ich eigentlich nicht recht ein; ich wollte, ich wäre schon ganz groß; aber leider dauert das noch lange.

14. April: Heute regnet's den ganzen Tag. Das ist scheußlich. Man kann nirgends hingehen. Den ganzen Vormittag waren wir in der Stadt spazieren und haben uns einige Kirchen angesehen, dann waren wir in der Konditorei, da habe ich 4 Indianer und 2 Stück Torte gegessen. Dafür konnte ich zu Mittag nichts essen.

15. April: Gerade als ich gestern schrieb, kam der Bureaudiener vom Dr. Gratzl und lud uns für Nachmittag ein. Wir gingen hin, sie wohnen in der Hellbrunnerstraße. Er hat 4 Töchter und 2 Söhne, die Mama ist vor drei Jahren gestorben. Der eine Sohn studiert in Graz und der andere ist ein Oberleutnant; er hat eine Braut. Die Töchter sind schon alt; die eine ist 27 Jahre und ist verlobt. Das finde ich greulich. Die jüngste (!!!) ist 24 Jahre. Das ist so komisch, wenn man sagt »Die Jüngste« und dann ist sie 24 Jahre. Der Papa sagt, sie ist sehr hübsch und wird gewiß noch heiraten. Mit 24 Jahren!! Wenn sie nicht einmal verlobt ist; das glaube ich nicht. Sie haben einen großen Garten 3 Hunde und 2 Katzen, die sich sehr gut vertragen. Von einem Zimmer ins andere führt eine Stufe, das finde ich reizend und die Fenster sind alle ausgebaucht. Alles ist so altertümlich, auch die Einrichtung. Das gefällt mir sehr gut. Das Vorzimmer ist ganz rund wie eine Kirche. Nach der Jause hatten wir eingelegte Früchte, besonders Kürbisschnitten und ein feines Backwerk. Ich aß ein ganzes Glas voll Kürbisschnitten. Sie haben auch ein Grammophon und dann spielten wir Klavier, die Leni und ich. Wie wir weggingen, kam der Fritz, der Student; er ist ganz rot geworden und der Dr. Gratzl hat im Vorzimmer zu mir gesagt: »Heute haben Sie eine Eroberung gemacht.« Das glaube ich eigentlich nicht, aber hören tu ich doch so etwas gern. Morgen fahren wir leider schon weg, weil wir uns 2 Tage in Linz aufhalten wollen beim Onkel Theodor, den ich gar nicht kenne.

17. April: Der Onkel Theodor ist schon sechzig Jahre und die Tante Lina ist auch schon alt. Aber sie sind beide sehr lieb. Ich kannte sie nicht. Wir wohnen bei ihnen. Am Abend kam ihr Sohn und seine Frau, das ist mein Kusin und eine Kusine, mit ihrem Mäderl; von der bin ich eigentlich die Tante. Das ist furchtbar komisch, wenn man mit 12¾ Jahren schon eine Tante ist und die Nichte ist 9 Jahre. Heute waren wir in den Donauanlagen spazieren, es regnete nur ganz leicht und nicht immer.

18. April: Heute fahren wir wieder nachhause. Natürlich haben wir mehrere Ansichtskarten an die Mama und die Dora und an die Hella geschickt; auch an den Oswald haben wir eine geschickt. Er ist über Ostern nachhause gekommen. Ich weiß nicht, ob er morgen noch da ist.

22. April: Jetzt haben wir wieder Schule. Die Dora und ich gehen jetzt meist miteinander ins Lyzeum, weil sie nicht mehr in die Lateinstunde gehen darf, wegen der großen Anstrengung. Der Professor, bei dem die Mama mit ihr war, hat überhaupt wollen, sie soll mit dem Studieren aufhören, aber das tut sie absolut nicht. Übrigens habe ich mich sehr geärgert über sie; sie lernt nämlich heimlich Latein. Wie ich vorgestern ins Zimmer komme, schreibt sie gerade Vokabeln heraus und schlägt schnell das Buch zu, anstatt daß sie offen und ehrlich sagt: Rita, sage nichts den Eltern,

daß ich abends immer noch lerne; »ich baue auf dein Wort.« Sie
könnte sich wirklich verlassen. Gott, wenn ich reden wollte! Sie
glaubt vielleicht, ich sehe nicht, daß der große blonde Herr immer
hinter uns geht in der Frühe. Der Hella ist er auch schon aufgefallen, übrigens hat er eine fürchterliche Glatze und ist sicher schon
dreißig Jahre. Und sie würde sicher nicht mit mir und der Hella
soviel reden, wenn sie es nicht *deshalb* täte. Aber diese Falschheiten empören mich. Wir sind doch sonst jetzt sehr intim mit
einander.

24. *April:* Heute haben wir h. Beichte und Kommunion gehabt.
Das Beichten ist mir greulich; übrigens ist mir noch nie so etwas
passiert, wie manche Kinder, sogar in der 5. Kl. erzählt haben.
Mich hat noch nie ein Geistlicher etwas gefragt wegen dem 6. Gebot; jeder fragt nur: In Worten, Gedanken oder Taten? Aber trotzdem gehe ich schrecklich ungern beichten, und die Dora auch. Da
ist die Hella als Protestantin besser dran, da gibts keine Beichte.
Und beim Kommunizieren habe ich immer die gräßliche Angst, mir
fällt die h. Hostie aus dem Mund. Das wäre entsetzlich. Wahrscheinlich würde man sofort exkommuniert als Ketzer. Die Dora
durfte diesmal nicht beichten und komm., weil der Papa es nicht
erlaubte. Sie darf absolut nicht ohne Frühstück ausgehen.

26. *April:* In der III. ist es richtig einer passiert, daß ihr die h.
Hostie aus dem Munde gefallen ist. Es ist ein großer Verdruß
deswegen. Sie sagt, sie kann nichts dafür, der geistl. Herr hat so
mit der Hand gezittert. Das ist nämlich wahr, er war schon ein
ganz alter Herr und da fürchte ich mich auch immer so. Bei einem
jungen Geistlichen ist es viel besser, da passiert sicher nie etwas.
Der Papa sagt, deswegen wird das Mädchen nicht exkommuni-
ziert, und zum Glück hat sie einen hohen Geistlichen, einen
Prälaten zum Onkel. Der ist auch ihr Vormund. Der wird ihr
jedenfalls helfen.

27. *April:* Heute haben wir dieses Mädchen kennen gelernt in
der Pause. Sie ist sehr nett und sagt, sie kann wirklich nichts dafür,
denn sie ist riesig fromm und geht vielleicht einmal als Nonne ins
Kloster. Ich bin auch fromm, wir gehen fast jeden Sonntag in die
Kirche, aber in ein Kloster möchte ich doch nie gehen. Die Dora
sagt, das tut man meistens aus unglücklicher Liebe, weil einem die
Welt dann leer und verhaßt ist. Weil sie so sentimental drein
schaute, sagte ich: Mir scheint, da hast auch Lust dazu? Da sagt
sie: »Nein, ich habe Gott sei Dank keinen Grund dazu.« Damit

will sie natürlich sagen, daß sie nicht unglücklich, sondern glücklich verliebt ist. Jedenfalls in den großen Herrn in der Frühe. Ich schaute sie lange fest an und sagte: »Ich gönne dir dein Glück. Aber der Hella und mir gefällt seine Glatze nicht,« da sagte sie ganz erstaunt: »Glatze? Keine Idee, das ist eine herrliche hohe Denkerstirn.«

27. April: Heute war die Mademoiselle zum erstenmale da. Das habe ich nämlich vergessen zu schreiben, die Dora muß täglich zwei Stunden in der Sonne sitzen und spazierengehen. Und weil die Mama nicht ganz gesund ist und nicht viel gehen soll, haben wir die Mad... bekommen. Wenn ich Zeit habe, soll ich auch mitgehen, zum »Vorbeugen«, sagt der Papa. Aber mir fällt das gar nicht ein, das ist mir viel zu fad; ich habe einfach keine Zeit. Die Mad... kommt 3mal in der Woche, Montag, Mittwoch, Freitag, und am Montag, Donnerstag und Samstag habe ich Klavierstunde, also kann ich gar nicht mitgehen; also Schluß mit Jubel! So sagt immer der Oswald am Jahresschluß und beim Semesterschluß. Sie ist übrigens sehr hübsch, blondes lockiges Haar und riesige graue Augen mit schwarzen Wimpern und Brauen, aber sie spricht so schnell, daß ich nicht alles verstehe. An den anderen 3 Tagen soll eine Engländerin kommen, aber wir haben noch keine, sie sind alle so teuer. Ich finde es eigentlich komisch fürs Spazierengehen mit *erwachsenen Mädchen* einen Gehalt bekommen, das ist doch eigentlich eine Unterhaltung. Mit rechten Fratzen, so wie wir die voriges Jahr ein paarmal im Rathauspark gesehen haben, das ist etwas anderes. Und wegen dem Französisch oder Englisch Reden! Wenn sie nicht reden wollen, so macht's auch nicht. Und dann was soll man dann auch immer auf Französisch oder Englisch reden, das ist doch fad.

28. April: Heute waren die Richters bei uns und der älteste Sohn, der Oberleutnant aus Lemberg; er ist herrlich und hat der Dora wahnsinnig den Hof gemacht; übrigens ist auch der Walter sehr nett, der ist in der Forstakademie in Mödling; der Oberleutnant bringt der Dora morgen ein Buch von Tolstoi, das sie lesen soll. Und dann werden sie zusammen musizieren, sie Klavier und er Violine; schade daß ich noch nicht so gut spiele wie die Dora. Zu Pfingsten kommt der Walter auch und der Viktor (das heißt zu Deutsch Sieger) ist für ein halbes Jahr beurlaubt, weil er krank ist, oder vielmehr krank sein soll; denn *so* schaut man doch nicht aus, wenn man krank ist.

4. Mai: Der Oberleutnant R. kommt bei jeder Gelegenheit, er muß wirklich wahnsinnig verschossen sein in die Dora. Aber der Papa erlaubt es nicht. Er sagte heute zur Dora: »Du, den Bruder Leichtfuß schlag' dir aus dem Kopf; das ist nichts. Aber eine Uniform, und ihr Mädeln seid ganz außer Rand und Band. Eine Stunde oder zwei zusammen musizieren, à la bonheur; aber dieses ewige Herauflaufen mit Büchern und Noten, das ist bloß ein Vorwand.«

6. Mai: Der Oberleutnant R. geht alle Tage in der Frühe mit uns, d. h. mit der Dora in die Schule. Er soll eigentlich sehr lang im Bett liegen am Morgen, denn er ist wirklich krank, aber um der Dora willen steht er schon furchtbar früh auf, und fährt von Hietzing herüber und wartet in der . . . Gasse. Und ich gehe natürlich mit der Hella allein und in der . . . Straße treffen wir uns, damit im Lyzeum niemand etwas merkt.

13. Mai: Morgen ist Mamas Geburtstag und da brachte ihr der Viktor (ich sage jetzt auch immer nur V. . . . ., wenn ich mit der Dora von ihm spreche) herrliche Rosen und lud uns alle für den nächsten Sonntag ein. Und mich nannte er im Vorzimmer »Schutzgeist unserer Liebe«. Ja, das bin ich und ich werde es immer bleiben; denn er verdient es unbedingt und die Dora ist ja auch ganz anders als sie früher war. Die Hella sagt, da sieht man wirklich, daß die Liebe veredelt; sie hat es früher immer für eine bloße Dichtung gehalten.

15. Mai: Der Papa sagte: Ich bin von diesen Besuchen bei Richter, solange der *Schwerenöter* da ist, nicht sehr erbaut; aber wegen des Hofrates und ihr, der Mama kann man nicht absagen. Wir ziehen die grünen Kostüme mit den weißseidenen Blusen mit grünen Seidenblättchen an, weil die Dora nicht ganz weiß gehen will, außer im Sommer. Und weil die Blusen *Klee*-blätter haben, also wegen ihrer Bedeutung. Wir freuen uns riesig. Hoffentlich ist der Mama bis dahin ganz gut, da sie heute liegen muß. Krank sein ist überhaupt unangenehm, aber wenn dadurch einem andern ein Vergnügen gestört wird, dann ist es gar gräßlich.

16. Mai: Vorgestern war der Geburtstag der Mama; aber es war nicht so lustig wie sonst, weil der Mama öfters nicht ganz wohl ist; Ich habe ihr als Geburtstagsgeschenk eine Kasette gemalt mit einem Zweig Waldreben, was großartig apart aussieht. Von der Dora hat sie eine Buch-Enveloppe mit einem Zweig japanischer Kirschen in Nadelmalerei bekommen, vom Papa weiß ich nicht, was, ich glaube Geld, weil er ihr immer zum Geburts- und Namenstag ein Kuvert gibt. Weil aber die Mama nicht ganz gesund ist, so waren wir nicht sehr lustig und wie wir mittags auf ihre Gesundheit anstießen, hat sie sich heimlich die Augen gewischt. Aber so gefährlich ist es doch nicht; sie geht doch aus und schaut nicht schlecht aus. Ich finde, die Mama ist sehr fesch, sie sieht so fein aus, ob sie im Schlafrock oder in der Straßentoilette ist. Die Dora sagt, wenn *sie* durch einen Mann krank würde, würde sie ihn hassen und ihren Töchtern verbieten, zu heiraten. Das ist alles ganz richtig, aber erst müßte man doch *bestimmt* wissen, ob man *davon* krank geworden ist. Die Tante Dora soll deswegen den Papa nicht leiden können. Tatsächlich ist der Papa nicht so nett zu ihr gewesen wie sonst zu unsern Verwandten oder den Damen, die zur Mama kommen. Aber schließlich hatte die Tante Dora doch kein Recht, dem Papa eine *Szene* zu machen, wie die Dora behauptet. Dazu hätte doch höchstens die Mama selber ein Recht. Die Dora fürchtet, daß die Mama sich am Ende gar operieren lassen muß. Ich ließe mich absolut nie operieren, das muß gräßlich sein, ich weiß es von der Hella bei der Blinddarmoperation. Die Dora meint zwar: »Ich bitte dich, wenn man fünf Kinder *geboren* hat; da ist man das doch schon gewöhnt«. Ich werde alle Abende den lieben Gott bitten, daß die Mama ohne Operation wieder gesund wird. Heuer fahren wir wahrscheinlich zu Pfingsten nicht weg, weil die Mama und die Dora wegfahren sollen, nämlich in ein Bad, vielleicht nach Franzensbad.

18. Mai: Es war herrlich bei Richter; der Walter war aus Mödling da, er war riesig nett und sagte, ich sehe meiner Schwester zum Verwechseln ähnlich. Das ist absolut nicht wahr, aber ich weiß, was er damit sagen wollte. Er bläst großartig Flöte und die drei spielten ein Trio miteinander, daß ich mich wirklich ärgerte, daß ich früher nicht fleißiger geübt habe. Jedenfalls werde ich von morgen an täglich 2 Stunden Klavierspielen, wenn ich halbwegs Zeit habe. Nächstes Jahr im Winter will der Viktor einen privaten Theaterklub gründen, also muß er doch länger als ein halbes Jahr in Wien bleiben wollen. Der Walter findet die Dora sehr interessant und wie ich sagte: »Nur leider ist sie im höchsten Grad bleichsüchtig«, so sagte er: Das tut ihr in den Augen eines Mannes keinen Abbruch, wie Sie an meinem Bruder sehen können. Übrigens ist das eine Krankheit, die eigentlich keine ist, sondern ein junges Mädchen oft äußerst fesselnd macht, wie Sie an Ihrer Schwester sehen können.

Vorgestern war die Miß das erstemal da; die könnte mir gestohlen werden. Miß Maggie Lundy heißt sie und falsche blonde Haare hat sie. Sie behauptet, sie ist verlobt, aber die Dora sagt, einmal gewesen. Ich glaube nicht einmal das. Der V.... sagt, die Mad.... ist eine Schönheit ersten Ranges. Und da fragte ich die Dora, ob sie nicht eifersüchtig ist, aber sie sagt, darüber ist sie erhaben, und sie ist seiner Liebe sicher. Er will vom Militär weggehen und in ein Ministerium eintreten, und dann wird er ja wahrscheinlich heiraten. Aber die Dora sagt, damit hat es schon noch Zeit, heimlich verlobt sein ist viel herrlicher. Da merkt sie erst, daß sie sich verschnappt hat und wird blutrot und sagt: das müßte doch jedenfalls zuerst kommen vor dem Heiraten, nicht. – Natürlich *ist* sie schon heimlich verlobt, aber sie will es nicht einmal mir eingestehen. Wozu bin ich denn dann der »Schutzgeist ihrer Liebe«? Wenn *er* das wüßte.

19. Mai: Eigentlich wollte ich Klavierüben, aber es ist mir heute unmöglich, erstens hatte ich ohnedies Stunde, und zweitens ist der Dora etwas Gräßliches passiert. Läßt die ihr Tagebuch in der Schule liegen; und weil wir in der V. Klasse Religionsstunde haben, so sehe ich unter der dritten Bank ein grüngebundenes Buch liegen. Gott, denke ich mir, das schaut aus, wie das Tagebuch der Dora. Schnell gehe ich hin und lege mein Schulpaket drauf. In der Stunde ziehe ich's hervor und richtig ist es ihr Tagebuch. Wie ich nachhause kam um 1 Uhr, sage ich zuerst nichts. Nach dem Essen stöbert sie überall herum, aber ohne zu fragen, und da sage ich ganz ruhig: »Suchst Du vielleicht dein Tagebuch? Hier ist es; in der fünf-ten Kla-sse ist es un-ter der drit-ten Bank ge-le-gen.« (So habe ich nämlich beim Reden gezogen.) Sie ist ganz blaß geworden und sagt: »Du bist ein Engel. Wenn das jemand gefunden hätte, wäre ich hinausgeschmissen worden und die Mad.... müßte ins Wasser gehen.« »Na, so arg ist es nicht«, sage ich, denn das von der Mad.... interessiert mich furchtbar. In der Stunde schaute ich mehr, was sie vom V.... geschrieben hatte. Aber ich konnte es nicht lesen, weil es ganz klein und eng geschrieben war und mehrere Seiten voll, aber das von der Mad.... habe ich nicht einmal so angeschaut. »Hast du es gelesen?« Nein, nur wo es zufällig aufgegangen ist, weil eine Seite herausgerissen ist. Vom V....? oder von der Mad....? »Ein Stückchen von der Mad....; aber sage mir alles; ich verrate nichts. Denn wenn ich das wollte, ich bitte dich, du weißt ja....« Und da erzählte sie mir alles von der Mad....

Aber ich mußte ihr schwören, daß ich es nicht einmal der Hella erzähle. Die Mad.... hat heimlich einen Bräutigam, dem sie das »Äußerste der Liebe« geschenkt hat; das heißt nämlich, daß sie.... Sie hat ihn wahnsinnig gern und sie würden sofort heiraten, aber er ist auch ein Oberleutnant, und sie haben beide nicht genug Geld zur Kaution. Sie sagt, wenn man einen Mann *sehr* gern hat, dann erträgt man alles für ihn. Sie war schon mehrmals bei ihm und sie gibt immer riesig acht, denn ihr Papa würde sie umbringen, wenn er es wüßte. Die Dora hat den Oberleutnant schon gesehen und sagt, er ist sehr hübsch, aber der V.... ist entschieden schöner. Die Mad.... sagt, im allgemeinen könne man den Männern nicht vertrauen, aber der Oberleutnant ist ganz anders; der ist treu wie Gold. Und der V.... sicher auch.

21. Mai: Wie heute die Mad..... gekommen ist, habe ich sie vor der Mama gar nicht ansehen können, und die Dora sagt, ich habe mich furchtbar dumm benommen. Ich bin nämlich heute mitgegangen und wie wir einem feschen Offizier begegnet sind, räusperte ich mich und schaute die Dora an. Aber sie hat nicht verstanden, warum. Die Mad. ist die Tochter eines sehr hohen Militärbeamten und sie hat die französische Staatsprüfung nur gemacht, damit sie von der »*Tyrannei*« ihrer Mutter frei wird; die sekkiert sie greulich und früher, ehe sie Stunden hatte, durfte sie nie allein ausgehen. Die Dora sagt, sie spricht in äußerst gewählten Worten und besonders *diese* Dinge umschreibt sie immer sehr fein. Natürlich sagt sie *das* alles deutsch, denn französisch kann man es doch noch schwerer sagen und vielleicht würde es die Dora auch nicht verstehen und dann müßte es die Mad.... doch erst übersetzen. Sie heißt Sylvia und er nennt sie Sylvette. Wenn man einen Mann rasend liebt, so tut man alles, was er verlangt, sagt die Mad.... Aber das ist doch eigentlich nicht notwendig, da kann einer ja die dümmsten Sachen verlangen; da kann er ja auch verlangen, man soll ihm den Mond vom Himmel holen oder man soll sich seinetwegen einen Zahn ausreißen. Die Dora sagt, sie versteht das ganz gut, mir fehlt noch die *Innerlichkeit der Auffassung und des Gefühls.* Was soll denn das heißen, das ist ein Unsinn. Aber weil es so schön klingt, habe ich es mir aufgeschrieben und kann es vielleicht einmal im Gespräch mit dem Walter brauchen. Die Mad.... hat nur immer schrecklich Angst, daß sie ein Kind bekommt. Dann würde ihr Papa sie unbedingt erwürgen. Der Oberleutnant ist Flieger und hofft, einen neuen Aeroplan zu konstruieren und wenn er den gut verkauft, dann heiratet er die Mad. Aber wenn *etwas passiert* und sie bekäme schon jetzt ein Kind, das wäre gräßlich.

22. *Mai:* Heute fragte mich die Dora, woher ich eigentlich alles wisse, ob von der Hella. Weil ich aber die Hella doch nicht verraten will, sagte ich so obenhin: »Gott, das kann man doch alles im Lexikon lesen.« Da lachte die Dora und sagte: Da bist du schön auf dem Holzweg; im Lexikon steht nicht ein zehntel von allem und dann ist es überhaupt nicht so. In *diesen* Dingen kann man sich auf die Bücher *absolut nicht* verlassen.« Und zuerst wollte sie mir nichts Näheres sagen, aber dann hat sie mir doch Verschiedenes gesagt, besonders die Namen gewisser Körperteile und das von der *Befruchtung,* und von dem migroskopisch kleinen Kind, das eigentlich vom Mann ausgeht, und nicht, wie ich und die Hella glaubten, von der Frau. Und wovon man erkennt, ob eine Frau überhaupt *fruchtbar* ist. Das ist eigentlich ein schreckliches Wort. Überhaupt hat fast jedes Wort eine *solche* Bedeutung und die Dora sagt, darum muß man beim Reden riesig vorsichtig sein; das ist wohl wahr. Wenn man sagt: Man ist so müde, daß man kein *Glied* rühren kann, so ist das furchtbar zweideutig, besonders wenn es ein Herr sagt. Die Dora meint, am besten wäre, man schriebe sich alle diese gewissen Wörter auf, aber es sind ebenso wahnsinnig viele, daß es nicht geht. Das einzige ist, daß man riesig vorsichtig ist; aber man gewöhnt sich das ziemlich bald an. Aber neulich ist doch der Dora passiert, daß sie zum V.... gesagt hat: Ich suche keinen *Verkehr* und das heißt soviel als das »Äußerste in der Liebe;« das hat ihr die Mad. gesagt. Aber der V.... war so fein, daß er getan hat, als ob er es gar nicht bemerkt hätte; der Dora ist es nämlich auch erst eingefallen, nachdem sie es schon gesagt hat. Es ist wirklich sehr blöd, daß jedes gewöhnliche Wort eine solche Bedeutung hat. Ich werde jetzt riesig achtgeben auf das, was ich rede, damit ich nicht am Ende auch so ein zweideutiges Wort sage. Das soll auch im Französischen so sein, sagt die Mad. Wie es im Englischen ist, wissen wir nicht und die Miß, das Scheusal, fragen, nein, das ist zum Totlachen. Die weiß vielleicht nicht einmal das Einfachste. Jetzt weiß ich entschieden mehr als die Hella, aber ich kann es ihr nicht sagen, wegen des Verrates an der Dora und der Mad.... Vielleicht kann ich nur andeuten, daß sie beim Reden sehr vorsichtig sein soll, damit sie kein zweideutiges Wort sagt. Das ist eigentlich meine Pflicht als Freundin.

23. *Mai:* Das habe ich ganz vergessen. Vorige Woche hat der Oswald schriftliche Matura gehabt, er schrieb jeden Tag eine Karte und die Mama hat sich schrecklich aufgeregt, weil er immer so dumme Witze machte, daß man nicht wußte, ob er's können hat oder nicht. Die Dora und ich sind rasend glücklich, am nächsten Montag fahren wir mit der Frau Hofrätin und ihrer Nichte, die ins Konservatorium geht, aufs Flugfeld. Der Oberleutnant Streinz wird auch fliegen. Wir fahren natürlich mit dem Auto, denn per Bahn ist es viel umständlicher. Der Viktor kommt natürlich auch hin, aber er fährt mit ein paar Offizieren. Das ist riesig schade, denn im Auto mit uns wäre es herrlich gewesen. Ja richtig, heute habe ich die Klasse gerettet, der Herr Landesschulinsp. ist diese Woche da und war bei uns zuerst in Geschichte und dann in Deutsch, da war ich die Einzige, die alles gewußt hat, was uns die Frau Dr. M. über das Wesen der Fabel gesagt hat. Und der Landessch. lobte mich sehr und die Frau Dr. M. sagte nachher: das ist wahr, auf die Lainer kann man sich verlassen; die hat ein sicheres Wissen. Und auf dem Gang war sie so riesig nett: »Weißt du, Lainer, daß ich dir feierlich Abbitte leisten muß?« Ich bin ganz perplex und die Hella fragt: Wofür denn? Da sagt sie: »Mir ist so vorgekommen, als ob du dich heuer nicht mehr so für den Deutschunterricht interessieren würdest wie im vorigen Jahr; aber du bist glänzend *rehabilitiert.*« Nachher sagt die Hella: Na weißt du, ganz unrecht hat die Frau Dr. M. nicht, wenn ich denke, was wir voriges Jahr alles gelesen haben, nur damit wir alles wissen in der Stunde und wie wir heuer sind!!! Du weißt ja – – – –. Also da hat die Hella ganz recht, aber *deswegen* kann man doch lernen, man kann doch nicht immer *davon* reden. Und dann für einen solchen Engel wie die Frau Dr. M. lernt man einfach immer. Die Hella behauptet, ich sei krebsrot gewesen vor Stolz, daß ich alles mit den Worten der Fr. Dr. M. sagen konnte; aber dies ist nicht wahr, erstens habe ich mir gar nichts darauf eingebildet und zweitens weiß ich eigentlich selber nicht, wieso ich alles so sagen konnte. Ich habe nur das Gefühl gehabt, die Frau Dr. M. ärgert sich fürchterlich, wenn keine ein Zeichen gibt und so habe ich mich gemeldet.

25. *Mai:* Gott, ich könnte mir eine Ohrfeige, nein hundert Ohrfeigen geben. Was mir passiert ist! Jetzt dürfen wir nicht aufs Flugfeld. Der Papa hat uns nämlich nicht mitfahren lassen, weil der Viktor in Linz ist und der Papa glaubte, er bleibt noch 14 Tage

dort. Und heute zu Mittag verschnappe ich mich und sage: »Zu fünf haben wir leider keinen Platz im Auto. Wenn aber das Fräulein Else nicht käme, könnte der Herr Obltnt. gleich mit uns fahren.« Die Dora gibt mir unter dem Tisch einen Stoß und ich will mich herausreden, aber der Papa ist furchtbar böse und sagt: »Wie, der Luftibus kommt hin? Nein, meine Lieben, da ist es nichts damit. Ich werde sofort der Hofrätin absagen. Das könnt ich brauchen, hab' ich nicht gesagt, ich verbitte mir den Verkehr mit dem Menschen.« Das sagte er nämlich zu Dora. Die Dora sagt gar nichts darauf, aber sie aß keine Mehlspeise und kein Obst nachher, wie wir in unserem Zimmer waren, fährt sie auf mich los: Du hast das absichtlich getan, du bist eine gemeine Person, nein d. h. ein unreifes Kind, mit dem ich mich hätte nie einlassen sollen, uns so fort. Das ist wirklich zu arg, ich habe es *absichtlich* gesagt, als ob ich ihr es neidisch wäre. Und dann bin ich selber mitgestraft, denn ich habe ihn wirklich auch sehr gern, weil er keinen Unterschied zwischen uns macht und mit mir gerade so ist wie mit der Dora. Wir reden natürlich gar nichts miteinander, und am meisten hat mich geärgert, daß sie sagt, sie bereut jedes Wort, was sie in *dieser* Beziehung zu mir geredet hat; »das waren *Perlen vor die Säue.*« Das ist doch die höchste Gemeinheit! Also ich bin eine S..– aber wer hat dann das Mehrere erzählt, ich vielleicht? Also das weiß ich, daß ich nie mehr mit ihr von *so etwas* rede. Ich habe ja Gott sei Dank die Hella. Überhaupt, die würde nie so etwas von mir sagen oder glauben.

26. *Mai:* Wir haben die ganze Nacht nicht geschlafen; die Dora hat furchtbar geweint, ich habe es gehört, obwohl sie es unterdrücken wollte und ich habe auch geweint und dabei habe ich immer nachgedacht, wie ich es machen kann, daß der Viktor nichts Schlechtes von mir denkt. Denn das wäre mir gräßlich. Da ist mir ein Ausweg eingefallen und der Zufall, nein ich muß es schon ein Glück nennen, hat mir geholfen. Der Viktor geht jetzt in der Frühe nicht mehr mit uns, weil die Mädchen aus der V. uns schon mehrmals gesehen haben, sondern er holt die Dora nur um 1 Uhr ab. Und da habe ich in der Frühe schnell beim Automatentelefon an ihn telephoniert, denn zuhaus traute ich mich nicht. Der Dora war so schlecht, daß sie nicht in die Schule gehen konnte und da ging ich mit der Hella allein. Ich telephonierte so als wie wenn ein Freund ihn anrufe und zuerst kam das Stubenmädchen und dann er. Ich sagte ihm: Ich kann absolut nichts dafür, er soll ja

nichts Schlechtes von mir glauben und ich muß ihn um 1 Uhr sprechen, da die Dora krank ist. Er soll bei der Ecke der .... gasse warten. Während des Unterrichts war ich so aufgeregt, daß ich gar nicht weiß, was wir aufhaben. Und um 1 Uhr stand er richtig da und ich erzählte ihm alles und er war so furchtbar lieb und tröstete mich; *er mich.* Das ist ein bißchen anders, als wie die Dora war. Ich war so aufgeregt, daß ich beinahe weinte, da zog er mich in ein Haustor und *nahm mich um die Mitte* und wischte mir mit *seinem* Taschentuch die Tränen weg. Das verrate ich niemals der Dora. Er hat mich dann gebeten, ich soll lieb und gut zur Dora sein, denn sie hat *viel* zu tragen. Also, *was* sie zu tragen hat, weiß ich gerade nicht, aber um seinetwillen, weil er es wirklich verdient, habe ihr nach dem Essen einen Zettel auf den Schreibtisch gelegt, wo ich draufgeschrieben hatte. »V.... läßt dich vielmals grüßen und hofft, daß du Montag wieder gesund bist. Gleichzeitig besten Dank für das Buch.« Den Zettel legte ich in Heidepeters Gabriel, den ich von ihr zum Lesen hatte und legte es recht auffällig hin. Beim Lesen wurde sie ganz rot und schluckte ein paarmal und sagte: »Du hast ihn gesehen? Wo und wann denn?« Da sagte ich ihr alles und sie war ganz gerührt und sagte: »Du bist doch ein gutes Mädel, nur schrecklich unverläßlich.« Wieso unverläßlich? Da sagte sie: Jawohl unverläßlich, denn *so* verschnappen darf man sich einfach nicht; das gibt's nicht; übrigens will ich versuchen, deine Schuld zu vergessen. Hast du den Heidepeters Gabriel schon fertig gelesen? »Nein, sage ich, aber ich lese kein Buch, von jemanden, mit dem ich böse bin.« Schließlich versöhnten wir uns, aber wir redeten natürlich weiter nichts und das mit dem Taschentuch sagte ich absolut nicht.

29. *Mai:* Am 10. oder 12. Juni fährt die Mama und die Dora nach Franzensbad, weil beide die Moorbäder nehmen müssen. Und dann hat der Papa gesagt, da wird die Dora am ehesten auf andere Gedanken kommen und nicht den Kopf hängen lassen wie ein krankes Hendl. Heute erzählte mir die Dora etwas sehr Interessantes. Die Herren, die nicht verheiratet sind, haben Bücherln und mit denen können sie zu den »gewissen« Damen am Graben und in der Kärtnerstraße gehen. Dort müssen sie, sagt die Dora, 10 fl. oder 10 K zahlen. In der Klasse der Dora ist ein Mädchen, deren Papa ist Polizeiarzt und bei dem müssen sie sich alle Monate untersuchen lassen, ob sie gesund sind, sonst dürfen sie nicht zu diesen »Damen« gehen. Und deswegen bleibt kein Stubenmädchen bei

den Preuß. Gestern habe ich im Bad zufällig bemerkt, daß ich die gewisse Linie habe, also daß ich fr.... bin; aber ich werde höchstens 1 oder 2 Kinder bekommen, denn der Strich ist sehr schwach. Ich muß jetzt oft mitten beim Lernen an solche Sachen denken und dann lese ich oft eine Seite fertig und blättere schon um und weiß gar nicht, was ich gelesen habe. Das ist sehr unangenehm, denn jetzt wird bald der andere Landessch.-Insp. für Math. und die anderen Fächer kommen und blamieren möchte ich mich doch nicht; besonders deswegen nicht, weil vielleicht die Inspektoren doch untereinander reden darüber, wer etwas kann und wer nicht.

30. Mai: Das Konzert war großartig; wenn ich so große Musik höre, muß ich mich immer zusammen nehmen, daß ich nicht weine. Das ist wohl sehr dumm, aber mir fallen dann lauter traurige Sachen ein; sogar bei einem Werkel. Die Dora spielt auch die Ungarischen Tänze von Brahms, aber da muß ich nie weinen. Da ärgere ich mich nur immer, daß ich es nicht so kann. Ich könnte schon, aber ich habe nicht die Geduld, so lange zu üben. Daß ich bei Musik immer weinen muß, sage ich keinem Menschen, nicht einmal der Hella, der ich doch alles sage, außer natürlich das von der Mad. Gestern habe ich mich blamiert; sagt wenigstens die Dora. Ich weiß nicht mehr, wie das war, es war beim Nachtmahl von den Büchern die Rede, und da sage ich: »Ach Gott, aus Büchern lernt man wirklich nichts; es ist ja doch alles anders, als wie es in den Büchern steht.« Da war der Papa sehr ärgerlich und sagte: »Du Guck in die Welt, sei froh, daß es Bücher gibt, aus denen du was lernen kannst. Wenn einer ein Buch nicht versteht, dann sagt er, es ist nichts wert.« Die Dora warf mir schon einen Blick zu, aber ich wußte nicht, was sie meinte, und sagte: »Ja, aber im Lexikon steht sehr viel Unrichtiges.« »Was hast denn du im Lexikon herumzustöbern; da werden wir den Schlüssel in etwas sicherere Verwahrung nehmen.« Gott sei Dank kam mir die Dora zuhilfe und sagte: »Die Gretel hat etwas über das Alter der Elephanten und Mammuts nachschauen wollen, aber im Lexikon steht etwas anderes, als was der Prof. Rigl voriges Jahr sagte.« Da war ich gerettet. Aber verstellen kann sich die Dora großartig; das merke ich übrigens auch bei anderen Gelegenheiten. Am Abend macht sie mir einen Skandal und sagt: »Du dummer Fratz, du wirst nie gescheit werden; neulich die Blödheit wegen des Viktors und heute wieder das! einmal habe ich dir herausgeholfen, aber ein zweitesmal nicht,« und dann hat sie die ganze Zeit Brief geschrieben, natürlich an Ihn –! Die Hella und ich haben neulich verschiedens gelesen im Lex…. über *Geburt* und *Schwangerschaft* und ich allein über fruchtabtr…. Mittel; wir haben nämlich zusammen bei Embryo und Leibesfrucht gelesen und da sagte ich weiter nichts, sondern merkte es mir nur durch einen Doppelknoten im Taschentuch und gestern suchte ich es dann auf. Da braucht eigentlich die Mad… gar keine Angst haben, wenn es *wirklich* so etwas gibt. Aber jeder Doktor erkennt es und man kann auch sehr leicht sterben daran. Ob die Mad…. das überhaupt weiß? Wir haben dann noch verschiedenes gesprochen über die *Unterschiede* zwischen Mann und Frau und da sind wir auch drauf gekommen, daß die Hella sich noch immer von der Anna, die schon zwölf Jahre bei ihnen ist, im Bad waschen läßt. Das tät ich absolut nicht, überhaupt ließe ich mich von niemanden waschen, höchstens von der Mama; von der Dora schon sicher nicht, denn die braucht doch nicht wissen, wie *ich* ausschaue. Die Wärterin im San. hat zur Hella gesagt, sie ist gewachsen wie eine kleine Nymphe so schön und ebenmäßig. Und die Hella meint, das ist nichts besonders, jedes Mädchen schaut so aus und der weibliche Körper ist überhaupt ein *Kunstwerk der Natur*. Also, das hat sie natürlich irgendwo gelesen, denn es heißt doch eigentlich nichts; überhaupt ein Kunstwerk der *Natur;* da müßte es wenigstens heißen: ein Kunstwerk von Mann und Frau!!!

30. Mai: Die Dora und die Mama fahren schon am 6. Juni nach Franzensbad, gleich nach Pfingsten. Die Dora hat noch ein zweites neues Kostüm, grau mit blauen Streifen bekommen; gestern sind unsere weißen Strohhüte gekommen, er steht mir sehr gut, sagen die Hella und alle anderen, mit weiße Bänder und Heckenrosen. Neulich hätte können ein furchtbarer Tratsch entstehen: Wie ich telephonieren war, habe ich meinen Schirm von Weihnachten mit dem Griff aus Rosenquarz mit und lasse ihn im Automaten stehen; nach mir kommt das Frl. aus der Tabaktrafik und weil sie mich kennt, gibt sie den Schirm bei der Hausbesorgerin ab und die trägt ihn hinauf. Gott sei Dank, fällt mir gleich die Ausrede ein, ich habe in der Trafik Marken gekauft und habe ihn *dort* stehen lassen; es hat es niemand weiter beachtet.

31. Mai: Ich soll auf den Monat, den die Mama und die Dora weg sind, zur Hella übersiedeln. Aber, so gerne ich sie habe, das tue ich nicht, ich bleibe unbedingt beim Papa. Was soll er denn ganz allein bei den Mahlzeiten sitzen und mit wem soll er denn am Abend reden? Der Papa war wirklich gerührt über mich und hat mir die Haare so gestreichelt, wie nur er es macht. Nicht einmal die Mama kann es ebenso. Also ich bleibe jedenfalls zuhaus'. Jetzt sind die Blumen schon sehr billig, da stelle ich *jeden* Tag *andere* auf den Tisch, da kaufe ich am Naschmarkt alle Tage ein kleines Boukett, damit sie immer frisch sind. Das wäre doch ein Unsinn, daß ich zu Br. gehe; wozu denn, die Resi ist doch solange bei uns, die weiß doch alles auch ohne die Mama, und für alles andere kann ich ganz gut sorgen. Es wird dem Papa nichts abgehen.

1. Juni: Gott, was wir heute erlebt haben! Das ist gräßlich; es ist also doch wahr, daß man sich ganz *auszieht,* wenn man jemanden rasend gern hat. Ich habe es nie recht geglaubt, und die Dora offenbar auch nicht, obwohl die Mad.... es ja angedeutet hat; aber *es ist wahr.* Wir haben uns *mit eigenen Augen überzeugt.* Ich sitze gerade und lese den Schimmelreiter von Storm und die Dora richtet sich Briefpapier her für Franzensbad, da kommt die Resi und sagt: Fräulein Dora, bitte auf einen Moment, etwas anschauen! An dem Ton merke ich gleich, daß etwas los ist und renne mit. Zuerst will die Resi nicht sagen was es ist, aber die Dora ist großmüthig und sagt: »Das macht nichts, vor meiner Schwester können sie *alles* sagen.« Und da gingen wir ins Zimmer der Resi und schauten hinter dem Vorhang hinüber ins Mezzanin. Dort wohnt nämlich ein junges *Ehepaar*!!! Das heißt, die Resi sagt, die Leute sagen, sie sind gar *nicht* verheiratet, sie leben bloß mitsammen!!!! Also was wir sahen, war gräßlich. Sie war wirklich ganz ausgezogen und lag im Bett nicht einmal zugedeckt, und er kniete vor ihr auch ganz n.... und er küßte sie am ganzen Körper ab, *überall*!!! Die Dora sagte nachher, deswegen ist ihr übel geworden. Und dann stand er auf und – nein, das kann ich nicht schreiben das ist zu gräßlich, das vergeß ich in meinem Leben nicht. Also *so* ist das, das ist einfach furchtbar. Das hätte ich nie geglaubt. Die Dora ist ganz schneeweiß geworden und hat so gezittert, daß die Resi schreckliche Angst bekam. Und ich habe vor Entsetzen beinahe geweint und doch habe ich auch lachen müssen. Ich habe mich wirklich gefürchtet, daß sie ersticken muß, weil er so groß und sie so klein war. Und die Resi sagte dann, er ist entschieden zu groß für sie, er zerreißt sie beinahe. Also zerreißen wohl nicht, aber erdrücken hätte er sie wirklich können. Die Dora mußte sich vor Schrecken niedersetzen und die Resi brachte ihr schnell ein Glas Wasser, weil sie glaubte, sie würde ohnmächtig werden. *So* habe ich mir das nicht vorgestellt und die Dora offenbar auch nicht. Sonst hätte sie nicht so gezittert. Also schließlich, was *sie* deswegen zu zittern braucht, sehe ich wirklich nicht ein. Deswegen braucht man doch nicht zittern, man heiratet ganz einfach nicht, dann braucht man sich nie ausziehen, und Gott, die arme Mademoiselle, die ist auch nicht besonders groß und der Oberleutnant ist sehr groß. Aber erst wenn einer so dick ist wie der Herr Hofrat R. oder unser Hausherr. Also der Hofrat ist schon mindestens 50 Jahre alt, aber der Hausherr hat heuer im Jänner *noch* ein kleines Mäderl bekommen, da *muß* also was *vorgefallen* sein. Nein, am besten ist, man heiratet nicht, denn *das* ist zu gräßlich. Wir haben dann nicht mehr hinübergeschaut, denn jetzt kommt das Ärgste, auf einmal wird der Dora totübel zum Brechen, so daß sie kaum mehr ins Zimmer gehen konnte. Sonst wäre alles herausgekommen. Die Mama schickte schnell um den Doktor und er sagte die Dora ist entschieden überarbeitet; es ist gut daß sie in ein paar Tagen wegkommt von Wien. Kein Mädel sollte studieren, das taugt nichts. Und dann sagte er zu mir: »Und wie schaust denn du aus, was sind denn das für hohle Augen?« »Ich bin wegen der Dora so erschroken«, sag ich. »Larifari sagt der Herr Doktor, davon kriegt man nicht solche Ringe um die Augen.« Also muß es doch wahr sein, daß man schlecht aussieht davon, wenn man immer an *solche* Sachen denken muß. Aber man kann eben nichts dafür und die Hella sagt: Ringe unter den Augen ist furchtbar interessant und die Herren *wollen* das an den Mädchen.

Wir hätten morgen, da wir schon frei haben, eine Partie auf den Kahlenberg und Hermannskogel machen sollen, aber wahrscheinlich wird nichts daraus. Es ist schon gleich 11 Uhr und ich bin wahnsinnig müde vom Schreiben; ich muß schlafen gehen wenn ich nur schlafen *kann*, aber – – –

3. Juni: Der Papa war mit mir und der Hella allein am Kahlenberg; wir haben uns wunderbar unterhalten. Nach dem Essen, wie der Papa Zeitung gelesen hat im Hotel, sind wir Blumen suchen gegangen und da habe ich der Hella alles erzählt vom Freitag. Sie war einfach sprachlos, umsomehr als sie das von der Mad..... doch nicht weiß, vom Ausziehen nämlich. Sie wird auch nicht heiraten, denn das ist zu unangenehm, nein gräßlich. – Der Doktor sagte noch: Das ewige Lernen ist Gift für junge Mädchen *in der*

Entwicklung. Wenn er erst wüßte, *was* wir gesehen haben. Die Hella ärgert sich riesig, daß sie nicht dabei war. Sie soll lieber froh sein, *den* Anblick verlange ich mir kein zweitesmal und ich vergesse ihn auch mein ganzes Lebenlang nicht; da war ja das im Haustor nichts dagegen. Und dann machte die Hella noch Witze und sagt: »Denk dir, wenn es der Viktor gewesen wäre.« »Hör auf, hör auf«, schreie ich, und der Papa glaubt wir streiten und sagt: »Was, ihr zwei habt auch Meinungsdifferenzen großen Stils?« Wenn er *das* gewußt hätte!!! Der Oswald ist seit Freitag abends hier, um ½ 11 Uhr ist er gekommen. Aber gestern ging er nicht mit auf die Partie, obwohl der Papa es gern gesehen hätte; er sagte, es ist ihm viel zu fad, mit zwei solchen »Halberten« zu gehen; d. h. soll nämlich heißen, daß wir ihm nicht groß genug sind, und ist eine namenlose Frechheit; besonders gegen die Hella. Sie hat gesagt, sie wird ihn einfach ignorieren. Ich als Schwester kann das nicht tun, aber ich werde mich hüten, ihm alles zu holen und zu bringen, was er will. Beleidigen darf einer auch seine Schwester nicht.

Jetzt gerade sagt die Dora zu mir: Es ist gräßlich, daß man so etwas (nämlich das gewisse!!!————) ertragen muß, wenn man verheiratet ist. Die Resi hat ihr schon früher einmal erzählt von den zwei und daß nur die Juden das *so* machen. Also die anderen Leute ziehen sich sicher nicht ganz aus und es ist vielleicht auch sonst anders, nämlich!!——Aber die Mad…. hat es doch auch *so* angedeutet, nur nichts vom Erdrücken; aber eben das ist die Grausamkeit der Juden infolge———Ich fürchte mich jeden Abend, daß ich davon die ganze Nacht träume und die Dora hat auch schon geträumt davon. Sie sagt, überhaupt wenn sie die Augen zumacht, sieht sie alles haarklein vor sich.

4. Juni: Jetzt verstehen wir auch, *was* der Papa meinte, wie er neulich vom Dr. Diller und seiner Frau sagte: »Aber die zwei passen ja gar nicht zusammen.« Ich glaubte damals, weil es wirklich lächerlich aussieht, wenn eine so kleine Dame mit einem so großen, starken Herrn eingehängt geht. Aber das ist nur die Nebensache; die Hauptsache ist eben ganz etwas anderes!!!! ich und die Hella schauen jetzt alle Leute, die per Arm gehen, *daraufhin* an und wir haben beim Nachhausegehen jetzt immer einen Riesenspaß, so daß wir gar nicht aus dem Lachen herauskommen. Obwohl es eigentlich gar nicht zum Lachen ist, besonders für die Frau.

5. Juni: Heute vormittag war die Mama mit der Dora bei Hofrat R. Abschiedsbesuch zu machen, aber es war niemand zuhaus, d. h. sie, die Frau Hofrätin war bestimmt zuhaus, aber sie ließ sich verleugnen, weil sie sehr beleidigt sind über unsern Papa. Nachmittags hatten wir, die Dora und ich, noch Verschiedenes zu besorgen und da trafen wir mit dem Viktor zusammen, absichtlich natürlich. Die Dora war dann ganz verweint; sie sind in die Minoritenkirche gegangen und ich bin derweil auf dem Kohlmarkt herumgegangen und in der Herrengasse. Er reist nach Amerika, Anfangs Juli, wo die Dora noch nicht zurück ist. Er hat ihr ein sehr feines Briefpapier mit seinen Aufschlägen gemalt gegeben, auf dem sie nur ihm allein schreiben darf und ein Medaillon mit seinem Bild. Und sie schickt ihm morgen durch mich ihre Photographie. Ich freue mich schon. Überhaupt ist die Dora seit neulich viel netter zu mir.

6. Juni: Also heute in der Frühe sind die Mama und die Dora abgereist. Da die Mama noch nie für länger von uns weggefahren ist, habe ich sehr geweint und sie auch. Die Dora hat auch geweint, aber ich weiß schon, wegen wem. Jetzt sind der Papa und ich allein. Er sagte zu mir zu Mittag: Meine kleine Hausfrau. Das ist doch entzückend. Es ist leider so still bei uns, weil zwei Personen doch nicht soviel reden wie vier. Es ist beinahe unheimlich. Ich habe heute mit der Resi verschiedenes wegen neulich gesprochen. Das Ärgste finde ich nämlich, daß man von ihm die ganze Hinterfaçon sah, das ist direkt infam; die Dora sagte neulich auch, daß sie das niederträchtig findet. Und die Resi sagte, wenigstens sollen sie die Jalousien herunterlassen, damit man nicht hineinsehen kann, das tun anständige Leute. Also *anständige* Leute ziehen sich überhaupt nicht ganz aus oder decken sich wenigstens anständiger Weise zu. Dann erzählte mir die Resi noch Verschiedenes von dem Bankbeamten vis-à-vis und seiner Frau, d. h. *nicht* – Frau. Ob ihre Eltern etwas ahnen davon und was sie sagt, daß sie nicht zuhause wohnt. Sie ist keine Jüdin, nur er ist ein Jude. Die Resi hat sich gewunden vor lauter Lachen, weil ich sagte: »Ah, und deshalb verlangt er, daß sie sich *beide* ganz ausziehen, während sich sonst nur die Frau nackt ausziehen muß.« Sie hat ja neulich selber gesagt, *so* ist es nur bei Juden und heute lacht sie, als ob ich den ärgsten Blödsinn reden würde. Sie weiß es ganz einfach selber nicht genau und das bemäntelt sie mit dem Gelächter, weil sie sich doch geniert, erstens daß sie es nicht weiß und dann sicher auch, weil eigentlich *sie* angefangen hat, *davon* zu reden. Das eine wundert mich, daß ich nie etwas träume *davon*. Ich möchte wissen, ob die Dora wirklich nie träumt davon, oder ob sie nur so tut. Also, daß die Hella vorgestern *davon* geträumt hat, das ist entschieden etwas aufgeschnitten, da sie ja gar nicht dabei war. Sie sagt, das war ein Glück, denn sie hätte aufgeschrien vor Lachen. Na, ich glaub, bei – *dem* Anblick wäre auch ihr das Lachen vergangen.

7. *Juni:* Nach dem Essen ist es mir greulich fad und abends vor dem Schlafengehen, besonders da wir, die Dora und ich, in dem heurigen Jahr, seit der Geschichte unter dem Haustor immer etwas miteinander zu reden hatten. Das geht mir sehr ab. Es wäre doch sehr gut, wenn die Hella zu uns kommen dürfte auf die 4 Wochen. Aber das will sie doch auch nicht. Heute hat der Papa noch zu arbeiten und da bin ich jetzt allein und da möchte ich am liebsten weinen.

9. *Juni:* Gerade wie ich vorgestern so traurig war, kommt die Resi mein Bett herrichten und da reden wir von dem Ehepaar vis à vis und da erzählt sie mir gräßliche Sachen, von einem jungen Ehepaar, bei dem sie einmal war und wo sie wegging, weil immer beide zugleich ins Bad gingen; sie sagt, da ist bestimmt *etwas vorgefallen*. Und dann erzählte sie mir von einem alten Herrn, der mit ihr etwas *anfangen* wollte; aber, sie wollte natürlich nicht; übrigens war er ohnehin verheiratet und ein Dienstmädchen hätte er doch auf keinen Fall geheiratet, denn er war ein Regierungsrat. Und gestern hat der Papa gesagt: Du mein armes Hexerl, du bist jetzt so einsam; aber schau, die Resi ist keine Gesellschaft für dich; wenn du plauschen willst, so komme nur zu mir. Und da war ich sehr dumm, ich fing schrecklich zu weinen an und sagte: »Papa, ich bitt dich, sei nicht böse, ich werde überhaupt nie mehr von solchen Sachen reden und nicht mehr dran denken.« Und der Papa wußte zuerst gar nicht, was ich meinte, aber dann muß es ihm doch eingefallen sein, denn er war so furchtbar lieb und sagte: »Nein, Gretel, verdirb dir deine Jugend nicht mit solchen Zeug und wenn du dich in etwas nicht zurechtfindest, dann frag die Mama, aber nicht die Dienstboten, ein Mädchen aus gutem Haus muß auf sich halten. Versprich mir das.« Und dabei nahm er mich, obwohl ich doch schon so groß bin, auf den Schoß, wie ein kleines Kind und streichelte mich, weil ich so weinte. »Sei ruhig, mein kleines Mauserl, du sollst mir nicht auch so nervös werden wie die Dora. Gib mir ein rechtes Kinderbusserl und jetzt gehe ich mit dir

in Euer Zimmer und bleibe bei dir, bis du schläfst.« Natürlich schlief ich absichtlich sehr lange nicht ein, bis ¼ 11 Uhr.
Und dann träumte mir, daß der Papa im Bett der Dora liege, so daß ich in der Frühe, wie ich aufwachte, wirklich hinüberschaute, ob es nicht am Ende wahr ist und er sich in ihr Bett gelegt hat. Aber natürlich habe ich es bloß geträumt.

12. Juni: Morgen ist großer Schulausflug; ich freue mich riesig, einen ganzen Tag mit der Frau Dr. M., und noch dazu ohne Lernen. Wir gehen aufs Eiserne Tor. Voriges Jahr war kein großer Ausflug, weil die IV. nicht auf den Anninger wollte, sondern auf den Hochschneeberg und das wollte die Frau Direktorin nicht.

13. Juni: Es war herrlich auf dem Ausflug. Die Hella und ich sind den ganzen Tag bei der Frau Dr. M. gewesen; die Franke hat dann am Nachmittag gesagt: Ich bitt Euch, was pickt ihr denn so an der Frau Dr.? Man kann ja kein vernünftiges Wort mit Euch reden. Und da gingen wir dann ein großes Stück durch den Wald mit der Franke und sie erzählte uns von einem Burschen, der jetzt in der VIII. geht und rasend in sie verliebt ist. Alle Burschen sind nämlich in sie verliebt, *behauptet sie.* Also, daß hat uns wenig interessiert, aber dann hat sie uns erzählt, daß die Frau Dr. M. heimlich verlobt ist mit einem Professor in Leipzig oder einer andern Stadt in Deutschland. Ihre Kusine ist die Modistin der Frau Dr. und sie weiß es ganz bestimmt. Ihre Eltern sind dagegen, weil er ein *Jude* ist, aber sie liebt ihn rasend und er sie auch und sie werden doch heiraten. Und da fragten wir die Franke, da sie ja auch eine Jüdin ist, ob das alles wahr ist, was die Mali, die wir damals hatten, wie die Resi im Spital war, von den Juden gesagt hatte. Und die Franke: »Wohl ist es wahr; das kann ich euch in jedem Punkte bestätigen. Aber das ist nicht so schrecklich mit der Grausamkeit, jeder Mann ist grausam, besonders in *diesem* Fall.« Da hat sie wohl recht, aber es ist doch entsetzlich zu denken, daß gerade die schöne, feine Frau Dr. M. einen grausamen Mann bekommen soll. Die Hella meinte, wenn es *ihr* recht ist, so brauche ich mich auch nicht aufregen. Aber vielleicht weiß sie nicht, daß – – – Wie wir dann aus dem Wald kamen, sagt der Herr Religionsprofessor, der die Frau Dr. M. riesig gern hat: »Frau Dr. Sie haben ja Ihre zwei Trabanten verloren!« und alle lachten riesig, weil wir gerade wieder da waren. Der Papa holte mich und die Hella zusammen ab und weil es schon bald 11 Uhr war, so blieb die Hella bei uns über Nacht. Das war sehr nett, nur war mir auch gleichzeitig leid, daß ich dem Papa nichts mehr erzählen konnte. In der Frühe beim Aufstehen haben wir uns gegenseitig angespritzt und furchtbare Dummheiten gemacht, so daß wir beinahe zu spät in die Schule gekommen wären. Die Lehrkräfte waren noch so lustig, auch der Prof. Wilke, um den wir uns den ganzen Tag nicht gekümmert hatten; d.h. er war erst nachmittag nachgekommen und uns ein Stück über die Hauswiese hinaus entgegengekommen. Wir glauben, er ist auch in die Frau Dr. M. verliebt, denn er ging dann immer mit ihr und ist wahrscheinlich nur ihretwegen nachgekommen. Sonst war nämlich kein Professor mit, weil sie ja alle Schule hatten in den verschiedenen Gymnasien.

14. Juni: Ich bin ganz aufgeregt. Wie wir heute um 9 Uhr aus der Schule gehen, hören wir auf einmal furchtbar mit dem Säbel rasseln; d.h. die Hella hörte es, denn die hört so etwas immer zuerst und sagt: »Oje, da ha's ein O... eilig« und schaut sich um; »du, der Viktor ist hinter uns« und richtig, derweil grüßt er schon und sagt: Fräulein Rita, darf ich Sie auf einen Augenblick bitten; pardon, Fräulein Hella. Er nennt mich immer Rita und daß er den Namen meiner Freundin weiß, zeigt, was für ein netter feiner Mensch er ist. Die Hella sagt gleich: »Bitte Herr Oberleutnant, ich werde nicht stören, wenn es sich um so Wichtiges handelt« und geht auf die andere Seite. Er schaut ihr nach und sagt: »Ein feines vornehmes Mädchen, Ihre Freundin.« Und dann rückt er mit der Hauptsache heraus. Er hat zwar schon 2 Briefe von der Dora, aber keine Antwort auf seinen Brief, weil sie ihn nicht von der Post abholen kann, nämlich *poste restante.* Und nun bat er mich riesig, ich möchte einen Brief von ihm in meinen einlegen und ihn der Dora schicken. Weil aber die Mama doch meine Briefe natürlich liest, so sage ich ihm, das geht nicht so einfach; aber ich weiß einen königlichen Ausweg; ich schreibe *zugleich* auch an die Mama und an die Dora, damit sie indessen *seinen* Brief ruhig herausnehmen kann. Da war der Viktor sehr glücklich und sagte: Sie sind ein Genie und eine kleine Intrigantin ersten Ranges, und küßte mir die Hand. Also das »kleine« hätte er ruhig weglassen können; wenn man so *klein* ist, ist man wohl keine Intrigantin. Die Hella ist indessen auf der andern Seite gegangen und hat gesehen wie er mir die Hand küßte. Und sie behauptet, ich habe sie durchaus nicht zurückgezogen, sondern wie eine große Dame hingehalten und im Gelenk gebogen. Sie sagt, so etwas tun wir Töchter aus feinen Familien instinktiv. Das ist möglich, denn absichtlich habe ich es bestimmt nicht getan. Nachmittag schrieb ich gleich die zwei Briefe, das heißt einen ordentlich an die Mama und einen kurzen an die Dora, nur damit von mir etwas dabeiliegt, und trug es *selbst* auf die Post.

16. Juni: Jetzt habe ich mich schon so eingewöhnt, daß ich mit dem Papa allein bin, daß mir gar nichts mehr abgeht. Wir fahren oft in den Prater oder gehen abends in einen Park nachtmahlen, die Hella natürlich mit uns. Ich bin schon furchtbar neugierig, was die Dora schreibt. Das habe ich neulich vergessen zu schreiben. Ich fragte nämlich den Viktor, ob er wirklich nach New-York geht. Aber er sagte, keine Idee, das sei nur ein Schreckschuß von seinem *Alten* gewesen. So nennt er nämlich seinen Papa, den Herrn Hofrat. Das finde ich nicht sehr fein und deswegen kann ihn wahrscheinlich der Papa nicht leiden. Der Papa kann überhaupt die Offiziere nicht besonders leiden, mit Ausnahme vom Papa der Hella, aber der ist ja auch ziemlich alt. Ujeh, das dürfte die Hella wohl nicht lesen, da wäre sie wütend; aber ihr Papa ist wirklich mindestens um 4 oder 5 Jahre älter als unser Papa.

17. Juni: Die Frau Dr. M. ist krank, aber wir wissen nicht, was ihr fehlt. Es war schrecklich öde in der ganzen Schule. Die Frau Direktorin sublierte und in der Pause waren wir ohne Inspektion. Wenn sie nur keine Blinddarmentzündung hat, das wäre gräßlich.

18. Juni: Sie ist noch nicht da. Die Frau Dr. Steiner sagte, sie hat eine heftige Halsentzündung; sie wird eine ganze Woche nicht kommen.

19. Juni: Heute kam ein Brief von der Dora. Ich bin empört. Kein Wort von meiner Schwesterliebe, nur: »Besten Dank für kleine Besorgung«. Das ist doch unerhört; da ist *er* doch ganz anders!! Ich werde es mir jedenfalls merken für die Zukunft. Die Hella meint, sie hat es aus Vorsicht nur so angedeutet. Aber das ist nicht wahr, sie weiß *sehr gut,* daß der Papa nie unsere Briefe zu lesen verlangt. Aber sie glaubt einfach, das ist ganz selbstverständlich. Seit gestern bin ich zum erstenmale aus der Schule zuhaus, seit ich im Lyzeum bin; ich hatte in der Frühe so stark Halsschmerzen und Kopfweh, daß der Papa nicht erlaubte, daß ich in die Schule gehe. Über Tag wurde es besser, aber heute früh war mir wieder schlechter. Ich werde wahrscheinlich noch 2 oder 3 Tage zuhause bleiben. Der Papa wollte den Doktor holen lassen, aber das ist wirklich unnötig.

20. Juni: Heute wollte die Resi beim Aufräumen wieder *Verschiedenes* reden, aber ich sagte, ich höre solche Dinge nicht besonders gern und da bat sie mich riesig, ich möchte nie der Mama und dem Papa etwas verraten von dem, was sie uns damals gesagt hat wegen des jungen Ehepaares; sie würde sofort den Platz verlieren und das wäre ihr schrecklich leid.

21. Juni: Mir zittern noch die Knie, das hätte können einen schönen Skandal geben; zum Glück hatte der Papa Sitzung. Um ½ 7, wie die Hella und ich gerade so miteinander reden, läutet es zum Telefon. Die Resi war zum Glücke auch etwas holen und so gehe ich zum Telefon; und wer ist es? der Viktor! »Er muß mich morgen in der Frühe oder um 1 Uhr sprechen; er hat heute um 1 Uhr *vergebens gewartet*«. Natürlich, weil ich doch krank war, d. h. ich noch krank bin. Also morgen muß ich aber trotzdem in die Schule gehen. Aber wenn der Papa zuhause gewesen wäre oder selbst die Resi, die hätte doch was merken können. Und es wäre furchtbar unangenehm, wenn ich zu ihr sagen müßte, sie möchte mich nicht verraten. Und wie die Hella schon keck ist, nimmt sie mir den Schallbecher aus der Hand und sagt: »Bitte das nie mehr zu tun, das ist entsetzlich riskant für meine arme Freundin«. Darüber habe ich mich eigentlich geärgert, aber die Hella sagt, diese Lektion hat er entschieden verdient.

Morgen gehen wir ins Konzert, da ziehe ich das neue weiße Kleid an. Es schaut eigentlich doch gut aus, wenn Schwestern ganz gleich gekleidet gehen. Ich trage jetzt »Schnecken«, der Papa sagt »Kuhfladen«; aber alle Leute sagen, daß mir diese Frisur sehr gut steht.

22. Juni: Er war entzückend, wie er auf uns zukam und sagte: »Wird der reuige Sünder in Gnaden aufgenommen?« und uns jeder eine prachtvolle Rose gibt. Und dann gab er mir einen Brief und sagte: »Vor ihrer energischen Freundin brauchen wir ja kein Geheimnis zu machen, nicht wahr.« Eigentlich hatte ich keinen Brief mehr übernehmen wollen, aber neulich wußte ich nicht recht, wie ich es sagen sollte, ohne ihn zu beleidigen, da er für der Dora ihre Frechheit doch nichts kann, und heute wollte ich auch nichts sagen, 1. wegen der Rosen, und 2. weil die Hella dabei war. Es kann sich ja ohnehin nur um 2 oder 3mal handeln, da will ich jetzt nichts mehr sagen. Aber verdienen tut's die *Dora* wirklich nicht. Die Franke ist kein feines Mädel. Sie hat uns neulich gesehen und hat dann am nächsten Tag gefragt: Was für einen schönen

Marssohn habt denn Ihr euch aufgezwickt? Die Hella sagte gleich: »Gebrauche doch nicht so ordinäre Ausdrücke, wenn du vom Kusin der Rita sprichst«. »So, ein Kusin, also ein Kusin, das kommt wohl von Kuß, nicht?« Seither sprechen wir nur das Notwendigste mit der Franke. Gar nicht reden ist zu gefährlich, man kann nie wissen; aber wenig reden, da kann sie nicht beleidigt sein.

23. Juni: Gestern war der alte Herr Landesschulinsp. da, der immer in Math. kommt. Der ist so lieb und freundlich, daß immer alle Kinder alles können; er ist uns lieber als der, der in die Sprachfächer kommt. Die Verbenowitsch hat sich furchtbar patzig gemacht, weil er sie sehr gelobt hat. Mein Gott, *wie* bin ich schon gelobt worden, aber *darauf* bilde ich mir wirklich nichts ein. Gestern war ich übrigens gar nicht dran, weil ich 4 Tage gefehlt habe. Die Frau Dr. M. ist heute auch wieder gekommen. Sie sieht schrecklich blaß und leidend aus, wer weiß, warum; daß ist so schade, daß sie auf der Gasse mit niemanden geht, außer voriges Jahr, wie diese Geschichte mit dem Perlentascherl vom Frl. St. war. Aber sonst dankt sie auf den Gruß riesig freundlich, aber gehen tut sie nie mit einer Schülerin, obwohl die Verbenowitsch gräßlich zudringlich ist und immer neben ihr daherrennt.

26. Juni: Es ist wirklich blöd, was für eine entsetzliche Angst ich jetzt bei der heil. Kommunion habe wegen des Herausfallens der h. Hostie. Mir war beinahe übel vor Angst. Die Hella sagt, das muß doch einen Grund haben, ich weiß aber wirklich keinen, außer daß ich durch das Malheur der Lutter aus der III. noch mehr Angst habe. Die Hella sagt, ich kann ja zum Protestantismus übertreten, aber das tue ich auf keinen Fall; denn nach dem Empfang der h. Kommunion fühlt man sich doch so rein und so viel besser als früher. Aber leider hält es nicht so lange an, als es sein sollte.

27. Juni: Also die Mama ist *wirklich* krank. Der Papa hat es mir gerade vorhin gesagt. Er war so furchtbar nett und sagte: Wenn Euch nur das Schicksal Eure gute Mutter erhält. Es geht ihr nicht zum Besten. Da frag ich: Papa, was fehlt denn eigentlich der Mama? Und der Papa sagt: »Mein liebes Kind, das ist ein heimtückisches Leiden, das sich schon lange vorbereitet hat und dann plötzlich einmal zum Ausbruch kommt.« »Muß sie sich also wirklich operieren lassen?« »Hoffen wir, daß das zu vermeiden ist. Aber ein Jammer ist es und bleibt es, daß die arme Mama krank ist.« Und weil der Papa förmlich schlecht aussieht, wie er das sagt, so habe ich ihn getröstet und gesagt: »Die Moorbäder *müssen* sie doch gesund machen, wozu nimmt sie sie denn sonst?« Und der Papa sagt: »Ja, mein liebes Kind, wir wollen das Beste hoffen.« Und dann haben wir noch lange miteinander geredet, daß die Mama sich riesig schonen muß und daß im Herbst vielleicht die Tante Dora zu uns kommt, die Wirtschaft zu führen. Und da fragte ich den Papa, »Ist es wahr, daß du die Tante Dora nicht besonders leiden kannst?« Aber der Papa sagte: »Keine Idee, wer hat denn dir das in den Kopf gesetzt?« Und da sag' ich: »Aber die Mama hast du doch viel lieber?« Da lachte der Papa und sagte: »Du Kindskopf, natürlich, sonst hätte ich die Tante Dora geheiratet und nicht die Mama«. Ich hätte so riesig gern noch manches gewußt, aber das konnte ich doch den Papa nicht fragen, leider. Die Dora fehlt mir wirklich, besonders am Abend.

2. *Juli:* Heute habe ich mich riesig geärgert in der Schule. Der Prof. W...., der Verräter, war heute nicht da, weil er im Gymnasium h. Beichte und Kommunion hatte und die Frau Direktorin wußte nichts davon und so war niemand zum sublieren da. Da sublierte der Herr Religionsprofessor, der wegen des Unterschreibens der Zeugnisse früher gekommen war. Weil aber die Jüdinnen auch da waren, so war natürlich keine Religionsstunde, sondern der H. Rel.-Prof. plauderte mit uns. Er fragte jede, wo sie im Sommer hingeht und wie ich sage, nach Rodaun, sagt die Weinberger: Gott, *nur* nach Rodaun? und ein paar andere Mädchen sagen auch gleich: Nur nach Rodaun; da fährt man ja nur mit der Dampftramway. Ich habe mich furchtbar geniert, weil wir doch sonst meistens nach Tirol oder Steiermark gefahren sind; das habe ich auch gleich gesagt und da sagt die Franke: Voriges Jahr wart Ihr, glaube ich, auch nur ganz in der Nähe von Wien, mir scheint in Hain.... und dann setzt sie ab und tut so, als ob sie noch nie etwas von Hainfeld gehört hätte. Das ist doch eine Falschheit; aber ich weiß, sie ist empört, weil wir nichts mit ihr reden seit damals vom *Kussin*! Und jetzt sieht man, was eine echte Freundschaft ist. Während ich mich noch riesig ärgere, sagt die Hella: Die Mama der Rita ist derzeit im *Weltkurort Franzensbad*; sie ist nämlich leidend und da muß dann auch jede Woche wenigstens einmal Prof. Sch... hinkommen. Und der Herr Rel.-Prof. ist auch sehr lieb und sagt: In Rodaun ist es reizend schön und es hat eine prächtige Luft; das wird deiner Mama gewiß sehr gut tun, und das ist doch die Haupt-

sache, nicht wahr, Kinder. Der liebe Gott erhalte Euch nur recht lange Eure Eltern. Und wie der Herr Rel.-Prof. das sagt, so fängt die Lampel, deren Mama heuer im Winter gestorben ist, furchtbar zu weinen an, und ich auch, weil ich an mein Gespräch mit dem Papa dachte. Die Weinberger und die Franke haben aber geglaubt, ich weine, weil ich mich ärgere, daß wir bloß nach Rodaun gehen. Und in der Pause sagt die Franke: Das ist doch keine Schande, wenn man nur nach Rodaun geht, deswegen braucht man nicht zu weinen. Aber die Hella sagt: »Ich bitte dich, die Lainer können überall hingehen, die sind so vermögend, daß mancher sie beneiden könnte. Übrigens ist ihre Mama und ihre Schwester jetzt in Franzensbad, wo es riesig teuer ist und in Rodaun haben sie eine ganze Villa gemietet. Und geweint hat die Rita aus Kränkung wegen ihrer Mama, aber nicht wegen dir«. Natürlich reden wir jetzt kein Wort mehr mit der Franke. Die Mama wollte es ohnedies nicht, sie hat ihr sehr mißfallen, als sie sie voriges Jahr kennen lernte. In solchen Dingen hat die Mama wirklich immer das richtige Vorgefühl.

6. *Juli:* Heute ist Schulschluß gewesen. Ich habe lauter Sehrgut, mit Ausnahme von – Naturgeschichte natürlich! das war nicht anders zu erwarten. Die Prophezeiung der – – – – ich mag den Namen nicht schreiben, war vollkommen richtig. Der Frau Dr. M. und der Frau Dr. St. haben die meisten Schülerinnen, die noch da sind, Blumen gebracht zum Abschied. Und ausnahmsweise sind wir, ich und die Hella, mit der Frau Dr. M. bis zur Stadtbahn gegangen. Wenn wir ihr die Hand küssen, wird sie immer ganz rot, und wir tun es doch so gern. Sie macht im Sommer eine Reise nach – – – *Deutschland* natürlich; da hätte die Hella eigentlich gar nicht fragen brauchen; das ist doch *selbstverständlich*!!!

8. *Juli:* Heute kommen die Mama und die Dora. Wir holen sie von der Bahn ab. Ja, richtig, das habe ich ganz vergessen. Neulich legte mir der Papa ein ganz neues 5 K-Stück unter die Serviette und wie ich die Serviette wegnehme, fällt es heraus und da sagt der Papa: Zur teilweisen Tilgung der Unkosten für den Blumenschmuck des Tisches. Gott, der Papa ist so gut, die paar Blumen haben doch keine 5 K gekostet, höchstens 3, denn wenn sie noch sehr schön waren, habe ich nur jeden 2. Tag neue gekauft. Also jetzt kann ich der Mama Rosen kaufen, viele, und sie entweder auf den Bahnhof mitbringen oder auf ihren Tisch stellen. Einesteils freue ich mich riesig, daß die Mama wieder kommt, aber andern-

teils war ich doch sehr gern mit dem Papa ganz allein, weil er alles mit mir so besprochen hat, wie mit der Mama; und das hört jetzt wieder auf.

10. Juli: Die Mama und die Dora schauen großartig aus; besonders von der Mama freut es mich; denn jetzt sieht man deutlich, daß sie wieder ganz gesund ist. Wenn wir nicht schon die Wohnung in Rodaun hätten, hätten wir ganz gut nach Tirol fahren können. Denn feiner ist es sicher, das kann man nicht leugnen. Die Dora schaut ganz fremd aus. Das ist ja eigentlich lächerlich, in 1 Monat verändert man sich doch nicht, aber sie schaut wirklich ganz anders aus; sie trägt übrigens eine andere Frisur, das Haar gescheitelt über die Ohren. Ich habe noch keine Gelegenheit gehabt, wegen der »kleinen Besorgung« etwas zu sagen und sie tut überhaupt nichts dergleichen. Sie muß im Herbst eine Aufnahmsprüfung machen für die VI., weil sie um 1 Monat früher wegging. Der Papa sagt, das ist nur proforma und sie darf keine Lehrbücher aufs Land mitnehmen. Am 9. ist die Hella weggefahren, zuerst gehen sie und ihre Mama und die Lizzi nach Gastein und dann nach Ungarn zu ihrem Onkel. Ohne Hella ist das Leben öde, viel ärger als ohne die Dora; da war's mir nur am Abend manchmal langweilig, beim Schlafengehen. Die Dora tut übrigens, als ob man sie in Franzensbad als wie eine Dame gehalten hätte. Das ist gewiß nicht wahr, denn das sieht man schon, daß sie noch lang keine ganz große Dame ist.

11. Juli: Ich weiß nicht, was die Dora hat. Wenn sie ausgeht, geht sie allein und sagt nicht, wann und wohin, und sonst hat sie auch noch nichts vom Viktor gesprochen. Er muß doch wissen; daß sie da ist. Morgen fahren wir nach Rodaun, natürlich nicht mit der Dampftramway, sondern selbstverständlich mit der Eisenbahn. Und übermorgen, am 13., hat der Oswald mündlich Matura; er sagt immer Martura, weil die Professoren einen martern wollen. Er sagt auch, in jeder Klasse ist mindestens 1 oder auch mehrere *Streber,* so wie bei uns die Verbenowitsch; und die korumbieren die Professoren, sagt er, denn durch die Streber werden die Professoren den anderen Schülern aufsässig. Also, das kann ja im Gymnasium sein, aber bei uns ist es bestimmt nicht so. Denn soviel die Verb.... allen Lehrkräften nachläuft, kann sie doch niemand besonders leiden; sie bekommt ihre guten Noten, aber niemand hat sie besonders gern. Die Mama sagt, der 13. ist ein Unglückstag und wenn nur dem Oswald nichts passiert. Sie war auch deshalb gestern im Hochamt und nicht in der 9 Uhr Messe wie meistens. Ich habe aber wirklich nicht dran gedacht, für den Oswald zu beten und ich glaube, er wird schon auf jeden Fall durchkommen.

13. Juli: Gott sei Dank, der Oswald hat telegraphiert, er ist durchgekommen, d. h. er hat sein Lieblingswort telegraphiert: Schluß mit Jubel. Da hat sich die Mama wenigstens nicht aufregen brauchen, wie bei der schriftlichen Matura, wo er immer blöde Witze machte. Er kann aber erst am 17. kommen, da die Matura-Kneipe erst am 15. ist. Der Papa ist auch riesig froh. Hier ist es ganz schön; eine ganze Villa für uns haben wir natürlich nicht, wie die Hella in der Schule absichtlich aufschnitt, sondern eine Wohnung im 1. Stock; im Hochparterre wohnt eine junge Frau, d. h. ein *junges Ehepaar*!! Das ist auch ein Wort, das ich nicht hören kann, ohne daß ich mich schütteln muß vor Grausen und Lachen zugleich. Die Resi muß auch gleich gedacht haben dran, denn sie hat die Dora und mich sehr angeschaut, wie sie es erzählte. Sie haben übrigens schon ein Kind, also es ist kein gar so junges Ehepaar mehr. Der Hausherr, der neben uns wohnt, läßt mir eine Schaukel machen im Garten. Denn eine Landwohnung ohne Schaukel ist gräßlich.

16. Juli: Heute hat endlich die Dora etwas geredet vom Viktor, aber sehr kühl; es muß etwas gewesen sein. Sie könnte es mir schon sagen; nach dem, *wie* ich mich benommen habe, wäre sie eigentlich dazu verpflichtet. Ich habe ihn seit dem letzten Brief am 27. Juni nicht mehr gesehen; da muß eben etwas vorgefa.... nein, das Wort bedeutet etwas ganz anderes, es muß etwas gewesen sein, aber was? Die Hella ist entzückt von Gastein, nur *ich* fehle ihr, schreibt sie. Das kann ich voll verstehen, denn *sie* fehlt mir ebenso. Vor Schluß des Schuljahres schrieb mir auch die Ada, ob wir heuer nicht nach H. kommen; sie hätte mir soviel zu erzählen und *sie braucht meinen Rat.* Ich werde ihr sehr gern raten, aber ich weiß eben nicht, um was es sich handelt.

18. Juli: Etwas Großartiges, wir sind – – – aber nein, das muß ich der Reihe nach schreiben. Gestern kam der Oswald, er ist riesig lustig und hat zur Dora im Spaß gesagt, wenn sie nicht seine Schwester wäre, würde er sich vielleicht verlieben in sie, weil sie nämlich so gut ausschaut. Und wie wir bald zum Nachtessen gehen sollen, so ruft uns die Mama und ich ärgere mich noch, wie ich sehe, daß es erst ¾ 8 Uhr ist. Da kommt der Papa herein mit einem Akt, wie er sie immer aus dem Bureau bringt und sagt: »Mein lieber Oswald und Ihr beiden, ich habe Euch, spez. dem Oswald eine kleine Freude machen wollen zur Matura.« Aha, denke ich mir, also doch ein großes Los! Da nimmt der Papa den Akt auseinander und sagt: »Ihr habt Euch als Kinder oft darüber gekränkt, daß wir nicht auch adelig sind wie die andern Lainers. Mein Großvater legte den Adel ab, und ich habe ihn für dich, Oswald, und auch für Euch wieder erworben. Wir heißen jetzt Lainer von Lainsheim wie die Tante Anna und die Onkels.« Der Oswald war ganz starr und ich faßte mich zuerst und umarmte den Papa. Und vorher sagte er noch: »Macht dem Namen Ehre.« Der Oswald räusperte sich furchtbar lange und sagte: Meinen Dank, Vater, ich werde den Namen immer hochhalten, und sie küßten sich. Der Oswald sagt meistens *Vater* anstatt Papa; er sagt, das ist unmännlich. Wir waren den ganzen Abend so feierlich, obwohl die Mama Backhühner hatte machen lassen und der Papa einen Champagner besorgt hatte. Ich bin riesig glücklich; es ist doch herrlich, adelig zu sein. Und was die Mädchen sagen werden und die Lehrkräfte! Ich freue mich riesig darauf. Ich muß es morgen sofort der Hella schreiben.

19. Juli: Das habe ich wunderbar gemacht. Ich wollte doch nicht so hinschreiben: Wir sind jetzt auch von Adel, so schrieb ich weiters gar nichts als Deine ewig treue Freundin Rita Lainer von Lainsheim. Der Resi habe ich es heute in der Frühe gesagt, aber der Papa zankte zu Mittag und sagte, das war sehr überflüssig; aber mir scheint der Adel zu Kopf gestiegen zu sein. Also, das ist nicht richtig, aber freuen tut sich jedes und die Dora hat auch auf einen ganzen Bogen Papier ihren Namen geübt. Der Papa sagt, wir sind deswegen auch nichts anderes als früher, aber das ist nicht wahr, sonst hätte er sich doch nicht adeln lassen. Er sagt, der Oswald findet ein leichteres Fortkommen, aber das ist es nicht allein. Der Hausherr hat es durch die Resi erfahren und hat uns nachmittags gratuliert und seine Frau auch.

20. Juli: Der Oswald bleibt nicht hier, er sagt, es ist ihm viel zu fad, er macht eine größere Fußtour in die Alpen, auf den Großglockner und dann in die Karawanken. Er sagt auch vom Papa »Alter« und das finde ich entsetzlich ordinär. Die Dora sagt, es ist direkt *frivol*!!, na also, das bedeutet allerdings noch etwas ganz anderes!

24. Juli: Heute ist die Antwort der Hella gekommen; sie gratuliert mir riesig und dann schreibt sie, zuerst war sie ganz baff und glaubte, ich sei übergeschnappt oder habe einen dummen Witz gemacht. Aber ihre Mama hat es schon von ihrem Papa gewußt, weil es schon in der Amtszeitung oder wo gestanden ist. Nun sind wir beide von Adel und das ist sehr angenehm. Ich habe mich früher wirklich manchmal geärgert, daß ich nicht adelig war und sie wohl.

25. Juli: Heute ist der Oswald weggefahren. Er hat vom Papa 300 K Reisegeld bekommen, und das alles wegen der Matura. Ich habe gesagt: »Da mach' ich gleich auch Matura« und der Oswald sagte: »Dazu muß man schon ein bisserl mehr Grütze im Kopf haben, als ihr Mädeln habt.« Das ist eine Frechheit, die Frau Dr. M. hat doch auch Gymnasialmatura und die Frau Dr. Steiner hat sie gar extra nachgetragen und die Dora sagte ganz ruhig: Möglicherweise werde ich dir beweisen, daß auch deine Schwester das leisten kann; übrigens sagst du doch selbst immer, hauptsächlich kommt es auf die Frechheit an bei der Matura. Und da fällt mir auch etwas Köstliches ein und ich sage: Die Frechheit besitzen wir wohl nicht, aber dafür *lernen* wir, wenn wir eine Prüfung machen! Die Mama wollte uns versöhnen, aber wir ließen uns *nicht* versöhnen. Und abends sagte die Dora zu mir: Der Oswald ist wahnsinnig arrogant, obwohl er eine Menge Genügend hat und gerade nur durchgekommen ist. Ja richtig, diese Blödheit vom Oswald; gleich nach dem Telegramm: »Schluß mit Jubel« kommt noch eins, das eigentlich hätte zuerst kommen sollen, da es 4 Stunden früher aufgegeben war, mit nichts anderem als »*Durch*«. Die Mama regte sich noch hinterdrein riesig auf, weil sie noch fürchtete, es heiße am Ende doch *durchgefallen* und das andere Telegramm sei nur Galgenhumor gewesen. Solche blöde Witze würde die Dora oder ich nie machen. Der Papa sagt zwar immer: Auf der Universität wird sich der Oswald schon die Hörner abstoßen, aber er hat heute erklärt, er geht nicht auf die Universität, sondern er wird Bergbau studieren und vielleicht nachher Jus.

29. Juli: Es ist hier greulich fad. Ich weiß gar nicht, was ich tun soll; den ganzen Tag kann ich unmöglich lesen und schaukeln und die Dora ist wieder so fad wie früher; das heißt noch fader, denn streiten tut sie nicht, aber reden, das heißt nämlich von *gewissen Dingen* reden auch nicht. Sie ist nur ganz vernarrt in die kleinen Buben von der jungen Frau im Hochparterre; 10 Monate ist er alt und ich weiß nicht, was man an einem solchen kleinen Fratzen hat;

sie schleppt ihn herum und vorgestern hat er sie ganz naß gemacht, das habe ich ihr vergönnt. Denn da hat ihr doch sehr gegraust, denn er hat sie angem... Hoffentlich ist sie jetzt kuriert.

Gott sei Dank! morgen ist mein Geburtstag, das ist doch eine Abwechslung. Nachmittag gehen wir auf den Parapluie-Berg, hoffentlich ohne Parapluie. Der Papa kommt schon um 1 Uhr heraus, damit wir um 2 oder ½ 3 Uhr weggehen können. Die Hella hat mir heute eine versperrbare Kasette für Briefe usw.!!! geschickt, natürlich mit Bonbons gefüllt und einen riesig langen Brief, *wie sie* sich unterhält in Gastein. Aber sie bleiben nur 4 Wochen, weil es wahnsinnig teuer ist, eine Semmel 5 Kreuzer und 1 Flasche Bier eine Krone. Und die Semmeln so klein, daß man zum Frühstück und zur Jause eigentlich immer drei essen könnte. Aber im Hotel ist es großartig elegant, mehrere Grooms; dann sind riesig viele Amerikaner und Engländer und sogar eine Konsulsfamilie aus Sidney in Australien dort. – Ich spiele fast den ganzen Tag mit zwei jungen Dackeln, die Max und Moritz heißen, obwohl eines natürlich ein Weibchen ist. Das soll man eigentlich nicht niederschreiben, denn es heißt etwas, nämlich in der Nebenbedeutung.

III. Jahr
(Von 13–14 Jahren)

31. Juli: Gestern war mein Geburtstag, der dreizehnte. Von der Mama bekam ich eine Radio-Uhr, wie ich sie mir für den Nachtkasten wünschte, mit selbstleuchtendem Zifferblatt. Das ist natürlich hauptsächlich für den Winter für die langen Nächte; gestickte hohe Halskragen; vom Papa das Tagebuch eines bösen Buben, das eine Wärterin der Hella borgte, während sie im San. war; es ist so köstlich, aber der Papa findet es blöd, weil ein Bub unmöglich das alles anstellen kann, ein neues Racket mit einer ledernen Rackettasche hochelegant, von Sirk, und Tennisbälle, von der Dora. Billets de Corr., mondlichtfarben mit Silberecken. Die Großeltern schickten einen Korb Kirschen, Weichseln und einen Johannisbeeren und Erdbeeren; die letzteren nur für mich zum Geburtstag. Von der Tante Dora bekam ich drei Krawatten aus Berlin für Winterblusen. Nachmittags waren wir auf dem Par.-Berg, es wäre ganz lustig gewesen, wenn die Mama auch mitgehen hätte können, oder wenn die Hella da wäre.

1. August: Heute kam ein Brief von der Ada; sie gratuliert mir zum Geburtstag, da sie glaubt, er ist am 1. August und dann kommt das Wichtigste. Sie ist furchtbar unglücklich. Sie will aus den engen Verhältnissen ihrer Familie heraus, schreibt sie, sie hält es in der *dumpfen Atmosphäre ihres Hauses nicht* aus. Sie war in St. P.... bei dem Schauspieler, den sie so verehrt, und er hat sie geprüft und gesagt, sie hat entschieden schauspielerisches Talent; er würde sie ausbilden, aber nur mit Einwilligung ihrer Eltern. Aber die bekommt sie natürlich nie. Sie schreibt, sie ist infolgedessen *so nervös,* daß sie den ganzen Tag weinen oder toben möchte, kurz sie hält ein solches ödes Leben nicht länger aus. *Ich bin ihre einzige Hilfe.* Sie möchte, daß ich zu ihnen komme und noch lieber, daß sie zu uns kommen könnte auf 2 oder 3 Wochen und da würde sie meiner Mama alles vorstellen und erklären, und dann möchte sie auf 1 Jahr zu uns nach Wien kommen; der Herr G., der Schauspieler, soll nämlich im Herbst ins Raimundtheater kommen und da würde er sie unterrichten. Zum Schluß schreibt sie, sie überläßt es meiner Klugheit, und meinem Takt, sie zum glücklichsten Geschöpf unter der Sonne zu machen! Ich weiß nicht recht, was ich machen soll. Jedenfalls habe ich schon die Einleitung gemacht; es sei mir so schrecklich fad, wenn nur die Hella da wäre oder wenigstens die Ada, oder sogar die Marina. Da sagte die Mama: die Marina ist doch in Feld in Kärnten und die Ada wird kaum herkommen können. Dem Papa tut es auch sehr leid, daß ich mich so langweile und so sagte er beim Nachtessen: Möchtest du wirklich, daß die Ada herkommt; sie paßt ja im Alter eigentlich viel mehr zur Dora. Aber ich weiß, ihr zwei habt euch im Vorjahr besser vertragen. Und dann sagt er zur Mama: Sag Berta, geniert es dich, wenn die Ada kommt? Und die Mama sagt, »Aber keine Spur; wenn es der Gretel eine Freude macht; sie ist ja ohnehin leer ausgegangen, die Dora war mit mir in Franzensbad und der Oswald macht seine schöne Reise, nur unser Kleines hat nichts für sich bekommen; also willst du, Gretel?« »Natürlich Mama, will ich, ich schreibe sofort; ich habe kein Vergnügen dran, den kleinen Balg herumzuschleppen wie die Dora und so großartig das Tagebuch eines bösen Buben ist, so kann ich doch nicht den ganzen Tag lesen.« Also ich schreib' der Ada sofort, so als ob *ich* es durchaus wollte, daß sie kommt. Ich bin überglücklich, wenn alles gelingt und die Ada wirklich einmal eine so große Schauspielerin wird, wie die Mama es immer von der Wolter sagt, dann habe ich etwas dazu beigetragen, daß Wien eine große Künstlerin hat und daß die Ada aus dem unglücklichsten Geschöpf das glücklichste geworden ist.

2. *August:* Ich habe der Ada nichts davon geschrieben, daß wir geadelt, od. wie die Dora sagt *renobiliert,* da die Familie ja längst adelig ist, also renobiliert worden sind; sie erfährt es noch immer früh genug, wenn sie zu uns kommt. Die Mama sagt immer: Nur nicht protzen, und am wenigsten mit etwas, was man sich nicht einmal selber verdient hat. Also, das ist nicht ganz richtig, denn wenn der Papa nicht so hohe Verdienste um die Gesetze oder die Verwaltung hätte, wo er vor 2 Jahren die ganzen Nächte geschrieben hat, wäre er vielleicht nicht renobiliert worden. Ich sehe übrigens nicht ein, warum die Eltern daraus so ein Geheimnis machen mußten im verflossenen Winter. Das hätten wir doch ruhig erfahren können. Aber wahrscheinlich wollte uns der Papa eine rechte Überraschung machen. Und das ist ihm gelungen; das Gesicht von der Dora und wie sich der Oswald geräuspert hat!! Was für ein Gesicht ich eigentlich gemacht habe, darauf hat gar niemand achtgegeben, wie mir scheint.

3. *August:* Also jetzt weiß ich, warum die Dora so anders ist zu

mir als früher, d. h. warum sie wieder *so* ist, wie eben früher, vor dem heurigen Winter. Sie hat *an der Mama eine wahre Freundin gefunden* während der 4 Wochen in Fr.! Ich brachte heute das Gespräch auf den Viktor und da sagte sie zuerst nur: Ich korrespondiere nicht mehr mit ihm. Und wie ich frage: »Habt Ihr Euch gezankt und wer ist Schuld daran?« Da sagt sie: »O, nein, ich habe ihm *abgeschrieben*«. »Wieso abgeschrieben, er geht doch gar nicht nach Amerika?« Da sagt sie: »Also liebe *Rita,* damit wir ins Reine kommen; ich habe ihn auf den berechtigten Wunsch unserer *Mutter* aufgegeben«. Sie sagt jetzt übrigens meistens *Mutter* statt Mama. Also das muß ich sagen, ich habe die Mama wirklich sehr, *sehr* gern, aber als *Freundin* kann ich sie mir nicht vorstellen. Wie kann man denn mit seiner eigenen Mutter eine wahre Freundschaft haben? Die Dora muß wirklich keinen Begriff davon haben, *was* eine *wahre Freundschaft* bedeutet. Zu seiner Mama kann man doch unmöglich von gewissen Dingen sprechen, ich könnte nicht einmal fragen: Weißt du, was das heißt, es ist *etwas vorgefallen* oder *passiert?* Und überhaupt, es ist die Frage, ob sie es wirklich weiß. Denn wie sie 13 oder 15, 16 Jahre war, hat man vielleicht ganz andere Ausdrücke gehabt und die modernen haben möglicher Weise damals gar nichts bedeutet. Und wie paßt es denn zu einer Freundschaft, daß dann die Mama doch zur Dora sagt: Jetzt darfst du nicht weggehen, das Gewitter kann jeden Moment losbrechen, und neulich abends: Dora, du *mußt* den Shawl mitnehmen. Eine Freundschaft zwischen einer Mutter und einer Tochter gibt es absolut nicht, sowenig wie zwischen einem Vater und seinem Sohn. Da dürfte vor allen anderen nichts mehr befohlen und verboten werden und dann das noch viel wichtigere, daß man absolut nicht alles reden kann, was man gerade möchte. Ich habe dann am Abend nur noch gesagt: »Natürlich hat dir die Mama verboten, mit mir von *gewissen* Dingen zu reden; und das nennst du eine Freundschaft?« Da sagte sie ganz sanft: »Nein, Rita, die Mutter hat mir nichts verboten, aber ich sehe ein, es war unüberlegt von mir, mit dir über diese Dinge zu sprechen; man lernt den Ernst des Lebens früh genug kennen.« Da lachte ich hellaut und sagte: »*Das* nennst du den Ernst des Lebens; weißt du nicht mehr, wie köstlich wir uns dabei unterhalten haben? Mir scheint, dein Gedächtnis hat gelitten in den Moorbädern.« Drauf gab sie keine Antwort. Wenn nur wenigstens die Ada käme. Denn jetzt brauche *ich sie* ebenso wie *sie mich.*

4. August: Also Gott sei Dank, die Ada kommt, aber leider erst am 8., weil sie am 5. Wäsche haben und da könnte niemand mit ihr herfahren. Ich bin riesig froh, nur tut mir leid, daß *sie* im Kabinett schläft und nicht die Dora. Aber die Mama sagt, wir Schwestern sollen nur beisammen bleiben und die Ada kann die Tür ins Speisezimmer offen lassen, damit sie sich nicht am Ende fürchtet.

7. August: Die Tage ziehen sich endlos. Die Dora ist so sanft und mild wie eine Klosterschwester, aber sie redet auch so wenig zu mir wie eine Nonne, und ist immer mit der Mama zusammen. Die zwei Dackeln sind nach Neulengbach verkauft und so ist es jetzt greulich fad für mich. Gott sei Dank, morgen kommt die Ada. Wir holen sie von der Bahn ab um 6 Uhr, der Papa und ich.

8. August: Nur schnell ein paar Worte. Die Ada ist um mehr als einen Kopf größer als ich; der Papa sagte: Ja, du Langinus, wo wächst du noch hin? Oder muß ich jetzt *Sie* sagen? Und die Ada sagte: »Aber nein, Herr Oberlandesgerichtsrat, sagen Sie nur Du, ich bin so glücklich, daß ich hier bin bei Ihnen.« Und ihre Mama sagte: Ja, sie ist überall glücklicher als zu Haus, leider: *»so ist die moderne Jugend.«* Der Papa half der Ada und sagte: »Gnädige Frau, in uns hat's auch einmal gegärt und geschäumt, aber es ist schon lange her, daß wir es schon vergessen haben.« Und da seufzte die Frau Dr. H. absichtlich so lang und tief, als ob sie ersticken müßte, und die Ada nahm mich beim Arm und sagte leise: »Hast du *jetzt* einen *Begriff* von meinem Leben?« Ihre Mama bleibt heute über Nacht bei uns und lamentierte den ganzen Abend über alles Mögliche (so sagte nämlich die Ada vorm Schlafengehen); aber ich habe gar nicht so darauf geachtet, denn ich brenne schon vor Neugierde auf das, was mir die Ada zu sagen hat. Also morgen, gleich nach dem Frühstück.

12. August: Ich konnte drei Tage nicht schreiben, so viel erzählte mir die Ada. Ohne Kunst *kann* und *will* sie nicht leben, eher *geht sie durch, bevor sie verzichtet.* Jetzt hat sie noch ein Jahr Fortbildungsschule zu machen und dann den Französischen Kurs für die Staatsprüfung oder den Handarbeitskurs. Aber sie möchte das alles in Wien machen, damit sie nebenbei für das Theater studieren kann bei dem H. G. Sie sagt, sie ist gar nicht mehr in ihn verliebt, er ist ihr bloß *Mittel zum Zweck.* Sie würde *alles* opfern, um ihr Ziel zu erreichen. Erst verstand ich das *alles* gar nicht, aber sie sagte mir dann, was das heißt. Sie hat den Roman Elisabeth Kött von Bartsch gelesen, den auch die Mama hat, und noch viele andere Künstlerromane und überall steht, daß erst eine *große Liebe die Frau zur wahren Künstlerin macht.* Etwas kann schon daran sein. Denn *anders* wird man wirklich durch eine *große Liebe;* das habe ich deutlich an der Dora gesehen; wie sie so wahnsinnig vernarrt war in den Viktor, und wie sie jetzt wieder!! ist. Sie lernt auch wieder Latein, um alles Versäumte nachzuholen! Mit ihr spricht die Ada nicht von ihren Plänen, weil der Dora das *richtige Verständnis fehlt!* Nur heute erwähnte sie vor ihr, daß sie um jeden Preis im Herbst nach Wien kommen möchte, damit sie recht oft ins Theater gehen könnte. Und die Dora sagte, Gott, du irrst dich, wenn man auch in Wien ist, gar so oft kommt man nicht ins Theater; denn erstens hat man nur wenig Zeit und zweitens bekommt man sehr oft keine Sitze; in der Provinz denkt man sich das alles viel schöner, als es wirklich ist.

14. August: Nur schnell ein paar Worte. Heute, während die Ada im Bad war, sagte die Mama zu *uns beiden:* »Kinder, ich habe Euch etwas zu sagen; ich möchte nicht, daß Ihr recht erschreckt in der Nacht. Die Mama der Ada sagte mir, daß die Ada sehr nervös ist und manchmal im Schlaf aufsteht, ohne daß sie es weiß.« »Gott«, sag ich, »das ist furchtbar interessant, da ist sie ja *mondsüchtig*; das wird immer beim Vollmond sein.« Da sagt die Mama: »Ja aber Gretel, sag nur, woher weißt *du* alle *diese* Sachen? Hat dir die Ada schon davon erzählt?« »O nein, sag ich, die Franke haben ein mondsüchtiges Stubenmädchen gehabt und die hat es der Hella und mir erzählt.« Und jetzt fällt mir gerade ein, daß die Mama sagt: Woher, weißt du alle *diese* Sachen? Also muß das *davon* abhängen. Ob ich die Ada fragen könnte oder ob sie am Ende beleidigt wäre. Ich bin furchtbar neugierig, ob sie bei uns mondsüchtig wird.

15. August: Heute hat mir die Hella geantwortet auf das, was ich ihr wegen der *Freundschaft* zwischen der Dora und der Mama schrieb. Sie glaubt es natürlich auch nicht, daß die Dora *deswegen* dem Viktor *abgeschrieben* hat, denn das ist doch kein Grund. Die Lizzi hatte nie eine besondere Freundschaft mit ihrer Mama und die Hella schreibt, sie könnte es auch gar nicht begreifen; ich habe ganz Recht, man hat die Eltern *sehr* gern, aber von einer Freundschaft kann doch *keine* Rede sein. Und sie würde es sich auch sehr ausbitten, wenn ich auf einmal so die Freundschaft wechseln wollte. Die Dora wird wohl nie eine wahre Freundschaft gehabt haben und darum ist sie jetzt auf die Mama angewiesen. Die

Bruckners kommen schon am 19. zurück, weil es in Gastein so furchtbar teuer ist. Wahrscheinlich fahren sie dann nach Ungarn zu ihrem Onkel, oder nach Fieberbrunn in Tirol. Ich habe der Hella zum Namenstag das Tagebuch eines bösen Buben geschickt, weil sie es sich auch wünschte. Jetzt haben wir es beide und können einander immer die besten Sachen schreiben, damit die andere es auch gleich liest.

20. *August: Also heute Nacht ist die Ada richtig aufgestanden,* davon hätten wir wahrscheinlich gar nichts gemerkt, aber sie hat den Monolog der Jungfrau von Orléans deklamiert und da sagt die Dora, die ihn sofort erkannte: »*Rita,* ich bitte dich, jetzt ist die Ada richtig *mondsüchtig* geworden.« Wir rührten uns gar nicht und sie ging ins Speiszimmer, aber dort war zugesperrt und die Schlüssel abgezogen, weil es direkt auf den Gang geht und dann stieß sie an den Streckfauteuil der Mama und da wachte sie auf. Es war gräßlich. Und dann irrte sie sich und ging in unser Zimmer anstatt ins Kabinett, aber sie war schon wach und bat uns vielmals um Entschuldigung und sagte, sie hätte das Kl... gesucht. Dann ging sie in ihr Kabinett. Die Dora sagte, wir dürfen nichts dergleichen tun, denn offenbar geniert sich die Ada sehr. Aber keine Idee, nach dem Frühstück sagte sie: Heut nacht habe ich Euch gräßlich erschreckt; seid nicht böse, ich muß manchmal aufstehn in der Nacht, es leidet mich nicht im Bett. Die Mutter sagt immer, ich deklamiere dabei, ist das wahr? Habe ich etwas geredet? »Ja, sag ich, du hast den Monolog der J.v.O. deklamiert.« »Wirklich«, sagt sie, »ja das kommt daher, weil sie mich nicht zum Theater gehen lassen; ich werde jedenfalls irrsinnig werden; Ihr wißt dann wenigstens den wahren Grund.« Dieses Nachtwandeln ist ja sehr interessant, aber mir gruselt's doch ein bißchen vor der Ada und das ist auch wahr, was die Dora immer gesagt hat: Man weiß nie, wo die Ada eigentlich hinschaut. Wenn sie wirklich einmal irrsinnig würde, das wäre entsetzlich. Übrigens fällt mir gerade ein, daß ihre Mama doch schon einmal in einer Irrenanstalt war. Wenn sie nur nicht am Ende bei uns irrsinnig wird.

21. *August:* Die Mama hat es auch gehört gestern Nacht. Sie ist froh, daß sie es uns schon vorher gesagt hat und die Dora sagt, wenn sie es nicht vorher gewußt hätte, hätte sie wahrscheinlich einen Herzkrampf bekommen. Und der Papa sagte: »Die Ada ist durch und durch histerisch, das hat sie von ihrer Mutter«. Die Lizzi fährt heuer im Herbst nach England und bleibt ein ganzes

Jahr dort zur Ausbildung. So gern ich die Ada habe und so leid sie mir tut, ist sie mir doch jetzt unheimlich und ich bin eigentlich froh, daß sie am Dienstag schon wieder fortfährt. Heute sagte sie mir etwas Schreckliches: Der Alexander, das ist nämlich der Schauspieler, ist *geschlechtskrank*, weil er früher Offizier war; sie sagt, alle Offiziere sind geschlechtskrank, das ist selbstverständlich. Erst wollte ich mich nicht verraten, daß ich nicht sehr genau weiß, was einem da eigentlich fehlt, aber dann fragte ich doch und da sagte die Ada, eben *das* fehle einem, *dieser* Körperteil wird entweder immer kleiner und kleiner und ganz zerfressen, oder umgekehrt immer größer, weil er schrecklich angeschwollen ist; die letztere Art ist nach die bessere, weil dann eine Operation nützt; ein pensionierter Oberst, der in H. ein Haus hat, ließ sich *daran* in Wien operieren; aber er ist trotzdem nicht gesund geworden. Es gibt nur eine Rettung, nämlich daß ein junges Mädchen sich einem geschlechtskranken Mann *hingibt*! (so sagte auch manchmal die Mad.), dann bekommt sie die Krankheit und er wird gesund. Und daran hat die Ada erkannt, daß sie den A... nicht wirklich liebt, sondern nur, weil er sie ausbilden würde; denn das täte sie nie und sie wüßte auch nicht, wie sie ihm *das* sagen sollte, selbst *wenn* sie wollte. Gewöhnlich verlangt es übrigens der betreffende Herr. Und wie ich sage: »Denk' dir nur, was tätest du dann, wenn du davon ein Kind bekämst«, da sagt sie: »Keine Idee, wenn einer geschlechtskrank ist, ist es *ausgeschlossen*, das man ein Kind bekommt. Und dann mußt du wissen, *daß erst ein Kind einem die volle Weihe zur Künstlerin gibt.*« Also so etwas Ähnliches hat uns, der Hella und mir, auch die Franke gesagt, deren Kusine beim Theater ist; aber wir haben gedacht, die ist nur im Theater an der Wien, und da ist das schon möglich; aber in der Burg und in der Oper und selbst im deutschen Volkstheater wird das wahrscheinlich gar nicht sein dürfen. Ich erzähle das der Ada und die sagte: Gott, ich bin nur eine Provinzlerin, aber das weiß ich schon längst, daß *jede* Schauspielerin ein Kind hat.

23. Die Ada ist wirklich die geborene Künstlerin, sie hat uns heute ein Stück aus einem großartigen Roman vorgelesen, aber wie! selbst die Dora sagt: »Ada, du bist phenommenal!« Da schleuderte sie das Buch weg und weinte und schluchzte schrecklich und sagte: »Meine Eltern versündigen sich an ihrem eigenen Fleisch und Blut; aber sie werden es bereuen. Wißt Ihr noch, was die alte Zigeunerin mir voriges Jahr prophezeite: »Eine *große*,

aber *kurze* Zukunft, nach langen schweren Kämpfen; und meine Lebenslinie ist geknickt!« Das wird alles so eintreffen und meine Mutter kann dann das schöne Gedicht von Freiligrath oder Anastasius Grün oder von wem es ist, deklamieren. »O lieb', so lang du lieben kannst, O lieb', so lang du lieben magst! Die Stunde kommt, die Stunde kommt, wo du an Gräbern stehst und klagst.« Und dann deklamierte die Ada das ganze Gedicht und wenn ich mich abends niederlege, muß ich immer daran denken und kann nicht einschlafen.

24. *August:* Heute habe ich die Ada doch gefragt wegen der Mondsucht und sie hat gesagt, ja, wenn sie aufsteht, so ist das immer zu *dieser* Zeit und zum Vollmond. Das erstemal, voriges Jahr, hat sie es absichtlich getan, um ihre Mutter zu erschrecken, wie sie ihr das erstemal verboten hat, zum Theater zu gehen. Ich finde das nicht sehr gescheit, denn damit wird sie nichts durchsetzen. Übermorgen wird sie abgeholt und deshalb weinte sie heute den ganzen Vormittag.

25. *August:* Heute war die Hella mit ihrer Mama und der Lizzi bei uns. Die Hella hat sich in Gastein großartig unterhalten und sie hat mir etwas Wichtiges unter vier Augen mitzuteilen. Insofern war es unangenehm, daß die Ada noch da ist. Der Hella ist die Ada überhaupt unsympathisch, sie sagt auch, man weiß nie, wo sie eigentlich hinschaut, sie schaut immer durch einen durch. Wir konnten nicht *eine Minute* allein reden miteinander. Hoffentlich kann die Hella noch einmal herauskommen, ehe sie nach Ungarn fahren. Die letzte Woche waren sie in Fieberbrunn in Tirol, weil eine Jugendfreundin ihrer Mama aus Berlin dort ist.

26. *August:* Heute ist die Ada weggefahren, ihr Papa hat sie abgeholt. Er sagt, sie hat ein Radl zuviel, nämlich weil sie zum Theater will.

28. *August:* Heute war die Hella heraußen; sie ist allein gefahren und ich habe sie bei der Dampftramway abgeholt. Zuerst wollte sie mir nicht sagen, was das Wichtige sei, weil es für mich »*nicht schmeichelhaft*« sei; aber endlich rückte sie doch heraus. Die Familie Warth war in Gastein und da die Hella die Lisel vom Turnen kennt, so redeten sie miteinander und da sagte der Robert, der freche Mensch: Ist ihre Freundin noch immer ein solches Kind, wie *damals* in…. und da tat er, als ob nicht einmal mehr wüßte, wo; und überhaupt *damals* sagt er, als ob das vor 10 Jahren gewesen wäre. Aber das Frechste kommt erst; er sagte, ich hätte ihn

nicht Bob nennen wollen, weil ich da immer an einen gewissen Körperteil denken mußte; das habe ich nie gesagt, sondern nur, daß mir das Wort Bob lächerlich und ordinär vorkommt, und da sagte er noch, wie wir noch per Sie waren: »Ja, Fräulein Grete, aus Ihrem Munde bin ich lieber mit meinem vollen Männernamen genannt.« Das weiß ich noch wie heute und ich könnte den Platz zeichnen, wo das war auf dem Weg zum Roten Kreuz. Die Hella sagte es ihm tüchtig: So, das kann alles sein, wir haben nie über solche Lappalien gesprochen, und damals waren wir ja »alle, *wie wir da sind,* noch rechte Kinder.« Damit meinte sie auch den......
Ich schreibe gar nicht seinen Namen. Ich habe mich aber doch wütend geärgert und auch darüber, daß er sagte: Jetzt wird ihre Freundin ja wohl auch etwas mehr gleichsehen, aber damals war sie noch recht unentwickelt. Da sagt die Hella ganz kurz: »Das sind Ausdrücke, in denen man zu jungen Damen nicht spricht« und redete nie mehr mit ihm. Das ist nämlich wirklich großartig, was geht es denn den an, ob ich *entwickelt* bin oder nicht! Die Hella behauptet, ich sei früher zu wenig wählerisch gewesen. Der Bob ist ja jetzt noch ein *Bub*. Das paßt ausgezeichnet, Bob – Bub; von jetzt an heißt er für uns nur Bub; d. h. wenn wir überhaupt von ihm reden. Und einen, der uns unsympathisch ist, nenen wir einfach Bob, oder noch besser Be, weil ja Bob wirklich unangenehm zu sagen ist.

31. August: Die heurigen Ferien sind so fad. Jetzt ist die Hella in Ungarn und mit der Dora rede ich sehr wenig, nämlich nichts *Interessantes.* Und die Briefe von der Ada handeln immer nur von meinem Versprechen wegen Wien. Das ist übrigens köstlich, ich habe ihr gar nichts versprochen, sondern bloß gesagt, ich werde es gelegentlich der Mama sagen. Und das habe ich auch schon getan, aber die Mama sagte: Davon ist gar keine Rede.

1. September: Hallo, hussa! Morgen fahre ich mit dem Papa der Hella nach Ungarn nach K…. M…. Ich freue mich riesig. Die Hella ist ein Engel. Wie sie voriges Jahr zu Weihnachten krank war, hat ihr Papa gesagt: Sie soll sich wünschen, was sie will. Da sie aber gerade nichts Besonderes wußte und ohnehin Weihnachten kam, so sparte sie sich den Wunsch auf. Und jetzt schrieb sie ihrem Papa nach Krakau, wo er zu den Manövern war, wenn er ihr noch einen Hauptwunsch erfüllen will, so soll er, wenn er nach Wien kommt, mich nach K…. M…. mitnehmen; das ist der *einzige größte* Wunsch ihres Lebens!!! Und so war der Herr Oberst heute beim Papa im Bureau und zeigte ihm den Brief der Hella. Und morgen um 3 Uhr muß ich auf dem Staatsbahnhof sein. Leider ist das eine sehr unfeine Bahn. Die Westbahn ist entschieden feiner oder noch lieber wäre mir die Südbahn.

2. September: Ich bin schon ganz aufgeregt; ich fahre allein hinein nach Wien und muß in Liesing umsteigen; hoffentlich steige ich in den richtigen Zug ein. Heute in der Frühe kam ein Brief von der Hella, in dem sie mir schreibt: »Vielleicht dauert es nur mehr Tage, bis wir vereint sind.« Aber nichts weiter; wahrscheinlich weiß sie noch nicht, daß ich wirklich komme. Meine weißen Blusen muß mir die Mama nachschicken, weil sie bis auf eine schmutzig sind. Anziehen werde ich das Kostüm und die rosa Bluse. Ich nehme mir 20 Blätter Tagebuch mit, das wird genug sein; denn schreiben werde ich unbedingt, eventuell in der Frühe, weil die Hella in den Ferien sicher bis um 9 Uhr im Bett liegt; in Wien möchte sie immer an den Sonntagen solange liegen, aber ihr Papa erlaubt es nicht. Aber reiten lerne ich auf keinen Fall, weil es schrecklich sein muß, vor einem fremden Herrn herunterzufallen. Bei der Hella war das dadurch anders, daß der Jenö, der Lajos und der Ernö ihre Kusins sind, und da ritt immer einer ganz neben ihr und hielt sie um die Mitte: aber das geht bei mir nicht.

6. September: Gott, hier ist es herrlich! Der Jenö gefällt mir am besten, er geht überall hin mit mir und zeigt mir alles; der Hella ist der Lajos am liebsten und auch der Ernö. Der hat aber viel zu lernen, weil er beinahe durchgefallen wäre. Der Lajos wird nächstes Jahr schon Leutnant und der Jenö kommt heuer in die Akademie, der Ernö hinkt etwas, aber nicht viel, und so konnte er nicht auch Offizier werden; er wird Brücken- und Eisenbahningenieur, aber nicht hier, sondern er geht dann später nach Amerika.

Heute habe ich Zeit zum Schreiben, weil alle 4 nach S... fuhren per Rad und ich kann nicht Radfahren.

Also auf der Fahrt war es herrlich! Es ist wahr, mit einem Offizier, noch dazu mit einem Obersten fahren, ist großartig. Alle Stationsvorstände grüßten und die Kondukteure wissen gar nicht, was sie machen sollen vor Respekt. Natürlich glaubten alle, ich bin seine Tochter, da er noch von klein her Du zu mir sagt. Richtig, der Papa hat zur Ada immer Sie gesagt. In Forgacs oder Farkas oder wie es heißt, stiegen wir aus und der Papa der Hella nahm einen Wagen und wir fuhren 2 Stunden nach K... M... Er war riesig lustig. In

F… aßen wir zu Nacht, obwohl es erst ½ 7 war. Es kamen gleich alle Kellner hergestürzt. Übrigens das ist auch beim Papa so, nur die Stationsvorstände grüßen nicht alle. Der Papa sieht ja auch riesig vornehm aus, nur das er eben nicht in Uniform ist.

Etwas furchtbar Interessantes: Gestern war ein Herr v. Kraics da aus Radufalva, der hat das Gut Radufalva von seinem besten Freund geerbt zum Dank, weil er vor 8 Jahren auf seine Braut verzichtete, die den Freund liebte. Der Oberst Bruckner sagt zwar, der K… ist ein widerwärtiger Waschlappen, aber ich finde das durchaus nicht; er sieht so feurig aus, ein echter, edler Ungar. Die Hella sagt, er hat früher wahnsinnig viel Schulden gemacht, weil er jedes halbe Jahr ein anderes *Verhältnis* mit einer Dame hatte; und die vielen Geschenke haben ihn *fast an den Bettelstab gebracht*. Also, wir können das nicht so recht glauben, denn wenn eine Dame noch so für Blumen und Bonbons schwärmt, so kann man dadurch doch nicht an den Bettelstab kommen. Und gestern erzählte mir die Hella vor dem Einschlafen, daß der Lajos schon etwas »*angesteckt*« ist; es gibt keinen Offizier, der nicht geschlechtskrank ist und das macht sie eben so furchtbar interessant. Da erzählte ich ihr dann das, was mir die Ada vom Schauspieler in St. P. erzählt hat. Aber die Hella sagte: Es fragt sich, ob alles wahr ist; bei einem Schauspieler kann es ja allerdings eher wahr sein, besonders da er früher beim Militär war, aber im allgemeinen sind die Zivilisten *furchtbar* solid!!! Und das wäre ihr an ihrem Mann gräßlich. Jeder Offizier hat wahnsinnig *gelebt;* so sagt man nämlich in der Umschreibung für geschlechtskrank, und sie würde nie einen Mann heiraten, der nicht vorher *gelebt* hätte. Die meisten Mädchen, besonders wenn sie schon älter sind, verlangen gerade das Gegenteil! und da fiel mir plötzlich ein, daß *das* wahrscheinlich der *wahre* Grund ist, warum die Dora dem *Herrn Obltnt. R… abgeschrieben* hat, und nicht die *Freundschaft mit der Mama;* das ist ja auch wirklich lächerlich und niemand wird ihr das glauben. Der Papa der Hella findet mich *reizend;* er ist übrigens auch großartig nett. Der Onkel von der Hella redet fast gar nichts und man versteht ihn beinahe nicht; der Papa der Hella sagt immer, seine Schwägerin hat die Hosen an. Das möchte ich nie haben; der Herr im Haus muß unbedingt der *Mann* sein. »Aber nicht zu viel«, sagt die Hella. Sie ärgert sich übrigens immer so, wenn ihr Papa das sagt, von den Hosen anhaben. Gestern bin ich schrecklich erschrocken; wie wir auf die Veranda gehen wollen, weil wir die Burschen reden hörten, steht ein Rollstuhl da und drauf liegt der Großonkel der Hella, von dem sie mir einmal erzählte, daß er ganz verrückt ist; er ist nicht wirklich gelähmt, sondern er tut nur so. Die Hella fürchtet sich vor ihm entsetzlich, weil er sie einmal, wie sie 9 oder 10 Jahre alt war, durchhauen wollte. Aber ihr Onkel kam dazu und da hat er sie gleich losgelassen. Sie sagt zwar immer: Er soll sich nur unterstehen, aber sie hat doch gräßliche Angst. Er ist immer in seinem Zimmer und hat einen Pfleger, weil keine Pflegerin es aushalten kann bei ihm. Er sollte eigentlich in einer Irrenanstalt sein, aber in Ungarn gibt es keine feineren.

9. *September:* Heute vormittag war ein furchtbarer Skandal; der Großonkel, die Leute nennen ihn Kutya mog oder wie das geschrieben wird und das heißt *verrückter Hund,* also der Großonkel *stellt uns nach.* Er kann nämlich mit dem Stock gehen, wenn er will und da stellte er sich vor unser Parterrefenster und schaute zu, wie die Hella sich wusch und ich gerade aufstand. Da kam der Papa der Hella dazu und machte einen wahnsinnigen Skandal und der Onkel schimpfte auch furchtbar auf Ungarisch. Und vor dem Essen hörten wir gerade noch, wie der Papa zur Tante Olga sagte: »Das wären gerade schöne Bissen für diesen alten Schweinigl, solche unschuldige Kinder, die kämen schön zum Handkuß«. Da mußten wir so furchtbar lachen, *wir* und *unschuldige Kinder*!!! was die Papas eigentlich glauben von uns; wir und unschuldig!!! Beim Essen durften wir einander gar nicht anschauen, sonst wären wir direkt herausgeplatzt vor Lachen. Und nachmittag sagte die Hella: »Du, weißt du, daß wir am selben Tag Namenstag haben?« Und wie ich sage: »Wieso denn, mir scheint, du bist von heute vormittag übergeschnappt«, da lacht sie furchtbar und sagt: »Ja natürlich, am 27. Dez., am Tag der Unschuldigen Kinder!« Das ist zu köstlich. Sie weiß das nämlich, obwohl sie protestantisch ist, weil die Marina, die falsche Person, am 27. Dez. Geburtstag hat und wir sie deshalb in dem Brief damals »Unschuldiges Kind« anredeten und dabei hatte ich unabsichtlich ein so schlechtes K gemacht, daß es wie ein R aussah und also »Unschuldiges Rind« hieß, weswegen dann die Tante Alma den Riesenkrach machte. Ich bin mit allen 3 Burschen per Du geworden, der Papa der Hella sagte gestern beim Nachtmahlessen zum Ernö: »Mir scheint gar ihr siezt euch noch, stoßt an auf Du und Du und seid keine Philister«. Da stießen wir an und nachher sagte der Jenö, als wir in der

Fensternische standen und den Mond bewunderten: Du Margit, das war kein richtiges Bruderschaftstrinken, man muß sich dazu küssen; geschwind, so lang wir allein sind; und ehe ich sagen konnte: das geht doch nicht, gab er mir schon einen Kuß. Also bei Jenö macht es mir nichts, aber beim Lajos wäre es mir wegen der Hella resp. der Ilonka, so nennen sie hier die Hella, schrecklich unangenehm.

Gerade sagt mir die Hella, sie hat gesehen, wie wir uns küßten, und der Lajos sagte: »Schau Ilonka, sie geben uns ein gutes Beispiel«. Wir sind hier riesig glücklich. Leider muß der Jenö und der Lajos schon am 16. fort in die Anstalt, der Jenö in den ersten und der Lajos in den III. Jahrgang der Akademie; gerade der fadere, der Ernö bleibt bis Oktober hier. So ist es immer im Leben, das Schöne vergeht und das Fade bleibt. Wir fahren täglich Kahn, gestern und heute bei Mondenschein. Und die Burschen schaukeln so gräßlich, daß wir immer entsetzlich Angst haben, daß der Kahn umkippt. Und dann sagen sie immer: »Ihr habt Euer Schicksal in der Hand; kauft Euch los und Ihr seid sicher wie in Abrahams Schoß«.

12. September: Der Großonkel *haßt uns* seit neulich; wenn er uns sieht, droht er uns mit dem Stock und wenn wir uns auch nicht gerade fürchten, weil er uns ja nichts tun kann, so ist es uns doch furchtbar gruselig. Es fallen einem immer alle möglichen Sachen ein, die man gelesen hat und aus Märchen und Sagen weiß. Das ist der einzige Grund, warum ich nicht so gern hier bin. Übrigens fahren wir am 18. weg. Natürlich werden der Lajos und der Jenö sehr oft zu Bruckners kommen; ich freue mich schon riesig. Ich weiß nicht, wie das kommt, ich gaubte immer, daß sie nur ungarisch können, aber das stimmt durchaus nicht, nur bei ihnen zuhaus, wenn keine Gäste da sind, wird immer ungarisch gesprochen. Heute hat mir die Hella erst eingestanden, daß die vielen Blumen, die einmal an einen Sonntag, wie sie im Sanatorium war, bei ihrem Bett standen, vom Lajos waren; sie wollte es nicht sagen, weil er es nicht wünschte. Eigentlich hat mich das geärgert, denn ich sehe, dass ich zu ihr viel aufrichtiger bin als sie zu mir.

16. September: Heute sind die Burschen weggefahren und gestern waren wir bis 12 Uhr Mitternacht auf. Wir waren nämlich in N.... K.... die ungarischen Namen kann ich nicht schreiben und da kamen wir erst um ½ 12 Uhr zurück. Es war herrlich. Umso trauriger ist es heute, wo es noch dazu regnet. Zum erstenmale, seit wir da sind. Abschied nehmen ist gräßlich, besonders für die Hinterbliebenen; denn die, die weggehen, haben sofort eine Abwechslung. Aber wer dableibt, dem ist alles entsetzlich öd und still. Die Hella und ich gingen nachmittags in das Zimmer von Jenö und Lajos, da war noch nicht aufgeräumt und eine gräßliche Unordnung. Da schluchzte die Hella plötzlich furchtbar und warf sich über das Bett des Lajos und küßte die Polster und die Decke. *So* liebt sie ihn! *So* liebt gewiß die Mad. den Oberleutnant, aber die Dora ist einer *solchen* Liebe gar nicht fähig und dann redet sie sich auf die *wahre tiefe Freundschaft mit der Mama* aus. Die Hella sagt, sie hat den Lajos immer schon geliebt, aber wenn sie mich und den Jenö so zusammengehen und reden sah, *das* hat ihr erst die *Augen geöffnet*. Seither liebt sie den Lajos für ewig. Nächstes Jahr wird er sich wahrscheinlich mit ihr verloben, denn vor 14 geht das nicht, weil die Eltern es nicht erlauben. Er geht auch ihretwegen zu den Husaren, weil ihr die Husaren am besten gefallen; sie *leben* alle *furchtbar* und sind riesig vornehm.

21. *September:* Seit Samstag sind wir wieder in Wien und die Eltern und die Dora sind am Donnerstag von Rodaun gekommen. Die Dora ist köstlich; seit die Ada da war und mondsüchtig geworden ist, fürchtet sich die Dora, sie sei *angesteckt*. Sie scheint nicht zu wissen, was das Wort eigentlich bedeutet! Und während ich fort war, hat sie bei der Mama geschlafen und der Papa hat in unserm Zimmer geschlafen, weil sie sich fürchtete, allein zu schlafen. Vom Alleinschlafen wird doch niemand mondsüchtig, aber das war nur der Vorwand; besonders mutig war die Dora nie, eher etwas feig und da hat sie sich einfach gefürchtet, allein im Zimmer zu schlafen. Wenn sich der Papa auch gefürchtet hätte, hätte ich vielleicht gar standepete zurückfahren müssen und wenn ich mich auch gefürchtet hätte, allein zu fahren, und es wäre niemand dagewesen, mich zu begleiten, na, das wäre reizend geworden. Der Papa hat über meine »*Kombinationen*« riesig gelacht und die Dora hat sich sehr geärgert. Sie ist wieder so fad und eingebildet wie *vor* ihrer Liebe. Also hat die Hella recht, wenn sie sagt: Die Liebe veredelt. Das war übrigens ein blöder Witz vom Ernö. Wie die Hella einmal das sagte, sagt er: »Du hast dich versprochen, du wolltest sagen: vereselt«. Natürlich weil er niemanden liebt.

22. *September:* Heute hat die Schule begonnen. Die Frau Dr. M. war entzückend, sie schaut großartig aus und machte uns im Gang dasselbe Kompliment. Gott sei Dank, sie ist wieder unser Klassen-

vorstand. In Französisch haben wir eine Frau Dr. Dunker, die ist sehr häßlich, voll Wimmerln, das ist mir das Greulichste an einem Menschen; die Hella sagte, da müssen wir uns in achtnehmen, daß sie nie unser Buch in die Hand bekommt; denn sonst kriegen wir auch einen solchen Teint. In Math. und Physik haben wir ebenfalls eine neue Doktorin, die spricht so schnell, daß niemand sie versteht; aber sie sieht enorm geistreich aus, obwohl sie sehr klein ist. Wir nennen sie »Nüßchen«, weil sie einen so kleinen Kopf und so schöne lichtbraune Augen hat. Sonst haben wir dieselben Lehrkräfte wie im vorigen Jahr und ein paar neue Schülerinnen sind auch gekommen und einige übergesiedelt, aber lauter solche, mit denen wir nicht näher verkehrten. Die Franke geht heuer das letzte Jahr ins Lyz., sie wird im April schon 16 Jahre und ist wirklich riesig stark. Das muß ihr ärgster Feind sagen. Bei der Dora hat die Frau Direktorin Englisch und das ist ihr *sehr* angenehm, denn sie gehört zu ihren Lieblingen und das ist wegen der Matura doch sehr gut.

25. September: Gestern und vorgestern war der Mama so schlecht, daß der Artz noch um ½ 11 Uhr in der Nacht kommen mußte. Heute ist ihr, Gott sei Dank, wieder besser. Aber an solchen Tagen kann ich absolut nicht ins Tagebuch schreiben; es kommt mir wie ein Verbrechen vor. Und solche Tage dauern endlos, weil niemand viel redet, und die Mahlzeiten sind schrecklich. Heute lag die Mama schon wieder auf der Chaiselongue.

29. September: Ich habe greulich Zahnschmerzen gehabt seit vorgestern. Die Dora behauptet, daß sind bloß Schmerzen nach einer Goldplombe, wie die Frau Dr. M. sie hat. Das ist natürlich nicht wahr; erstens werde ich doch wissen, ob mir der Zahn weh tut oder nicht, und zweitens hat der Zahnarzt bestätigt, daß der Zahn ein kleines Loch hat. Ich muß jeden zweiten Tag hingehen und das ist gewiß kein Vergnügen. Noch dazu, wo wir heuer greulich viel zu lernen haben in der Schule. Das Nüßchen ist eigentlich sehr nett, wenn man sie nur besser verstände, aber sie redet so schnell, daß die V. Kl., wo sie auch unterrichtet, sie Wasserfall nennen. Der Frau Dr. M. hat noch nie jemand einen Spitznamen gegeben, auch nicht im guten Sinn. Man müßte sie höchstens Engel nennen und das könnte auch einen wirklichen Namen bedeuten, das hat keinen Sinn. Im Zeichnen werden wir Stilleben malen lernen und die allerbesten auch Tierstudien, da freue ich mich riesig.

4. Oktober: Gott, heute, wie wir von der Kaiserfeier nachhause gehen, begegnen wir auf der M...straße den Viktor; leider hat er uns nicht bemerkt. Er war in Parade und ging mit 3 anderen Offizieren, die wir aber, d.h. die Hella nicht kannten. Daß er uns nicht erkannte, hat uns beide riesig geärgert; die Hella meint, es kann nur sein, weil wir beide die neuen großen Herbsthüte aufhatten, die das Gesicht so beschatten.

11. Oktober: Es ist ein wahnsinniger Skandal in der Zeichenstunde entstanden. Die Borovsky hat irgend einer ihrer Freundinnen auf einen Zettel geschrieben: Die kleine Jüdin, die F... (das ist nämlich das Nüßchen) ist frisch aus Skandalizien importiert mit ihrem Roßhaarkopf mit oder ohne Einwohner«. So ähnlich hat sie in dem Brief geschrieben und wie sie ihn der Fellner hinüberwirft, dreht sich grad das Fräulein Schröll um und fängt den Zettel ab; »Wer ist das, die F...?«, fragt sie, aber niemand gibt eine Antwort. Das hat sie furchtbar geärgert und sie steckt den Brief in ihr Tascherl. Nach der Stunde um 1 geht die Borovsky zu ihr und bittet sie um den Brief. Da fragt sie wieder: »Wer ist die F...?« Und die Fellner glaubt wahrscheinlich, der Borovsky damit zu helfen und sagt: »Sie hat vergessen die *Frau Dr.* Fuchs zu schreiben.« Also jetzt geht es los. Das schreib ich gar nicht alles nieder, weil es zu lange dauert; die Borovsky wird natürlich ausgeschlossen. Sie hat furchtbar geweint und gebeten und hat gesagt, sie hat es nicht so gemeint, aber das Frl. Schöll wird den Brief der Frau Direktorin geben.

12. Oktober: Heute Fortsetzung; die Frau Direktorin ist verkühlt und da gab das Frl. Schöll den Brief der Frau Dr. M.; das war gut und schlecht zugleich. Gut, weil die Borovsky vielleicht doch bleiben darf, und schlecht, weil sich die Frau Dr. M. furchtbar geärgert hat. Dann hielt sie eine großartige Ansprache über die wahre Vornehmheit der Gesinnung, einfach großartig. Und ich war froh, daß ich nicht in die Sache verwickelt war, denn sie hat die Borovsky und die Fellner greulich hingestellt. Es wird also doch wahr sein, daß ihr Bräutigam selber ein Jude ist. Es ist gräßlich, daß gerade *sie* einen grausamen Mann bekommen soll; wenn das nämlich alles wahr ist, was uns die Resi damals gesagt hat; aber etwas Wahres wird schon dran sein. Wir sind schon riesig neugierig, ob das Nüßchen etwas erfahren hat und wenn, was sie tut.

13. Oktober: Das Nüßchen scheint nichts zu wissen davon, sie war ganz wie gewöhnlich; die Hella meint und ich auch, daß sie sich nichts anmerken läßt, wenn selbst das Frl. Schöll ihr etwas erzählt hätte; übrigens wäre das eine Gemeinheit; so etwas erzählte man den Betreffenden doch nicht. Daß sie nichts erfahren hat, haben wir auch daraus entnommen, daß weder die Borovsky noch die Fellner gerufen wurden.

14. Oktober: Heute hat die Stickerin die Taschentücher für die Dora gebracht; ihr Monogramm und die Krone, prachtvoll; ich wünsche mir zu Weihnachten auch solche. Und für die Mama hat sie 6 Kaprizepolster gestickt, auch mit der Krone; nach und nach bekommen wir jetzt überall die Krone drauf. Ja richtig, das habe ich noch gar nicht geschrieben: Gleich in den ersten Schultagen hat uns der Papa jeder eine neue Visitkarte von ihm mit dem Adel mitgegeben, mir für die Frau Dr. M., und der Dora für die Frau Prof. Kreidl, wegen des Eintragens in den Katalog. Die Frau Prof. Kreidl hat gar nichts gesagt, aber die Frau Dr. M. war entzückend. Sie sagte: »So Lainer, da wirst du ja sehr zufrieden sein, mit dieser Standeserhöhung?« Und ich sagte: »O ja, es freut mich schon riesig, aber nur innerlich« und da sagte sie: Da hast du schon recht; »Religion, Namen und Geld machen nicht den Menschen aus.« Gott, wie reizend. Ich mache auch das v. nur winzig klein vor meinem Namen; wer es weiß, sieht es schon. Gott wie schade, daß sie nicht von Adel ist! *Sie* würde es wohl verdienen!!

15. Oktober: Heute ist der Oswald weggefahren nach Leoben, er studiert Bergbau, aber *gegen* den Willen des Papas. Aber Papa sagt, zu einem Beruf darf man niemand zwingen, sonst hat der andere sein Leben lang die Ausrede, er ist nur gezwungen das und das geworden. Die Dora sagte neulich abends, der Oswald hat nur deshalb den Bergbau gewählt, damit er nicht zuhause bleiben muß; wenn er Jus oder auch Bodenkultur studiert, könnte er nicht von Wien weg und das ist ihm die Hauptsache. Dann ist er auch etwas falsch; denn wie er nach der Matura von Graz zurückgekommen ist, hat er ausdrücklich gesagt: »Gott sei Dank, das man wieder einmal die Füße unter den eigenen Tisch setzt und die *Atmosphäre der Familie* atmet.« Weil damals noch die Dora zu ihm sagte: »Na gar so heimisch scheinst du dich nicht zu fühlen, denn kaum bist du in die Ferien gekommen, so schmiedest du schon Reisepläne.« Denn sie ärgert sich auch, daß der Oswald so herumfahren darf, wie er will. Und da redet er noch von einer »*unleidlichen Beaufsichtigung*«!! Was sollen denn da wir sagen?

Er kann abends ausbleiben bis zehn und kommt *nie* zur Jause und tut überhaupt, was er will. Wenn ich mich einmal bei der Hella verspäte, beim Nachtmahl, ist gleich ein Riesenverdruß. Und die Ausreden, die die Dora erfinden mußte, wenn der Viktor sie erwartete, das werd ich nie vergessen. Sie leugnet zwar alles ab, aber ich weiß es doch, weil ich doch selber mitgeholfen habe; sonst hätte er mich nicht »Schutzgeist« genannt. Jetzt tut sie, als ob sie sich gar nicht mehr erinnern könnte, und drum erinnere ich sie absichtlich so oft daran, wenn wir allein sind. Neulich sagte sie gar: »Ich bitte dich, Grete (nicht Rita) sprich nicht mehr *davon;* diese Sache ist für mich ewig begraben.« Und wie ich sagte: Wieso denn begraben? Das gibt es doch nicht, daß man eine wahre Liebe einfach *begräbt,* da sagte sie: »Es war eben nicht die wahre Liebe und damit Schluß.«

16. *Oktober:* Heute hatte ich eine wahnsinnige Angst in der Rechenstunde. Die Hella wurde auf einmal ganz dunkelrot und da dachte ich mir: »Ah, jetzt!« Und schreibe ihr auf den Faulenzer: Eingetreten??? Wir hatten nämlich verabredet, daß sie mir es sofort mitteilt, denn im Februar wird sie 14 und da wird *es* tatsächlich bald eintreten. Die Frau Dr. F. sagt: Lainer, was hast du der Br. hinübergeschoben? und war schon bei der Bank und nimmt den Faulenzer. »Was soll das heißen: Eingetreten???« Vielleicht hat sie es wirklich nicht gewußt, aber mehrere Kinder, die es eben auch wissen, haben gelacht und ich habe mich schrecklich gefürchtet. Aber die Hella ist einfach großartig. »Entschuldigen Frau Dr., die Rita hat gefragt, ob schon Frost eingetreten ist, weil dann Natureis ist«. »Und damit beschäftigt Ihr Euch in der Mathematikstunde?« Aber Gott sei Dank, damit war alles erledigt. Nur die Hella sagt in der Pause zu mir, ich sei manchmal urblöd. Wozu ich das aufschreiben mußte. *Wenn* es eintritt, so ist es einfach *selbstverständlich,* daß sie es mir sofort sagt. Es ist nämlich *nicht* eingetreten bei ihr. Übrigens haben wir verabredet, daß wir lieber »Endt« sagen werden; das heißt dann soviel als *entwickelt* und zugleich *endlich.* Das ist wirklich ausgezeichnet und die Hella sagt, das habe ich in einem lichten Moment gefunden. Das ist eigentlich eine Keckheit, aber schließlich einer Freundin verzeiht man vieles. Übrigens hat sie mir direkt verboten, daß ich sie unter der Stunde immer so fixiere. Das tue ich nämlich wirklich, weil ich immer glaube: Na, also heute.....

8. *November:* Am Geburtstage von Papa und der Dora ist der

Mama so schlecht geworden, daß gar keine Feier war; ich fürchte mich entsetzlich, daß die Mama ernstlich krank wird oder am Ende – – – –; nein, daran will ich nicht einmal denken; das darf man nicht einmal aussprechen, auch wenn man gar nicht abergläubisch ist. Die Tante Dora ist vorige Woche gekommen, um der Mama den Haushalt abzunehmen. Wir werden auch nicht aufs Eis gehen, weil man sich immer fürchtet, während man auf dem Eis ist, könnte es der Mama schlechter gehen. Sobald sie für längere Zeit aufstehen kann, fährt der Papa mit ihr zu einem Professor, nämlich einem *Frauenarzt;* also muß es doch wahr sein, daß die Krankheit der Mama *daher* kommt.

16. November: Gott, das ist gräßlich, die Mama muß operiert werden; ich bin so aufgeregt, daß ich nicht schreiben kann.

19. November: Die Mama ist so gut und lieb, sie will, wir sollen nur aufs Eis gehen, damit wir uns zerstreuen und nicht immer an die Operation denken. Aber die Dora sagt auch, das wäre unmenschlich, aufs Eis gehen, wenn in ein paar Tagen die Mutter operiert wird. Und der Papa sagt gestern abends zu uns: »Kinder, nehmt euch zusammen, jetzt heißt's die Zähne aufeinander beißen und der armen Mama das Herz nicht noch schwerer machen.« Aber ich kann nicht, ich muß weinen, so oft ich die Mama anschaue.

23. November: Es ist so gräßlich bei uns, seit die Mama weg ist; wir mußten in die Schule gehen und glaubten, sie fahre erst nachmittags und indessen kam der Wagen schon vormittags. Die Dora sagt, das war abgekartet vom Papa, weil ich mich gar nicht beherrschen kann. Gott, wer kann denn das? Die Dora weint ja auch den ganzen Tag; und ich habe auch in der Schule so furchtbar geweint und die Hella auch.

28. November: Gott sei Dank, es ist alles gut vorüber gegangen; in 14 Tagen ist die Mama wieder bei uns. Ich bin so glücklich; jetzt sehe ich erst, *was* für eine gräßliche Angst ich gehabt habe. Wir gehen jetzt alle Tage zur Mama ins Sanatorium; am liebsten ginge ich allein, aber wir gehen leider immer alle zusammen, d.h. entweder mit dem Papa oder mit der Tante Dora. Nämlich die Dora geht bestimmt allein zur Mama, heute hat sie sich verraten mit den Blumen, sie tut, als ob es nur *ihre* Mama wäre. Wie wir am Donnerstag das erstemal bei der Mama waren, haben alle nur geflüstert und die Mama hat geweint, obwohl sie durch die Operation wieder ganz gesund wird. Gestern war leider die Tante Alma mit uns zugleich dort und da sagte der Papa, so viele Leute auf einmal regen die Mama zuviel auf, wir müssen fortgehen. Natürlich hat er in Wirklichkeit gemeint, die Tante Alma und die Marina sollen fortgehen, aber die Tante hat nicht kapiert oder nicht kapiert wollen. Wozu die Tante überhaupt gekommen ist? Wir kommen doch seit dem Verdruß wegen der Marina und dem Balg, dem Erwin, fast gar nicht zusammen, nur wenn Familienabend ist; der Oswald sagt statt Familienzusammenkunft, Familienauseinanderkunft, weil meist jemand beleidigt ist.

30. November: Heute war ich doch *allein* bei der Mama. In der Schule habe ich gesagt, ich habe greulich Kopfschmerzen, ob ich aus der französischen Stunde weggehen kann; das war nämlich auch wirklich wahr. Und zur Mama habe ich gesagt, die Frau Dr. Dunker war krank, wir hatten keine Stunde. Eigentlich soll man jemanden Kranken nicht anlügen, aber das war eine *fromme Lüge,* wie die Mama der Hella immer bei so etwas sagt, und herauskommen wird es auch nicht, weil die Frau Dr. Dunker in der IV. nichts zu tun hat, so kann es die Dora nicht erfahren. Die Mama war *riesig erfreut,* daß ich *auch* einmal allein komme. Also damit war es direkt bewiesen, daß die Dora allein hingeht. Die Mama war so süß und die Schwester Klara sagte, sie sei ein Engel an Güte und Geduld. Da weinte ich furchtbar und die Mama mußte mich beruhigen. Zuhause wollte ich erst überhaupt nichts sagen, aber wie wir uns nach dem Essen anzogen, um zur Mama zu gegen, sagte ich so en passant: »Heute sehe ich die Mama schon zum zweitenmal.« Und wie die Dora sagt: Wieso denn?, sag ich ganz kurz: »Eine Stunde entfiel und da benützte ich die Gelegenheit, um *auch* einmal die Mama *allein* zu besuchen.« Da sagt sie noch: Haben sie dich den beim Portier so ohneweiters allein hineingehen lassen? Das wundert mich sehr, daß so *sehr* junge Mädchen, die fast noch Kinder sind, allein passieren dürfen. Zum Glück kam gerade die Tante herein und sagte: »Na, die Gretel hält niemand für ein so kleines Kind, und dann kennen *Euch* doch jetzt schon alle im Sanatorium.« Am Weg haben wir nichts miteinander geredet.

5. Dezember: Heute haben wir der Mama einen großen Nikolo mit Blumen in der Butte gebracht, und neben der Rute hing ein Zettel, drauf hatte der Papa geschrieben: Kranksein wird bestraft als unerlaubte Handlung im Sinne des Paragraphen 7 des Mutterund Hausfrauengesetzes. Das hat der Mama riesigen Spaß gemacht. Der Professor sagt, es geht sehr gut vorwärts und in einigen Tagen darf sie heraus.

6. Dezember: Das war mir gräßlich heute. Abends wie wir aus dem Speisezimmer gehen, sagt der Papa: »Gretel, du hast etwas vergessen. Und wie ich zurückkomme, so nimmt er mich an der Hand und sagt: »Warum sagst du denn nicht, daß du so gern *allein* zur Mama gehst? Das brauchst du doch nicht verheimlichen.« Und da weinte ich furchtbar und sagte: »Ja, vor dir nicht, aber die Dora braucht nicht alles wissen. Hat sie es dir gesagt von neulich?« Aber das von meinen angeblichen Kopfschmerzen weiß der Papa nicht, sondern nur, daß ich so gern allein zur Mama gehen wollte. Und er war so süß und *küßte* mich und streichelte mich und sagte: »Du bist ein lieber Kerl, mein Hexerl, bleib nur immer so.« Aber ich riß mich schnell los, weil ich mich so genierte, daß ich doch eigentlich eine Lügerei gemacht habe. Ohne die Dora würde ich überhaupt nie lügen.

6. Dezember: Der Papa ist ein Engel. Er und ich gingen vormittags zur Mama und die Tante und die Dora nachmittags. Und weil der Papa noch ins Café gehen mußte, wo er sich mit einem Bekannten verabredet hatte, so ging ich erst allein zur Mama und er kam dann nach. Die Mama fragte mich nach meinem Weihnachtswünschen; aber ich sagte ihr, ich wünsche mir nur eins, daß sie gesund wird und ewig lebt. Da war ich erst froh, daß die Dora nicht dabei war, denn das hätte ich nie herausgebracht vor ihr. Aber dann mußte ich doch meine Wünsche sagen und da wünschte ich mir Taschentücher mit »Monogramm und Krone«, Visitkarten mit *Edle von,* eine Büchertasche, wie die meisten Mädchen in den *Ober*klassen sie haben und den Roman Elisabeth Kött. Aber den letzteren bekomme ich nicht, da war die Mama ganz entsetzt und sagte: Aber liebes Kind, das ist nichts für dich; wer hat dir denn das in den Kopf gesetzt; sicher die Ada? Das würde dir, wie ich deinen Geschmack kenne, wirklich nicht gefallen. Also darauf muß ich verzichten, aber fad wäre es mir sicher nicht.

11. Dezember: Heute ist die Mama wieder nachhause gekommen; wir haben nicht gewußt, wann, nur daß sie heute bestimmt kommt. Und weil ich so froh war, daß die Mama wieder ganz gesund ist, habe ich gerade ein paar Lieder gesungen und da hat die Mama gesagt: Das ist ein gutes Vorzeichen, wenn man mit Gesang begrüßt wird. Da ärgerte sich die Dora, daß nicht *sie* gesungen hatte. Wir hatten alles mit Blumen garniert.

15. Dezember: Ich sticke für die Mama einen Schlummerpolster und die Dora macht ein Fußbänkchen, damit sie beim Lesen recht bequem sitzt. Für den Papa haben wir eine neue Aktentasche gekauft, weil die seine schon so schäbig ist, daß wir uns schon genieren; aber er sagt immer: »Die tuts noch lange.« Ich habe so lang nicht gewußt, was ich der Tante Dora geben soll und jetzt haben wir uns endlich zu einem Spitzenfichü entschlossen; denn sie hat solche Spitzensachen sehr gern. Der Hella gebe ich ein Skizzenbuch und einen weichen Bleistiftbehälter; sie zeichnet großartig und wird sich vielleicht zur Malerin ausbilden, der Dora ein Handtäschchen und dem Oswald ein Zigarettenetui mit Pferdekopf, denn er ist furchtbar für Rennen und Turf eingenommen.

16. Dezember: Durch die Krankheit der Mama habe ich gar keine Zeit gehabt, von der Schule etwas zu schreiben, obwohl schon *manches* zum Schreiben gewesen wäre, z. B. daß der Prof. W. wieder riesig freundlich tut, trotzdem er gar keine Stunde mehr bei uns hat und daß die meisten Mädchen das Nüßchen nicht leiden können, weil sie die Jüdinnen so bevorzugt. Das ist nämlich wirklich wahr, z. B. die *Franke,* die doch nie etwas kann, wird wahrscheinlich Lobenswert in Mathematik und Physik bekommen; und die Weinberger darf alles tun, was sie will. Ich habe immer Vorzüglich auf jeder Schularbeit und Hausarbeit, also mir ist das egal, aber die Verbenowitsch ärgert sich furchtbar, weil sie nicht mehr der Liebling ist, wie bei der Frau Dr. St. Und neulich war etwas sehr Unangenehmes in der Mathematikstunde. Bei einer Rechnung kam zufällig $\frac{1}{3}$ heraus und da fragte das Nüßchen, wie $\frac{1}{3}$ als Dezimalbruch heißt; und dann redeten wir überhaupt von den *periodischen* Dezimalbrüchen und wie sie immer die *Periode* sagt, so lachen ein paar Mädchen, zum Glück auch ein paar Jüdinnen, und da wird sie furchtbar wild und schreit uns gräßlich an. Bei der Frau Dr. St. in der Ersten haben damals auch ein paar Kinder gelacht und sie hat getan, als ob sie es gar nicht bemerkte, und dann sagte sie auch immer *periodische Stellen* und da denkt man wirklich nicht so an die wahre Bedeutung. Die Frau Dr. F. hat gesagt, sie wird sich bei der Frau Dr. M. beschweren über unser unpassendes Benehmen. Also, alle Mädchen haben wirklich nicht gelacht, z. B. ich und Hella haben nur einen einzigen Blick gewechselt, da haben wir uns ja ohnehin gleich verstanden. Das blöde Lachen kann ich auch nicht leiden.

20. Dezember: Heute ist der Oswald gekommen; er ist einfach gottvoll. Es ist also doch wahr, daß er schon längst einen Schnurrbart hatte und daß sie nur im Gymnasium keinen tragen dürfen; und daß, wenn einer in einem Pensionat oder Konvikt ist, jeden Samstag der Raseur kommt und sie sich rasieren lassen *müssen*. Er sagte immer, im Gymnasium wird alles Männliche in einem erstickt. Gott sei Dank, daß ich kein Mann bin und nicht ins Gymnasium gehen muß. Also er hat einen wunderbaren Schnurrbart und die Hella ist ganz weg von ihm. Sie hat ihn zuerst gar nicht erkannt und ist zurückgeprallt, erst an der Stimme hat sie ihn erkannt. Wir haben ausgerechnet, daß sie ihn seit den vorvorigen Ostern nicht mehr gesehen hat. Er hat sie zuerst *Fräulein* angesprochen, aber ihre Mama hat gesagt, das ist ein Blödsinn. Na, also blödsinnig ist es gerade nicht, einfach sehr fein!!!

23. Dezember: Die Mama freut sich riesig, daß der Oswald da ist, und er ist auch riesig nett; sie bekommt von ihm eine wunderbare Gruppe aus Eisenblüte, die ein Gebirge darstellt mit einem Wald und davor ein paar Rehe wie auf einer Wiese.

25. Dezember: Nur schnell ein paar Worte. Der Mama war gestern sehr gut und das lange Aufbleiben hat ihr nichts geschadet. Ich bin glücklich, wir haben jede ein Krawattennadel mit einem Saphir und drei kleinen Brillanten bekommen, sie sind aus Ohrgehängen von der Mama gemacht, die sie nie trägt. Aber das ist eben das Andenken, daß es von ihren Ohrringen gemacht ist. Und die Büchertasche und die Erzählungen von Stifter freuen mich auch riesig und die Taschentücher mit der Krone und alles andere. Und von der Hella den Ridikül mit meinem Monogramm und ebenfalls der Krone. Vom Oswald haben wir, ich und die Dora kleine Briefbeschwerer und der Papa einen großen bekommen aus einer Erzgruppe. Wir brauchen eigentlich zwei Schreibtische, aber die hätten keinen Platz im Zimmer. Aber ich werde mir das Ecktischchen als Schreibtisch herrichten und dort alles hinstellen, was *mir* gehört.

27. Dezember: Gestern bei Bruckner, das war wirklich greulich. Da hat die Mama der Hella recht; wenn man *so* ausschaut, macht man keine Besuche, wenn man weiß, daß noch andere Leute kommen. Die Hella sagte mir schon vorgestern, daß man es ihrer Kusine greulich anmerkt, daß sie in a ... U ... ist! Ihre Mama hat sich auch wegen ihr schrecklich geniert und nicht wollen, daß die Emmy aufsteht. Wir waren einfach entsetzt und empört. Aber ihr

Mann ist riesig zärtlich zu; hübsch ist sie nicht, besonders die Würsteln unter den Augen sind ekelhaft. Viele Frauen sollen so aussehen, wenn sie schw.... sind. Sie hat ein *Umstandskleid*, da sieht man erst recht alles! Die Hella sagt, daß manche Frauen wunderschön werden, wenn sie in a... U... sind, und wieder welche, die häßlich ausschauen. Hoffentlich gehöre ich zu den ersteren, falls ich überhaupt.... Nein, es ist doch greulich, auch wenn man dadurch schön wird; wenn ich nur an die Frau von Baldner denke, wie die ausgeschaut hat heuer im Sommer, und von der hat der Papa immer gesagt, sie ist bildschön. In a... U... ist überhaupt niemand schön. Wir sind dann bald nach der Jause ins Zimmer der Hella gegangen und sie sagte, lange hätte sie es nicht mehr ausgehalten, so hätte sie sich übergeben. Und da redeten wir noch so vieles, daß uns wirklich beiden beinahe schlecht wurde. Am Sonntag kommt die Emmy und ihr Mann zu Mittag zu Br. und da hat mich die Hella gebeten, ich möchte sie zu Mittag zu uns einladen, sonst wird ihr übel. Also natürlich kommt sie zu uns, da braucht ihr, Gott sei dank, nicht übel werden. Und dann sagte sie noch, ich möchte aber ja nicht glauben, daß sie wegen des Oswald kommen will, sondern nur aus diesem *einen* Grund. Das begreife ich sehr gut und sie braucht sich überhaupt vor mir nicht zu entschuldigen.

29. Heute war die Hella zu Mittag bei uns, sie hat das neue pastellerdbeerfarbene Kleid an, das ihr großartig steht. Der Oswald sagte am Abend: »in 2 bis 3 Jahren wird die Hella eine famose Erscheinung werden.« So etwas ärgert mich immer gräßlich, immer dieses *werden*. Der Papa der Hella sagte von mir einfach, ich *bin* reizend, und nicht so blöd: ich *werde* reizend *werden*. Das hasse ich, dieses immer in die Zukunft reden. Übrigens war der Oswald riesig galant gegen die Hella. Und nachmittags, wie wir, ich und Hella miteinander über ihn redeten, wollte ich sie ein bischen mit dem Lajos aufziehen, aber da wurde sie ganz rot und sagte, er ist falsch sondersgleichen, denn seit Oktober war er ein einziges Mal an einem Sonntag bei ihnen und da mußten sie gerade ins Theater gehen. Er sagte zwar, wenn er sie nicht allein für sich haben könne, dann pfeife er auf die Besuche. Sie will nicht einsehen, daß sich darin die Größe seiner Liebe zeigt. Ich verstehe das ganz gut. Aber das ist wirklich unerhört, daß der Jenö nur ganz kurz nach mir gefragt hat damals. Und jetzt zu Weihnachten hätte es sich auch gehört, daß er eine Karte geschickt

hätte. Aber so sind die Burschen. Für die paßt wirklich das Sprichwort: Aus den Augen, aus den Sinn.

30. Dezember: Heute war die Frau Hofrätin Richter da, aber nur vormittags auf eine Viertelstunde. Kein Wort vom Viktor, obwohl ich deswegen eigens im Salon geblieben bin. Die Dora ließ sich nicht blicken, obwohl sie bestimmt zuhause war. Er sieht eigentlich riesig seiner Mama gleich, auch die schöne gerade Nase und den feinen schmalen Mund; nur ist er groß und sie sehr klein, um einen halben Kopf kleiner als die Mama. Wir möchten sie doch einmal besuchen, aber ich glaube nicht, daß wir hingehen.

31. Dezember: Ich habe eigentlich keine Zeit, da heute Sylvesterabend ist, aber ich *muß* schreiben. Heute vormittag gehen wir, die Dora und ich aufs Eis, da begegnen wir den Viktor; er wird ganz blaß bis in die Lippen und grüßt und spricht uns an; die Dora will vorbeigehen, aber er hält sie zurück und sagt: sie muß ihm eine Aussprache gewähren und dann geht er mit uns aufs Eis, weil sie nicht in eine Konditorei gehen wollte. Also da hatte sie ganz Recht, sie wird doch nicht mit ihm in eine Konditorei gehen. Was sie geredet haben, weiß ich natürlich nicht, aber die Dora weinte nachmittags gräßlich und von mir hat sich der Viktor gar nicht verabschiedet; vergessen kann er unmöglich haben, sondern entweder war ich gerade zu weit weg oder die Dora hat es nicht wollen; wahrscheinlich das letzte. Er tut mir wahnsinnig leid, denn er liebt sie enorm. Aber sie wird erst zur Vernunft kommen, wenn es zu spät ist. Geredet hat sie kein Wort, ich glaube, auch nicht zur Mama. Nur nachmittags spielte sie lauter traurige Musik und daran merkt man sofort, wie viel es geschlagen hat.

2. Jänner: Gestern hatte ich keine Zeit zum Schreiben, weil wir Besuch hatten, allerdings ziemlich faden, die Liste und die Trobisch; die Julie Tr. ist ein ödes Wesen, ich glaube, die weiß die einfachsten Dinge in *dieser Hinsicht* nicht und die Annie ist überhaupt etwas blem-blem, höchstens die Lotte ist passabel. Aber da wir Gesellschaftsspiele mit Gewinsten spielten, so unterhielten wir uns sehr gut und der Fritz und der Rudl sind ganz nett. Am Abend war die Mama so ermüdet, daß der Papa sagte, die Einladerei müsse aufhören; na, aus *dieser* Einladerei mache ich mir wirklich nichts, besonders wenn die Dora immer von der *Lektüre* zu sprechen anfängt. Von den Büchern, das heißt nämlich von den fadesten Büchern wird immer geredet, wenn man nichts anderes reden kann. Heute hat der Unterricht wieder begonnen, Gott sei

Dank mit einer Deutschstunde. Auf einen guten Anfang halte ich wirklich etwas, obwohl ich sonst absolut nicht abergläubisch bin. Übrigens haben wir in der Frühe zwei Rauchfangkehrer begegnet, die, ohne daß wir es eigens einrichteten, *links* an uns vorbeigingen. Das soll Glück bedeuten.

5. Jänner: Hochwichtig, bei der Hella seit gestern abends…! Sie war gestern nicht in der Schule, da ihr schon vorgestern furchtbar schlecht war und ihre Mama schon glaubte, sie bekomme noch einmal Blinddarmentzündung. Statt dessen !!! Sie sieht so leidend und interessant aus, ich war den ganzen Nachmittag und Abend bei ihr; und zuerst wollte sie mir nicht recht sagen, wie und was. Aber wie ich sagte, ich gehe weg, wenn sie es mir nicht sagt, sagt sie: »Ja, aber du darfst dazu nicht so blöde Gesichter machen und darfst mich überhaupt nicht anschauen«. »Also gut«, sag ich, »ich schau nicht, aber sag' mir alles ganz genau«. Da sagte sie mir alles, daß ihr wahnsinnig schlecht war, als ob sie entzweigeschnitten würde, viel ärger als nach der Blinddarmoperation, und dabei hatte sie ein wahnsinniges Fieber und fror doch dabei, den ganzen Freitag und gestern – – – tableau!! Und dann sagte ihr ihre Mama das Wichtigste, was sie ohnehin schon wußte. Und früher am Freitag hatte schon ihr Doktor gesagt: Warten wir ab, es kann auch *andere*!! Ursachen haben. Und dann flüsterte er zu ihrer Mama, aber die Hella verstand doch das Wort *aufklären*. Da wußte sie gleich, wieviel es geschlagen hatte. Vor ihrer Mama tat sie ganz unschuldig, als ob sie gar nichts wüßte und ihre Mama küßte sie und sagte, jetzt sei sie kein Kind mehr, jetzt gehöre sie zu den Erwachsenen. Lächerlich, also *ich* bin noch ein Kind! Also schließlich am 30. Juli werd ich auch 14 und wenigstens 1 Monat vorher wird es auch bei mir sein, also höchstens 6 Monate bin ich noch ein *Kind*. Die Hella und ich haben furchtbar gelacht, aber ein bissel was bildet sie sich doch ein; sie gibt es zwar nicht zu, aber ich habe es recht gut gemerkt. Wirklich gar nichts hat sich bloß die Ada eingebildet. Wegen der Schule ist es der Hella schrecklich unangenehm und vor ihrem Papa. Aber ihre Mama hat ihr versprochen, sie sagt ihm nichts. Wenn es wahr ist!!!

7. Jänner: Die Hella war heute *trotzdem* in der Schule. Ich habe sie fortwährend angesehen, und in der Pause hat sie gesagt: »Ich hab dir schon einmal das blöde Fixieren verboten, und ich verbiete es dir heute zum zweitenmal. Mit solchen Dingen macht man keinen Spaß.« Also da hört sich doch alles auf. Anschauen darf man einen nicht deswegen; gut, in der dritten Stunde setze ich mich etwas verkehrt; da fängt sie auf einmal meinen Fuß mit dem ihren, daß ich beinahe laut auflachen muß und sagt: »Schau nur her, denn das ist noch blöder.« Natürlich ermahnt uns die Dunker sofort, das heißt, sie ruft die Hella zum Weiterlesen, aber die Hella sagt gleich, es ist ihr sehr unwohl, sie hat zu mir gesagt, sie müsse um 12 Uhr weggehen. Alle Mädchen schauen einander an, weil doch jede weiß, was *unwohl* bedeutet, und die Frau Dr. Dunker will die Hella gleich entlassen, aber sie sagt auf Französisch – das hat die Dunker riesig gern – sie bleibt schon bis zum Ende der Stunde. Einfach göttlich!

12. Jänner: Heute waren wir in der Nachmittagsvorstellung im Deutschen Volkstheater im Vierten Gebot. Es war herrlich, der Abschied von der Großmutter, da haben fast alle Leute geweint. Ich habe es verbissen, weil die Dora zu zweit neben mir saß, und die Hella ebenfalls wahrscheinlich aus demselben Grunde. Übrigen war sie ganz weg, weil in der großen Pause plötzlich der Lajos erscheint, der im Parterre unten war, und die Hella und ihre Mama begrüßen kam. Er wollte nach der Vorstellung ohnehin zu ihnen kommen. Der Jenö hat Mumps, das ist eine schrecklich unangenehme Krankheit, und ich würde das nie eingestehen, wenn ich ihn bekäme. Die ärgsten Krankheiten sind die, wo man geschwollen ist. Nächstnächsten Sonntag sind der Lajos und der Jenö und ich natürlich bei Br. eingeladen. Ich freue mich riesig.

18. Jänner: Jetzt habe ich eine Woche nicht geschrieben, wir haben wahnsinnig viel zu lernen, besonders in Französisch, wo wir sehr zurück sein sollen, so behauptet wenigstens die Dunker!! Sie kann die Madame Arnau nicht leiden, das sieht man deutlich. Also mir war die Mad. Arnau entschieden lieber, schon weil sie keine Wimmerln hat. Und in Geschichte beim Prof. Jordan ist es furchtbar schwer, weil man immer die Gründe selber finden muß; man muß *verstandesmäßig!* lernen, aber das ist bei der Geschichte sehr schwer. Niemand bekommt vorzüglich, höchstens die Verbenowitsch, aber die lernt auch aus einem Buch, aber nicht aus unserem, sondern dem, nach dem der Herr Prof. J. vorträgt. Und weil sie vorlernt, weiß sie natürlich immer schon alle Gründe der Kriege und die *Folgen. Folgen haben,* heißt übrigens etwas ganz anderes, und deshalb dürfen die Hella und ich einander gar nicht anschauen, wenn er beim Prüfen fragt: Welche Folgen hat dieses Ereignis gehabt? Neulich hat der Herr Prof. geglaubt, die Franke lacht *ihn* aus, aber sie hat nur wegen der *Folgen* gelacht; aber das konnte sie doch unmöglich sagen, noch dazu einem Herrn!!!!

20. Jänner: Wie wir, die Dora und ich, heute vom Eis weggehen, begegnen wir die Mademoiselle und ich grüße sie gleich und frag sie, wie es *ihr* (aber sehr betont) geht und auf einmal merk ich, daß die Dora weitergegangen ist und die Mademoiselle sagt: »Ihre Schwester hat es so eilig, ich will sie nicht aufhalten.« Und wie ich die Dora einhole und frage: Warum bist du weggerannt?«, macht sie ein furchtbar hochmütiges Gesicht und sagt: »Dieser Verkehr paßt mir nicht.« »Wieso denn, du hast doch die Mad. so gern gehabt und sie ist auch wirklich wunderschön.« Ja, sagt sie, das schon; aber es war eine große Taktlosigkeit, daß sie mir das alles – du weißt schon, was – erzählt hat. Aus einem solchen Verhältnis hinter dem Rücken der Eltern *kann kein Glück erblühen.* Da hatte ich eine furchtbare Wut und sagte: »Geh ich bitt dich, tu nur nicht so. Vom Viktor haben auch die Eltern nichts wissen dürfen und du warst doch riesig glücklich. Grade das heimliche macht einen so glücklich.« Da sagt sie ganz sanft: »Liebe Grete, auch du wirst Deine Ansichten ändern«, und dann redeten wir kein Wort mehr. Aber ich ärgerte mich furchtbar über diese Gemeinheit; erst läßt sie sich alles erzählen, obwohl die Mademoiselle eigentlich gar nicht wollte, und jetzt tut sie, als wenn *sie* nicht wollen hätte. Wenn ich nur wüßte, wo ich die Mademoiselle treffe, dann würde ich sie warnen. Jedenfalls schau ich, daß ich heut in 8 Tagen wieder um 7 Uhr durch die W . . . . straße gehe, vielleicht treffe ich sie, da sie wahrscheinlich aus einer Privatstunde kommt.

24. Jänner: Heute ist der Mama wieder sehr schlecht, trotz der Operation. Ich habe mir vorgenommen, daß ich weder am Sonntag zu Br. gehe, wo doch der Jenö kommen soll, noch am Montag auf die Mademoiselle warten werde. Ich habe auch der Hella nichts davon gesagt, weil sie wahrscheinlich sagen würde, das ist ein Unsinn, aber ich tue es doch lieber so; nicht weil die Dora schon zweimal so anzüglich von einem *reinen Gewissen* geredet hat, sondern weil mich nichts freut, wenn die Mama krank ist.

26. Jänner: Die Mama ist ein Engel. Gestern fragte sie die Tante Dora: »Ich bitt’ dich, Dora, hat die Gretel schon die frischen Spitzen in ihrem blauen Kleiderl eingenäht, weil sie morgen bei Br. eingeladen ist.« Da sagte ich: »Mama, ich gehe nicht« und die Mama fragte: »Ja, warum denn nicht, doch nicht am Ende meinethalben?«. Da stürzte ich zu ihr und sagte: »Es freut mich nichts, wenn du krank bist.« Und da war die Mama furchtbar lieb und weinte und sagte: »*Solche Augenblicke* lassen einen alle Schmerzen und Sorgen vergessen. Aber nein, nein, das darfst du nicht, du *mußt* gehen, übrigens ist mir heute schon wieder bedeutend besser und morgen ist wieder alles gut«. Und da antwortete ich: »Ja, ich gehe, aber nur, wenn dir *wirklich* gut ist. Du mußt es mir *aufrichtig* sagen.« Aber wegen der Mademoiselle gehe ich auf keinen Fall an Montag.

28. *Jänner:* Heute war Mathematikschularbeit und deswegen konnte ich gestern nicht schreiben. Wir haben uns himmlisch unterhalten am Sonntag. Wir haben so gelacht, daß uns alles weh tat und die Hella wäre bald erstickt vor lauter Lachen. Der Lajos ist aber auch zum Winden; wie er die Frau vom Major Zoltan in der Akademie nachmacht und den Hauptmann Riffl, das ist köstlich. Ich kann gar nicht schreiben, so zittert mir die Feder in der Hand vor Lachen. Und dann sagte mir der Jenö, während die Hella und der Lajos miteinander Lieder sangen, daß jeder Bursche in der Neustadt eine Geliebte hat, aber *wirklich eine Geliebte*. Meistens in Wien und einige auch in W. Neustadt, aber das ist gefährlich wegen des Erwischtwerdens. Alle Offiziere wissen es, aber ertappen darf sich keiner lassen. Da erzählte ich ihm das vom Oswald, und da sagte er: »Da war der Oswald ein großer Esel, Pardon, daß es dein Bruder ist, aber das hat er sehr blöd angestellt. Er ist eben immer Zivil gewesen, beim Militär ist das ganz anders.« Aber da habe ich mich geärgert und habe gesagt: »ich bitte dich Jenö, du bist doch auch noch kein Offizier, also kannst du es nicht wissen.« Und deshalb sagte er dann zur Hella: »Du Ilona, du mußt deine Freundin besser in Korda halten, sie neigt zur Insubordination.« Sie soll jede *Insubordination* von mir aufschreiben und dann werde ich von ihm *exemplarisch* gestraft. Ja, aber da gehören zwei dazu!

30. *Jänner:* Ich möchte so gern wissen, ob die Mademoiselle am Montag wieder um 7 Uhr durch die W...gasse gegangen ist, weil sie neulich ausdrücklich sagte: A Revoir, ma chérie! Sie ist so schön und so blaß; wahrscheinlich kränkt sie sich doch auch, und fürchten wird sie sich gewiß auch wegen – – – Das wäre entsetzlich. Ob sie von den gewissen Mitteln nichts weiß, aber sagen kann man ihr das absolut nicht.

2. *Februar:* Jetzt ist mir ein wunderbarer Einfall gekommen und die Hella findet ihn einfach pyramidal. Wir schreiben der Made-

moiselle anonym betreffs dieser Mittel und damit niemand meine Schrift erkennt, so schreibt die Hella. Es muß nämlich so etwas sein mit der Mademoiselle, weil ich neulich gerade dazu kam, wie die Mama zur Tante Dora sagte: »Wenn man das gewußt hätte, hätten wir sie doch nicht für die Kinder engagiert; ihre Eltern können eine Freude haben.« Und die Tante sagte: »Ja, das sind dann die Leute, die ihre Schande ins Wasser tragen.« Also ist es klar, daß es so ist, denn die *Schande,* das bedeutet ein *uneheliches* Kind. Und das Ärgste ist, daß die Eltern dann wissen, daß die Betreffende *das* getan hat. Wir müssen ihr helfen, Gott, die Arme. Also *darum* ist die Dora auf einmal so entrüstet. Aber woher sie es weiß? anmerken tut man der Mademoiselle gar nichts; ich hätte es bestimmt erkannt, die Hella sagt oft, ich habe ein Auge dafür. Und das ist wahr, bei dem Stubenmädchen vom Prof. Höfer habe ich es zu allererst gemerkt, nicht einmal der Papa hat es gekannt.

4. Februar: Also wir haben ihr geschrieben, d. h. die Hella, daß es *solche* Mittel gibt und daß alles Genauere im Lexikon steht; damit aber niemand versteht, was, falls am Ende ihre *tyrannische* Mutter den Brief aufmacht, so haben wir keinen Band und keine Seite, sondern nur Buchstabe F.... M.... geschrieben. Und unterschrieben »jemand, der Sie versteht.« Leider können wir nie erfahren, ob sie den Brief bekommen hat, aber die Hauptsache ist, *daß* sie ihn bekommen hat.

7. Februar: Also, was man wegen Briefen für eine Angst aussteht! Heute sagt die Schuldienerin in der Pause: Bitt schön, Sie sind doch das Frl. Lainer aus der III.? »Ein Brief ist für Ihnen da.« Ich werde ganz rot, weil ich glaube, doch von der Mademoiselle, und die Frau Berger glaubt aber, es ist von einem Burschen und sagt: »Eigentlich soll ich ihn der Frau Direktorin geben; ich darf keine Briefe an die Schülerinnen ausfolgen, aber bei Ihnen will ich eine Ausnahme machen. Aber, bitt schön, ein zweitesmal müßte ich ihn in die Kanzlei geben.« Da sage ich: »Frau Berger, er ist bestimmt von keinen Herrn, sondern von einem Fräulein,« und wie sie ihn mir gibt, sehe ich gleich, daß er wirklich von keinem Herrn ist, sondern nur von der Ada! Das ist doch zu blöd! Zu Neujahr machte sie mir Vorwürfe, daß ich mein Versprechen treulos gebrochen, und jetzt bittet sie mich, ich soll mich im Raimundtheater oder eventuell im Deutschen Volkstheater erkundigen, ob der Herr G... dort ist; sie kann ohne ihn nicht leben in St. P. Dabei hat sie in den Ferien doch gesagt, sie liebt ihn nicht, er ist ihr bloß

Mittel zum Zweck. Das weiß ich positiv, daß sie das gesagt hat. Ich gehe absolut nicht in die Theater*kanzlei* mich erkundigen und die Hella sagt auch, ein *solches* Ansinnen ist eine Frechheit! Ich soll ihr einen ordentlichen Brief schreiben, in was für eine Verlegenheit sie mich in der Schule hätte bringen können. Die Ada hat wirklich ein Radl zuviel, scheint mir, wie ihr Papa immer sagt.

10. *Februar:* Das ist doch unerhört! heute werde ich in die Kanzlei gerufen, die Schuldienerin hat sich beschwert, daß ich unten beim Eingang schon zweimal Orangenschalen weggeworfen habe. Gestern war es wahr, da ist mir nämlich eine hinuntergefallen, aber ich habe sie ohnehin mit dem Fuß in die Ecke geschleudert, aber von zweimal weiß ich nichts. Aber ich weiß schon, woher der Wind weht. Die Frau Berger hat geglaubt, ich werde ihr für den Brief etwas geben; ich möchte wissen, für so einen Brief, das ist doch lächerlich, dafür werde ich doch nicht 20 Kreuzer hergeben. Aber seitdem hat sie eine furchtbare Wut, das habe ich schon Mittwoch beim Füßeabputzen gemerkt. Ich habe also der Frau Direktorin gesagt: »Es war nur einmal und da hab ich die Schalen in die Ecke geschleudert, wo niemand geht, aber zweimal war es bestimmt nicht, das kann die Bruckner bezeugen.« Da sagte die Direktorin: »Aus einer solchen Sache machen wir keine Staatsaffaire, aber Hinkunft bück dich, wenn dir etwas hinunterfällt.« Die Frau Berger hat sich wütend geärgert und unsere ganze Klasse hat sich vorgenommen, daß wir nicht gerade extra Mist machen, aber die Klasse nicht extra rein halten. Was an Papieren daliegt, bleibt eben liegen. Eine solche Frechheit, da hört sich schon alles auf!

12. *Februar:* Heute haben wir die Zeugnisse bekommen. Ich habe kein einziges Befriedigend, lauter Lobenswert und Vorzüglich. Die Eltern haben sich riesig gefreut, und wir haben jede 2 K bekommen. Die Dora hat nämlich lauter Vorzüglich, nur drei Lobenswert; also sie lernt auch wahnsinnig und sie geht auch wieder in Latein bei der Frau Dr. M. Wenn sie nächstes Jahr wieder die Unterstufe hat, gehe ich auch, weil wir sie dadurch 3 Stunden mehr haben in der Woche. Richtig, die Franke hat tatsächlich Lobenswert in Math. und Physik, obwohl sie sehr wenig kann. Mir scheint überhaupt, daß die Nüßchen riesig gute Noten gegeben hat, denn die Hella hat doch 2mal Nicht genügend in der Math.-Schularbeit gehabt und hat doch Lobenswert bekommen. Bei der Frau Dr. M. muß man sich schon wirklich die Noten

verdienen und voriges Jahr bei der Fr. Dr. St. ebenfalls. Am ärgsten ist es beim Herrn Prof. Jordan. Es hat wirklich niemand Vorzüglich bekommen außer der Verbenowitsch, der falschen Katze. Morgen ist bei Br. große Geburtstagsfeier wegen dem 14. Geburtstag der Hella. Der Lajos und der Jenö kommen und die beiden Ehrenfeld, weil die Hella sie sehr gern hat; besonders die Trude, die ältere, d. h. um 2 Tage älter als die Kitty, denn sie sind *Zwillinge*!! Das ist gräßlich!!! Sie sind erst seit heuer bei uns im Lyz. und die Hella trifft sie täglich am Eis, ich nicht, weil wir heuer keine Saisonkarten haben, sondern von Fall zu Fall zahlen, wegen der Krankheit der Mama. Ich gebe der Hella eine elektr. Taschenlampe mit Riesenreflektor, daß wirklich das ganze Zimmer licht ist und eine Bernsteinkette für den Hals.

14. Februar: Gut, daß wir heute und morgen noch Semesterferien haben, daß ich Zeit habe, alles zu schreiben von gestern. Es war einfach phenommenal! Ich war schon vormittags bei der Hella und habe ihr gratuliert und zu Mittag waren ich und der Lajos und der Jenö eingeladen und nachmittags kamen die zwei Ehrenfeld und brachten eine Bonboniere und drei Kusinen von der Hella und noch 2 Kusins, von denen der eine gräßlich blöd ist und kein Wort redet und mehrere Tanten und andere Damen, weil auch gleich bei den Großen Gesellschaft war. Aber wir haben uns gar nicht gekümmert um sie, das Speisezimmer, das Zimmer der Lizzi und das Kabinet der Hella waren für uns hergerichtet. Es waren soviel Blumen für die Hella gekommen, daß man beinahe Kopfweh bekam von dem Duft. Zu Mittag brachte der Lajos einen Toast auf die Hella aus und bei der Jause noch einen zweiten. Die Hella war großartig und sie sagte dann abends zu mir: »Tatsächlich, man ist mit 14 Jahren ein anderes Wesen!« der Lajos hatte nämlich in seinem Toast gesagt, alle 7 Jahre wechselt der Mensch sein ganzes Wesen, und die Hella findet, daß das vollkommen richtig ist. Also Gott sei Dank, *in 6½ Monaten wechsle ich auch mein ganzes Wesen.* Sie hatte wirklich förmlich etwas Fremdes und wie alle blasen mußten, daß die Lichter auf der Torte bis auf das Lebenslicht in der Mitte auslöschten, zum Zeichen, daß die anderen Jahre schon vergangen sind, da ist sie wirklich ganz blaß geworden, weil sie fürchtete, daß jemand aus Spaß oder aus Ungeschicklichkeit ihr Lebenslicht auslöscht. Aber Gott sei Dank, es ist nicht passiert. Ich habe eigentlich solche Sachen nicht sehr gern, weil ich mich auch immer fürchte, es könnte etwas passieren. Ich weiß ja auch, daß es nur ein Aberglauben ist, aber greulich unangenehm wäre es doch gewesen, wenn jemand das Lebenslicht ausgeblasen hätte. Der Lajos hat der Hella *öffentlich*!! eine große *viereckige* Bonboniere gegeben und *heimlich*!! einen silbern Ring mit einem Herzanhängsel. Den soll sie immer tragen, bis er durch einen *goldenen* – nämlich den *Ehe*–ring ersetzt wird. Aber das kann sie nicht wegen ihrer Eltern und so bat sie mich, daß sie sagen könnte, sie hat ihn von mir, aber das geht wieder wegen meiner Eltern nicht. *Diese* Sachen sind so unangenehm und drum will kein Bursch zuhaus bleiben, weil immer um alles gefragt wird, was man hat und tut und trägt. Nach der Jause sangen wir: »Wär ich geblieben doch auf meiner stillen Heiden« und andere traurige Lieder, weil die die schönsten sind, und am Abend tanzten wir und der Papa der Hella spielte dazu; und dann tanzte die große Kusine, die Elwira und der Lajos Czardas, das war wunderbar. Überhaupt eine solche Geburtstagsfeier wie gestern habe ich noch nie erlebt. Das ist auch nur im Winter möglich; bei mir, am 30. Juli, kann das nie sein, weil gerade die Personen, die man liebt!! nicht an demselben Ort sind. Es sollte eigentlich niemand in den Ferienmonaten Geburtstag haben, sondern höchstens von Ende September bis Juni. Wenn ich nur auch schon 14 Jahre wäre, ich kann es gar nicht erwarten. Die Mama der Hella sagte auch zu ihr beim Gratulieren, sie ist jetzt kein Kind mehr, sondern eine Erwachsene; wenn ich es nur auch schon wäre!!!

16. Februar: Wir haben eine neue Schülerin bekommen. Alle Mädchen und Lehrkräfte sind entzückt von ihr. Sie ist so klein wie zehn Jahre, aber reizend schön. Braune Locken (die Hella sagt Fuchsrot, aber das ist nicht wahr) bis zu den Schultern, große braune Augen und einen süßen Mund und einen Teint wie Milch und Blut. Sie ist die Tochter eines Bankdirektors in Hamburg; er hat sich erschossen, warum, das wissen wir nicht. Sie ist natürlich in Trauer und das steht ihr großartig. Sie spricht ganz Norddeutsch. Die Frau Dr. Fuchs ist ganz vernarrt in sie und die Frau Direktorin ist auch riesig lieb zu ihr.

19. Februar: Heute sind wir mit der Anneliese nachhause gegangen, die Hella und ich. Sie heißt Anneliese von Zerkwitz. Ihre Mama kränkt sich so über den Tod ihres Papas, daß sie wahrscheinlich in ein Sanatorium kommen muß; deshalb sind sie nach Wien zu ihrem Onkel gekommen. Der ist ein Professor und sie wohnen auf der Wiedner Hauptstraße. Die Dora findet sie auch reizend, die ganze Schule ist verliebt in sie. Sie wird auch mit uns in die Turnschule gehen; ich freue mich riesig. Sie wird zwar nicht neben mir und der Hella stehen, weil sie so klein ist; aber wir können sie doch immer anschauen, ihr alles zeigen und ihr bei den Geräten helfen. Die Hella ist ein bißchen eifersüchtig und sagte: »Die Anneliese hat mich, wie mir scheint, ganz ausgestochen bei dir«. Ich sagte ihr; das sei bestimmt nicht wahr, aber ob die Anneliese nicht zum Verlieben sei? »Ja«, sagte die Hella, »aber seine alten Freunde darf man deswegen nicht vernachläßigen«. »Das tue ich auch gar nicht; aber die Anneliese braucht doch jemanden, der ihr alles sagt und zeigt«. Und die Frau Direktorin und die Frau Dr. M. haben sie gerade vor mich gesetzt und zu uns gesagt: »Nehmt Euch ihrer ein wenig an.«

20. Februar: Wie schade, daß ich die Anneliese nicht einladen kann, da die Mama schon seit acht Tagen im Bett liegen muß. Aber am Sonntag ist sie bei der Hella eingeladen und da ich natürlich auch hinkomme, freue ich mich riesig. Aber lieber wäre es mir natürlich bei uns zuhause; wegen der Mama geht es leider jetzt nicht. Die Dora glaubt, die Mama müsse noch einmal operiert werden, das glaube ich nicht, denn eine *solche* Operation *kann* man nur einmal machen. Ich weiß nur nicht, wenn damals die Operation gut war, was jetzt der Mama wieder fehlt. Die Dora fürchtet, daß die Mama den Krebs hat, das wäre schrecklich; ich glaube aber, daß dies nicht der Fall ist, denn am Krebs muß man sterben.

23. Februar: Bei Bruckner war es himmlisch! Die Anneliese kam erst um vier Uhr, weil sie erst um 3 Uhr mittagessen. Sie hatte ein weißes gesticktes Kleidchen mit schwarzen Seidenmaschen an. Die Mama der Hella küßte sie auf die Wangen und hatte Tränen in den Augen. Ihre Mama ist nämlich tatsächlich im Sanatorium, weil sie *nerven*krank ist. Jetzt ist die Anneliese bei ihrem Onkel und ihrer Tante. Aber sie weint oft um ihren Papa und um ihre Mama. Bei den Gesellschaftsspielen war sie aber ganz lustig, sie gewann gerade die schönsten Sachen, eine Taschentoilette, eine gefüllte Bonboniere, einen Jux-Elephanten, einen Neger mit einer Vase und noch anderes. Ich gewann einen Stehtintenwischer, eine Doppelvase, einen Goldkrayon, sehr viele Bonbons und ein Notizbuch. Die Hella gewann auch eine Menge und ihre zwei Kusinen und die Jenny ebenfalls. Dann wurde musiziert und die Anneliese sang die Wacht am Rhein und viele Volkslieder; sie hat eine so süße Stimme, wie sie selber ist. Sie wurde schon um 7 Uhr abgeholt, ich ging um 8 Uhr fort.

1. März: Morgen sind die Hella und ich bei der Anneliese eingeladen. Ich freue mich so. Ich werde die Mama betteln, daß ich meine neue Theaterbluse anziehen darf und das grüne Frühjahrskostüm. Wir haben ja 10° Wärme gehabt.

3. März: Gestern waren wir bei der Anneliese. Sie wohnt mit ihrer Kusine zusammen; die ist erst 11 Jahre und geht nur in die Bürgerschule, aber sie ist ganz nett. Ich habe geglaubt, daß es beim Herrn Professor Arndt furchtbar elegant sein wird, doch ist dies nicht der Fall. Sie haben nur drei Zimmer und sind nicht besonders schön eingerichtet. Er ist schon in Pension und die Emmy ist ihre Enkelin, weil ihr Papa in Galizien ist, ich glaube Hauptmann oder Major. Es war nicht so unterhaltend wie bei der Hella. Gespielt wurde ohne Gewinnste und das ist fad; es liegt einem ja nichts an den Gewinnsten selber, aber wozu spielt man, wenn man nichts gewinnt? Dann wurde vorgelesen aus einem Geschichtenbuch. Aber was die Hella und ich empörend fanden, ist, daß der Onkel der Anneliese zu uns beiden »Du« sagt. Die Hella ist doch schon vierzehn und ich werde es in ein paar Monaten. Aber die Hella hatte ganz recht; im Gespräch sagte sie: »Bei uns im Lyzeum sagen nur die Damen Du zu uns, die Professoren *müssen* Sie sagen«. Leider ist er bald fortgegangen, so daß wir nicht wissen, ob er's kapiert hat. Die Hella sagte auch, daß es nicht besonders unterhaltend war.

9. März: Gotteswillen, die Mama hat wirklich Krebs; der Papa will es natürlich nicht sagen, aber sie muß sich unbedingt noch einmal operieren lassen. Die Dora ist ganz verweint und mir zittern die Knie. Am Freitag kommt die Mama ins Sanatorium. Am Donnerstag kommt wieder die Tante Dora und bleibt bei uns, bis die Mama gesund ist. Gott, ich fürchte so die Operation und fast noch mehr das Wegfahren der Mama. Das ist schrecklich; aber es haben ja so viele Leute Krebs und sterben doch nicht.

22. März: Morgen kommt die Mama wieder nachhause. O ich bin so froh! Im Sanatorium ist alles so still und man getraut sich kaum zu reden auf den Gängen. Die Mama hat gesagt: »Länger bleibe ich nicht mehr herinnen, ich will zu meinen Kindern«. Wir waren täglich bei der Mama im Sanatorium und brachten ihr Veilchen und andere Blumen, weil sie die ersten Tage nach der Operation nichts essen durfte. Aber jetzt, zuhause ist es doch ganz anders. Ich wäre morgen gern von der Schule zuhaus geblieben, aber die Mama sagte: »Nein, Kinder, geht in die Schule, tut es mir zuliebe«. Natürlich gehen wir, aber aufpassen kann ich unmöglich beim Unterricht.

24. März: Jetzt schläft die Mama. Sie sieht sehr schlecht aus und hat noch immer Schmerzen. Die Ärzte müssen es doch nicht recht verstehen; denn wenn sie sie ordentlich operiert hätten, könnte sie doch nicht jetzt nach der *zweiten* Operation Schmerzen haben. Ich möchte wissen, *was* die Mama mit der Dora geredet hat, weil beide geweint haben. Obwohl die Dora und ich jetzt ganz gut mit einander sind, wollte sie es mir nicht sagen, sondern sagte, sie habe es Mama versprochen, nichts darüber zu reden. Daß die Mama der Dora ein *Geheimnis* anvertraut, glaube ich zwar nicht, aber vielleicht war es etwas wegen dem Heiraten. Weil die Dora nur sagte: »Übrigens hätte die Mama mir das gar nicht zu sagen gebraucht, da ich ohnehin fest dazu entschloßen bin«. Solche Andeutungen hasse ich, da ist es besser, gar nichts zu sagen. Wenn die Mama wieder aufstehen darf, fährt sie zur Erholung nach Abbazia und wahrscheinlich fährt die Dora mit ihr.

26. März: Nächste Woche soll die Mama mit der Dora nach Abazzia fahren. Die Dora glaubt, ich beneide sie wegen der Reise und sagte: »Ich würde *gern* verzichten auf die Reise und das Meer, wenn lieber die Mama gesund wäre. Und heuer, wo ich Matura habe, verlange ich es mir schon gar nicht«. Ich bin so traurig, daß ich absolut keine rote Masche ins Haar nehme, obwohl sie mir am besten steht. Ich trage jetzt meist eine schwarze, und seit gestern eine braune, weil die Mama sagt: »Geh, Gretel, gib die schwarze Masche aus dem Haar; das schaut so düster aus und das paßt gar nicht zu dir.« Ich konnte doch der Mama nicht sagen, *wie* mir zumute ist, und da nahm ich also die braune und sagte, die rote sei schon ganz verknittert.

12. April: Ich komme gar nicht zum Schreiben. Es ist so traurig bei uns, denn der Mama geht es sehr schlecht. Morgen kommt der Oswald in die Osterferien und die Mama freut sich riesig auf ihn. Ich sollte mit der Hella und ihrem Papa nach Maria-Zell fahren, weil sie vielleicht heuer in Mitterbach oder Mitterberg, das liegt bei Maria-Zell, eine Sommerwohnung nehmen werden. Aber ich gehe nicht mit, weil ich nicht aufgelegt bin dazu, und ich glaube, es ist auch der Mama lieber; denn sie sagte: »Also werde ich zu Ostern alle meine drei Lieblinge beisammen sehen.« Wie sie das sagt, mußte ich weinen und rannte schnell zur Tür hinaus, damit sie es nicht sehe. Aber sie muß es doch gesehen haben, denn nach Tisch sagte sie zu mir: »Gretel, wenn du *gern* mit Bruckners fährst, so gehe nur; ich bin so froh, wenn ihr eine Freude habt. Im heurigen Winter habt ihr ohnehin nichts genossen«. Und da konnte ich mich nicht zurückhalten und weinte sehr und sagte: »Nein, Mama, ich will absolut nicht wegfahren. Ich will nur, daß du wieder ganz gesund wirst.« Und da weinte auch die Mama und sagte: Du liebes Kind, *ganz* gesund werde ich wohl nie mehr, aber bei euch bleiben möchte ich so gern, bis ihr alle groß seid; dann braucht ihr mich nicht mehr so notwendig.« Dann kam die Dora herein und als sie sah, daß die Mama weinte, sagte sie, der Papa habe mich gerufen. Das war aber nicht wahr, sondern am Abend sagte sie mir, daß es für die Mama keine Hilfe gebe, aber ich soll sie nicht aufregen und mir nichts anmerken lassen. Und dann weinten wir beide sehr und versprachen einander, daß wir immer beim Papa bleiben wollen.

16. Mai: Am 24. April, gerade am Sonntag nach Ostern ist die Mama gestorben. Es ist schrecklich traurig bei uns. Bei Tisch redet fast keines ein Wort, nur der Papa redet so lieb zu uns. Die Tante Dora bleibt vielleicht für immer bei uns. Es ist nicht einmal noch drei Wochen, seit die Mama begraben wurde, aber uns ist es, als ob sie schon drei Jahre tot wäre, einerseits; und andererseits will man immer schnell in ihr Zimmer gehen, um sie um etwas zu fragen oder ihr etwas zu erzählen. Und abends, wenn wir uns niederlegen, da reden wir immer so lang von ihr und dann träume ich die ganze Nacht von ihr. Wozu die Menschen sterben müssen? Oder wenigstens nur die ganz alten Leute, die schon gar niemanden mehr haben. Aber eine Mama und ein Papa sollte nie sterben. In der Nacht, nachdem die Mama gestorben war, wollte die Hella, daß ich zu ihnen käme, aber ich blieb doch lieber zuhause; aber spät am Abend traute ich mich nicht ins Vorzimmer, da ging die Dora mit mir. Der Papa hat die Tür vom Salon, wo die Mama aufgebahrt war, abgesperrt, aber trotzdem war es so unheimlich. Sie haben mich am 24. erst aufgeweckt, als die Mama schon tot war; ich hätte sie so gern noch vorher gesehen. O Gott, daß man sterben muß! Wenn ich nur wenigstens nach ihr Berta hieße; aber das wollte sie nicht, daß eine von uns nach ihr heiße und der Papa wollte es auch nicht beim Oswald.

19. Mai: Etwas hat mich beim Begräbnis der Mama furchtbar

geärgert von der Dora, eigentlich nicht geärgert, sondern gekränkt, nämlich daß *sie* mit dem Papa in und aus der Kirche
gegangen ist. Sonst gehe doch immer *ich* mit dem Papa und die
Dora ist immer mit der Mama gegangen. Und wie die arme Mama
im Sanatorium war, ist die Dora mit der Tante gegangen. Aber
beim Begräbnis ist der Papa mit ihr gegangen und ich mußte mit
der Tante Dora gehen. Nach ein paar Tagen habe ich es ihr gesagt
und da sagte sie, das sei ganz natürlich, weil sie die ältere ist. Der
Oswald hätte sollen mit mir gehen, das hätte sich gehört. Aber der
ging allein. Und das ärgert mich auch; wie die Tante Dora im
Herbst zu uns gekommen ist, haben wir, ich und die Dora, uns
beim Essen und beim Nachtmahl an eine Seite zusammengesetzt
und die Tante saß vis-à-vis der Mama und wenn die Mama liegen
mußte, blieb ihre Seite für die Teller frei. Nach ihrem Tod saß der
Oswald an der vierten Seite und jetzt seit vielleicht 8 Tagen hat
sich die Dora an den Platz der Mama gesetzt. Ich begreife nicht,
daß der Papa das erlaubt!

   19. Mai: Heute zu Mittag hat niemand etwas gegessen. Wir
hatten nämlich Kalbsbrust und die haben wir auch am Begräbnis-
tage der armen Mama gehabt, und wie der Braten auf den Tisch
kommt, schaue ich zufällig die Dora an und sehe, wie sie ganz rot
ist und furchtbar schluckt. Da konnte ich mich nicht mehr zurückhalten und sagte: »Ich kann keine Kalbsbrust essen denn am
Begräbnistag – – –«, da konnte ich gar nicht weiterreden und der
Papa stand gleich auf und kam zu mir und die Dora und die Tante
Dora weinten auch furchtbar. Und nach dem Essen versprach uns
die Tante, daß wir nie wieder im Leben Kalbsbrust haben werden.
Die Tante hat dann zur Jause einen Ulmerkuchen holen lassen,
weil wir zu Mittag fast nichts gegessen hatten.

   26. Mai: Heute hat die Dora schriftliche Matura, den ersten
Tag. Der Papa wollte, daß sie austritt, weil sie sehr schlecht aussieht, aber sie sagte, nein, es sei ihr eine Zerstreuung und sie
möchte schon das Lyzeum fertig machen. Denn nächstes Jahr will
sie ins Reformlyzeum gehen und fürs Gymnasium weiterlernen.
Eigentlich hätte sie sollen in eine Tanzschule gehen, weil sie doch
schon 17 wird, aber wegen der Trauer ist das ganz unmöglich und
überdies will sie selbst nicht; selbstverständlich. Die Frau Direktorin glaubte auch, die Dora wird am Ende austreten, weil sie so
nervös ist, aber sie wollte durchaus nicht. Gott, die Lehrkräfte
waren alle so lieb zu uns nach dem Tode der Mama, nämlich die

Damen. Die Professoren kümmern sich nicht um unsere häuslichen Angelegenheiten, denn sie kommen immer nur auf 1 oder 2 Stunden. Die Frau Dr. Steiner, die wir heuer nicht einmal haben, war großartig; ich sah deutlich, daß sie Tränen in den Augen hatte, und die Frau Dr. M., also mein Gott, die ist eben immer ein Engel! Beim Frühlingsfest am 20. Mai waren wir nicht, obwohl der Papa es uns freistellte. Die Hella und die Anneliese haben mir furchtbar zugeredet; aber ich ging nicht und werde mich wohl nie mehr unterhalten. Für die andern soll es sehr lustig gewesen sein, aber für die Dora und mich wäre es entsetzlich gewesen. Oft denke ich mir am Abend, es ist gar nicht wahr, die Mama ist bloß in Franzensbad und kommt wieder. Und dann weine ich so lange, bis ich Kopfweh habe oder bis die Dora sagt: »Ich bitt dich, Gretel, hör auf, das ist schrecklich.« Aber sie weint ja selber auch oft, ich höre es ganz gut, nur sage *ich* nie etwas.

4. *Juni:* Also die Dora sieht den Tod der Mama als eine *Strafe Gottes für den Papa* an! Aber was können denn *wir* dafür? Sie sagt, o ja auch, denn wir haben manches getan, was wir hätten nicht tun dürfen und vor allem andern haben wir vor der Mama Heimlichkeiten gehabt. Und das ist jetzt die Strafe Gottes. Das ist gräßlich und ich fürchte mich jetzt so, weil sie immer vom Auge und vom Finger Gottes redet, in ein finsteres Zimmer zu gehen, weil ich immer das Gefühl habe, es ist jemand drin, der mich furchtbar anschaut und mich anfassen will.

8. *Juni:* Der Papa ist wütend über die Dora; ich habe nämlich unabsichtlich gestern abends, wie ich die Salontür aufmache und der Papa herauskommt, furchtbar aufgeschrien, und wie der Papa fragt, was ich habe, habe ich ihm das von der Strafe Gottes erzählt; nur das von ihm habe ich nicht gesagt, sondern nur von der Dora und mir. Und da war der Papa furchtbar böse, zum erstenmal seit dem Tode der Mama, und hat zur Dora gesagt, sie soll nicht sich und mich krank machen mit ihren Hirngespinsten und da hat die Dora beinahe einen Herzkrampf bekommen, so daß der Doktor kommen mußte. Die Tante schlief bei uns im Zimmer und wir mußten beide Brompulver nehmen. Und heute war der Papa riesig lieb zu uns und sagte: »Kinder, Ihr habt euch keine Vorwürfe zu machen, ihr wart immer gute brave Mädeln und werdet es auch hoffentlich bleiben.« Ja, das will ich wohl, denn das Auge der Mama wacht über uns. Die Hella findet, daß ich elend aussehe und sie fragte mich heute, ob vielleicht.....?? Aber ich sagte ihr,

ich will von schlechten Sachen nichts mehr reden, das bin ich dem Andenken meiner Mama schuldig. Sie wollte noch etwas sagen, aber ich sagte: »Nein, Hella, *davon* rede ich absolut nicht mehr. Das kannst du nicht verstehen, weil du eben deine Mama noch hast.«

12. *Juni:* Gott, das ist gräßlich; jetzt wollte ich nie mehr an *solche* Dinge denken und jetzt kommt eine solche Affäre! jetzt sitz ich unschuldig drin in der Patsche. Heute gleich nach 9 kommt eine aus der II. in die Mathematikstunde und sagt: »Die Frau Direktorin läßt bitten, die Lainer, die Bruckner und die Franke sollen sofort in die Kanzlei kommen. Alle Mädchen schauen uns an, aber wir wissen nicht, warum. Wie wir in die Kanzlei kommen, ist die Tür von der Frau Dir. zu und das Fräulein N. sagt, wir sollen warten. Dann kommt die Frau Dir. hinaus und ruft mich hinein. Drin sitzt eine Dame, die schaut mich mit dem Lorgnon an. »Gehst du öfters mit der Zerkwitz?« fragt die Frau Direktorin. Ja, sag ich, und es ahnt mir gleich nichts Gutes. »Diese Dame ist die Mama der Zerkwitz, sie beschwert sich darüber, daß du mit ihrer Tochter sehr unpassende Sachen redest; ist dies so?« »Wir, die Hella und ich, haben ihr nie etwas sagen wollen, aber sie hat uns sehr gebeten und dann glaubten wir auch, sie wisse es ohnehin schon und stellt sich nur so.« »*Was* soll sie wissen und was habt ihr gesprochen?« fährt die Mama von der Anneliese los. »Bitte«, sagt die Direktorin, »ich werde die Mädchen verhören; also die Bruckner war auch dabei?« »Nur ganz selten«, sage ich. »Ja, die Hauptschuldige ist die Lainer, *deren Mama erst vor kurzem gestorben ist.*« Da habe ich die Tränen verbissen und gesagt: »Wenn die Anneliese nicht immer wieder angefangen hätte, hätten wir kein Wort von diesen Sachen geredet.« Und dann habe ich überhaupt keine Antwort mehr gegeben. Jetzt mußte die Hella hereinkommen. Sie hat mir dann gesagt, wie sie mich angeschaut hat, hat sie gleich gewußt, wieviel es geschlagen hat. »Was habt ihr mit der Zerkwitz geredet?« Zuerst wollte die Hella nichts sagen, aber dann sagte sie ganz kurz: »Vom Kinderkriegen und von dem Verheiratetsein!« »Gott im Himmel, solche Küken und sprechen von *solchen* Dingen«, sagte die Mama von der Anneliese. »Solche verdorbene Geschöpfe.« »Wir haben nicht geglaubt, daß die Anneliese *wirklich* nichts weiß, sonst hätten wir nichts mit ihr geredet«, sagte auch Hella; sie war großartig. »Was den Alfred betrifft, so sind wir ganz unbeteiligt und wir haben ihr oft abgeraten, sich von

der Schule abholen zu lassen; aber sie hörte nicht auf unsern guten Rat.« »Ich spreche jetzt von euren Gesprächen, durch die ihr das arme unschuldige Kind verdorben habt«, sagte die Frau v. Zerkwitz. »Sie muß unbedingt schon etwas gewußt haben, sonst wäre sie nicht mit dem Alfred gegangen und auch nicht mit uns«, sagte die Hella. »Ach, du himmlischer Vater, das ist ja die weit Ärgere; eine solche Verdorbenheit!« Dann mußten wir hinausgehen. Draußen hat die Hella furchtbar geweint und ich auch, weil wir uns fürchten wegen zuhause. Wir konnten gar nicht in die Mathematikstunde gehen, weil wir ganz verweint waren. In der Pause ging die Hella an der Anneliese vorbei und sagte ganz laut: »Verräterin« und spuckte vor ihr aus. Deswegen mußte sie aus der Reihe treten. Ich trat auch aus der Reihe und wie die Frau Professor Kreindl sagte: »Du Lainer nicht, gehe nur weiter«, sagte ich: »Bitte, ich habe *auch* ausgespuckt« und stellte mich neben die Hella. Alle Mädchen schauten uns an. Die Frau Prof. Kreindl weiß offenbar schon alles, denn sie sagte nichts weiter. In der Deutschstunde von 11–12 sagte die Frau Dr. M.: »Kinder, könnt ihr denn keinen Frieden halten? Diese ewigen Anstände sind entsetzlich und dabei kommt nichts heraus als Aufregungen für euch und eure Eltern und uns«. Knapp vor 12 Uhr wurde ich nochmals mit der Hella zur Frau Direktorin gerufen. »Mädchen«, sagte sie, »was habt ihr für abscheuliche Sachen? Was müßt ihr denn das, was eure Phantasie vorzeitig vergiftet, andern auch noch sagen? Und du Lainer, schämst du dich nicht, vor wenigen Wochen wurde deine Mama begraben, und jetzt hört man solche Dinge von dir?« »Bitte«, sagt die Hella; »dies war alles schon im Frühling und noch im Winter; denn da sind wir noch aufs Eis gegangen. Da war die Mama der Rita noch ziemlich gesund. Und die Zerkwitz hat uns schrecklich sekkiert, ihr alles zu sagen. Ich habe die Rita oft gewarnt und gesagt: »Trau ihr nicht«, aber sie war ganz vernarrt in die Zerkwitz. Bitte Frau Direktorin, sagen Sie nichts davon dem Papa der Rita; denn er würde sich sehr kränken.«
Die Hella war einfach großartig, ich werde ihr das nie vergessen. Sie will mich das nicht schreiben lassen; wir schreiben nämlich zusammen. Die Hella meint, wir müssen alles wörtlich niederschreiben, man kann nie wissen, wozu man es braucht. Die Hella ist eine Freundin, wie es keine zweite gibt, und dabei so mutig und gescheit. »Du bist geradeso gescheit«, sagt sie zu mir, »aber nur bist du gleich so eingeschüchtert und dann bist noch von deiner

Mama ihrem Tod sehr nervös. Wenn nur dein Papa nichts erfährt.«
Die dumme Gans hat auch die alte Sauce von den zwei Studenten
am Eis aufgewärmt, die längst vorüber ist. »Nur niemanden sich
anvertrauen«, sagt die Hella und da hat sie wirklich recht. Ich
hätte das der Anneliese niemals zugetraut. Was mit der Franke
war, wissen wir noch nicht. Wie sie heraufkam, legte sie Finger an
die Lippen, das sollte natürlich heißen; »Nichts verraten!«

15. Juni: Heute war der Herr Landesschulinspektor da. Ich war
grad in der Mathematikstunde an der Tafel, da klopft es und
herein kommt die Frau Direktorin und der Herr L.-I. Im ersten
Moment glaubte ich, er komme *deswegen* und werde totenblaß
(d. h. das haben dann alle Mädchen gesagt; die Hella sagt, ich habe
wie eine trauernde Niobe ausgesehen). Gott sei Dank, die Rechnung war nicht schwer und dann kann ich ja immer alle Rechnun-
gen; in Math. und Französisch bin ich ja die beste. Aber der Herr
Insp. sah, daß ich Tränen in den Augen hatte und sagte etwas zur
Direktorin; da sagte die Direktorin: »Sie hat vor kurzem ihre
Mutter verloren«. Da lobte mich der Herr Insp. und ich blödes
Ding fange zu heulen an. Die Direktorin sagt: »Setz dich nur, L.,«
und streicht mir über die Haare. Sie ist so lieb und ich hoffe, daß
sie und die Frau Dr. M. in der Konferenz für mich reden werden.
Und daß der Papa nichts erfährt; denn er würde mir natürlich
auch schreckliche Vorwürfe machen, weil dies alles so knapp nach
dem Tode der Mama kam. Aber eigentlich war ja alles schon viel
früher. Herausgekommen ist es ja nur, weil die Mama der Hella zu
ihrer verheirateten Nichte, zu der Emmy fuhr, die *ihr erstes Kind
bekam.* Und da sagten wir eben dem »reinen Kind« (so nennen wir
jetzt die Falsche) alles. Die Hella ist noch immer der Meinung, daß
sich das »reine Kind« verstellt hat. Das ist schon möglich, denn
schließlich ist sie auch schon bald vierzehn Jahre; und mit 14 weiß
man *bestimmt* schon sehr vieles; das gibt es nicht, daß man da
noch an den Storch glaubt, wie die Anneliese es angeblich!!! getan
hat. Die Hella meint, ich werde jetzt auch bald »entwickelt« sein,
weil ich immer so blaue Ringe unter den Augen habe. Daß die Frau
v. Zerkwitz gesagt hat, »solche Fratzen«, habe ich ganz überhört;
aber die Hella sagt, die Frau Direktorin habe *es durch ein Räuspern zurückgewiesen.* Über den Ausdruck »solche Küken« hat
sich die Hella gewunden vor Lachen, weil ihre Mama bei *solchen
Sachen* auch immer sagt: »Ihr *Küken,* das geht euch noch nichts
an,« Gott, wann soll man denn alles erfahren, als wenn man bald

14 ist! Wir beide, die Hella und ich, haben eigentlich diese Sachen *sehr früh* erfahren und geschadet hat es uns gar nicht. Die Mama der Hella sagt immer, wenn man solche Sachen schon zu früh weiß, bekommt man ein altes Gesicht; aber das ist natürlich nicht wahr. Aber warum die Mütter nicht wollen, daß wir es wissen? Sie müssen sich rein genieren.

16. Juni: Gestern abends, wie wir schon im Bett liegen, sagt die Dora: »Was hast du denn eigentlich mit der Z. oder wie sie heißt, geredet? Die Frau Direktorin hat mich heute in die Kanzlei gerufen und hat mir gesagt, daß du so unpassende Sachen sprichst. Ich solle auf dich aufpassen an *Mutters Stelle!*« Na also, das könnte mir passen! Übrigens ist ja das alles gewesen, wie die Mama noch lebte. Das weiß ja nie eine Mutter, was die Kinder untereinander reden. Die Dora glaubt, daß ich in der Konferenz einen Tadelbrief bekomme. Das wäre mir schrecklich unangenehm wegen dem Papa; das gäbe wieder einmal einen Mortsskandal; obwohl der Papa eigentlich jetzt immer nur sehr lieb ist; seit der Krankheit der Mama hab ich nicht ein einzigesmal einen Verdruß gehabt. Das ist wahr, der Tod macht die Menschen mild, aber warum? Eigentlich sollte man doch böse werden, weil man sich ja sehr kränkt. Vorige Woche ist der Grabstein aufgestellt worden und da waren wir alle draußen. Ich möchte sehr gern einmal allein am Friedhof gehen, weil man sich doch vor den andern sehr geniert zu weinen.

18. Juni: Das »reine Kind« kommt nicht mehr ins Turnen, wenigstens war sie seit *damals* nicht mehr da. Wir glauben, sie traut sich nicht, obwohl wir ohnehin nichts sagen würden. Wir strafen sie mit *stummer Verachtung,* das ist am *fühlbarsten.* Und am Tennisplatz kommt sie, Gott sei Dank, nicht. Ein *falscher* Mensch, das ist das Ärgste, denn da weiß man nie, wie man dran ist. Wenn eine recht aufschneidet, so kann ich ihr wenigstens sagen: Geh, bitt dich, lüge nicht so dick aufgetragen; ich bin ja auch nicht auf den Kopf gefallen. Aber gegen die *Falschheit* gibt es kein Mittel. Drum kann ich auch die Katzen nicht leiden. Wir nennen das »reine Kind« auch »rote Katze«. Ich glaube, sie weiß es. Übermorgen ist der Lyzeumsausflug nach Carnuntum. Ich freue mich riesig. Um halb 8 müssen wir an der Schiffsstation sein.

21. Juni: Der Ausflug war riesig nett. Die Hella sollte mich abholen. Sie verspätete sich aber so sehr und so nahm ihre Mama ein Auto und glücklicherweise hatte ich gewartet. Ich fahre für mein Leben gern im Auto. Die Dora wollte nicht warten und fuhr schon um ¾7 mit der Elektrischen. Um ¼8 kam die Hella mit dem Auto und gerade, ehe das Schiff die Anker lichtete (mir scheint, das kann man nur von einem Segelschiff auf dem Meere sagen, aber das schadet nichts, ich bin ja nicht die Marina, die *alles* von der Marine weiß) also gerade zurecht kamen wir an. Es haben uns doch alle sehr zugeschaut, wie wir mit dem Auto angerast kamen. Beim Aussteigen fiel ich hin, das war dumm; aber ich glaube, es haben es nicht alle bemerkt. Die Tante Dora hatte gesagt, für den einen Tag sollen wir die Trauer ablegen und der Papa sagte es auch und so zogen wir die weißen gestickten Kleider an und die Tante Dora war so gut und machte uns schwarze Schärpen als Gürtel; das sieht riesig elegant aus und in Amerika soll man so Trauer tragen. Ich schwärme für Amerika, das Land der Freiheit. Dort gehen Knaben (d. h. junge Burschen) und Mädchen *zusammen* in die Schule!! – – – Ja, also lieber vom Ausflug. Beim Fahren saßen wir im Schiffe neben der Frau Dr. M.; sie war kolossal nett; rechts die Hella, links ich, so nahe, daß sie sagte: »Kinder, ihr zerquetscht mich oder mindestens mein Kleid!« Sie hatte nämlich auch ein weißes Kleid an und um den Hals eine Korallenschnur, die ihr einfach großartig steht. Wie wir schon bald in Hainburg waren, ist der Hella der Hut in die Donau gefallen und alle Mädchen schrien auf, weil sie meinten, ein Kind sei ins Wasser gestürzt. Aber es war Gott sei Dank nur der Hut. Wir gingen auf den Schloßberg und hatten eine schöne Aussicht, d. h. *ich* habe nur die *Frau Dr. M.* angeschaut, weil sie so schön war; der Professor Wilke war auch mit und ist immer mit ihr gegangen. Alle Mädchen sagen, er wird sie wahrscheinlich heiraten, vielleicht schon in den Ferien. Gott, wenn *das* wahr wäre, das wäre entsetzlich. Die Hella meint zwar, das sei doch ganz ausgeschlossen wegen des deutschen Professors; sie müßte höchstens doch lieber den Professor W. heiraten als den andern, weil er ein Jude sein soll. »Nun ja, aber all das Übrige, das drum und dran hängt, ist doch bei jedem gleich,« sagte ich. »Das ist eben die Hauptsache, du Eserl«, sagt die Hella. Und die Frau Dr. M. sagt: »So, das läßt du dir gefallen von deiner Intima? Was ist denn die Hauptsache?« Ich will gerade sagen: »Das *können* wir nicht sagen,« da merkt es die Hella und sagt: »Eben weil ich ihre Intima bin, darf ich es sagen; von einer andern würde sie es sich nicht gefallen lassen.« Dann gingen wir essen. Leider saßen wir nicht neben «*Ihr*». Wir ließen uns Schnitzel und viermal Schokoladetorte geben und der Herr Religionsprof. ging gerade vorbei und sagte: »Wie lange habt denn ihr euch schon ausgehungert?« Vor dem Essen gingen wir ins Museum, die Funde besichtigen. Die Frau Direktorin und das Fräulein V. erklärten alles. Wir haben unser Wissen sehr bereichert. Nachmittags gingen wir nach Deutsch-Altenburg. Bei der Jause war es riesig lustig. Da spielten wir Gesellschaftsspiele und alle Lehrkräfte mit, die fünfte Klasse hat ein lustiges Theaterstück von einer Schülerin einstudiert. Wir kugelten uns vor Lachen. Da kam auf einmal ein ganzer Trupp Offiziere vom Flugkorps, furchtbar fesch und einer setzte sich zum Klavier und spielte Tanzmusik. Und einer kam zur Frau Direktorin und bat, daß sie erlaube, daß die »Fräulein« tanzen dürfen. Die Direktorin wollte erst nicht, aber alle von der fünften und sechsten Klasse baten riesig und der Herr Rel.-Prof. sagte: »Aber, Frau Direktorin, lassen Sie ihnen die unschuldige Freude«, und da durften sie richtig tanzen. Wir andern tanzten entweder miteinander oder wir sahen zu. Und auf einmal standen wir, die Hella und ich, ganz vorn und da kam ein herrlicher Leutnant und sagt: »Darf ich die beiden Freundinnen auf ein Tänzchen trennen?« »O bitte«, sagte ich, und schon flog ich mit ihm dahin. Mit einem Leutnant tanzen, ist herrlich. Dann tanzte derselbe Leutnant mit der Hella und sie sagte am Abend beim Nachhausefahren, daß der Leutnant eigentlich zuerst mit ihr tanzen wollte, aber ich habe gleich gesagt: »O bitte« und habe die Hand auf seine Schulter gelegt. Das ist natürlich nicht wahr, aber deshalb streitet man nicht mit seiner besten Freundin. Und schließlich hat er ja doch mit beiden getanzt. Leider durften wir nicht lange tanzen, weil wir so erhitzt waren. Ja, das hätte ich bald vergessen, ein Hauptmann mit einem schwarzen Schnurrbart begrüßte die Frau Dr. M., denn er kannte sie. Sie wurde feuerrot; also wird es wahrscheinlich der sein und nicht der Herr Prof. Wilke und nicht der jüdische Professor, den sie heiraten wird. Mir gefiele er auch entschieden besser. Gott, sie waren alle so fesch! Bevor wir weggingen, brachte ein Oberleutnant einen ganzen Strauß Rosen und die Offiziere gaben jeder Lehrkraft, nämlich den Damen, eine. Und da passierte etwas sehr Komisches. In der Sechsten ist ein Mädchen, die schaut schon so alt aus, als ob sie 24 Jahre wäre und der gab »unser« Leutnant auch eine Rose. Da sagte sie: »Danke, ich bin keine Lehrkraft, ich gehe in die Sechste.« Und da lachten alle furchtbar und sie genierte sich sehr, weil der Leutnant sie für eine Lehrkraft angesehen hatte. Und der Herr Rel.-Prof. sagte zu ihr: »Tschapperl, hättest sie schon nehmen können.« Aber eigentlich hat sie ganz recht gehabt. Ich glaube, es waren mindestens 20 Offiziere. Die Hella hat dem Leutnant natürlich gesagt, daß sie eine Oberstentochter ist. Ob wir ihn je wiedersehen?

Ich schreibe jezt schon vier Tage an dem Ausflug. Gestern sagte mir die Dora, daß der Herr Rel.-Prof. zur Frau Direktorin, als ich in den Armen des Leutnants lag, sagte: »Da schauen Sie die kleine Lainer an; das ist ein Hakerl, die Augen, die sie macht.« Wieso Augen macht? ich habe gar keine Augen gemacht, überhaupt was soll das heißen: Augen machen!! Natürlich habe ich sie nicht zugemacht; da wär ich höchstens hingefallen und dann hätten alle gelacht. Aber auslachen lasse ich mich nicht gern. Die Dora habe ich eigentlich am ganzen Ausflug gar nicht gesehen und getanzt hat sie auch nicht. Sie sagte sehr anzüglich: »Natürlich nicht, da wir ja *doch* in Trauer sind, auch wenn wir weiße Kleider anhatten; Du bist eben ein Kind, dem man so etwas nicht übel nimmt.« *So etwas,* ich dürfte weiß Gott was getan haben! Deswegen habe ich die Mama doch lieb und vergesse sie nicht. Da war der Papa ganz anders; vorgestern abends sagt er: »So so, mein Hexerl hat eine Eroberung gemacht; na, du fängst ja schon früh an. Aber mit einem Offizier ist's nichts, mein Hexerl, die kosten viel Geld.« Na, den Leutnant möchte ich schon, da würde ich mit ihm im Aeroplan in die Luft hinauf, hinauf fahren, bis uns beiden ganz schwindlig wird. Gestern in der Religionsstunde, wie der Herr Prof. hereinkommt, lacht er riesig und sagt: »Na, Lainer, dreht sich noch die ganze Welt um dich? Der Herr Leutnant kann gar nimmermehr schlafen.« Er muß ihn also kennen. Nämlich das weiß ich schon, daß er nicht meinethalben nicht schlafen kann, aber daß er sich ihn gemerkt hat. Wenn ich nur wüßte, wie er heißt, vielleicht Leo oder Romeo; ja Romeo, das paßte herrlich für ihn!

26. Juni: Gerade, wie ich gestern im besten Schreiben war, kommt die Tante Alma mit der Marina und dem Balg, dem Erwin, der damals eigentlich Schuld war an dem Tratsch. Seit dem Tode der Mama verkehren wir nämlich wieder. Ich glaube, die Mama hat die Tante Alma nicht besonders mögen, und sie sie auch nicht. Gerade so wie der Papa und die Tante Dora einander nicht gerade innig lieben. Das ist übrigens in den meisten Familien so, der Vater mag die Schwestern und Brüder der Mutter nicht, und umgekehrt.

Aber warum eigentlich? Ob *Er* eine Braut hat, wahrscheinlich, und wie sie aussieht? Ich möchte wissen, ob Er für Braun oder Blond oder Schwarz schwärmt. Ja also, der Besuch! Wir waren natürlich *sehr* kühl gegeneinander, die Marina und ich. Sie bildet sich soviel darauf ein, daß sie in die Lehrerinnenanstalt geht. Als ob das so etwas Großartiges wäre! Da ist das Lyzeum entschieden mehr, denn vom Lyzeum kommt man an die Universität, und nach der Lehrerinnenanstalt nicht; und sie lernen auch nicht Englisch, und Französisch nicht ordentlich, nämlich nur wer will. Weil die Tante Alma weiß, daß es den Papa ärgert, wenn jemand sagt, wir sehen nicht gut aus, so sagte sie: Gott, die Dora schaut aus, ganz überarbeitet; Gott sei Dank, daß sie bald fertig ist, eigentlich hat sie nicht viel davon, da ist es doch besser, wenn ein Mädchen Lehrerin wird.« Der Erwin räkelt sich auf dem Sessel herum und sagte zu mir: »Glaubst du, ich traue mich auf den Teppich spukken; glaubst du es nicht?« »Ungezogen bist du genug dazu; ich begreife nur nicht, daß die Marina, die künftige Lehrerin, dir nicht ein paar auf deinen kecken Schnabel gibt«, sag' ich. Na und die Tante Alma: »Aber Kinder, was ist denn? Was treibt ihr denn für Spaß?« »Es ist gar kein Spaß; der Erwin will auf den Teppich spucken und das schaut ihm ganz gleich«. Da sagte die Tante etwas auf Italienisch zu ihm und er machte mir dann hinter dem Rücken vom Papa eine lange Nase, was ich einfach ignorierte; so ein Fratz, das ist auch ein Kusin! Der Kamillo soll auch so frech gewesen sein als Bub. Aber der war noch nie bei uns, denn er ist seit zwei Jahren in Japan als Fähnrich. Der Marina steht die Trauer entschieden nicht gut; sie hat etwas Provinzlerisches und das wird sie absolut nicht los. Ihre Kleider sind zu lang und B.... hat sie nicht die Spur, obwohl sie im Dezember schon 17 Jahre wurde; sie ist eckelhaft mager.

27. *Juni:* Heute war der Herr L.-Sch.-Insp. bei uns, u. zw. im Französischen. Die Frau Dr. Dunker ist immer furchtbar aufgeregt und sie sagte zu Beginn der Stunde: »Kinder, heute kommt der Herr Inspektor; nehmt Euch zusammen; ich bitte Euch, laßt mich nicht im Stiche.« Es muß also doch wahr sein, was der Oswald immer sagte, daß die Inspektoren wegen der Lehrer kommen und nicht wegen der Schüler. »Bei der Inspektion, sagte der Oswald oft, hat jeder Schüler den Professor in der Hand.« Als Erste kam natürlich ich dran und da fiel mir absolut nicht ein was trotteur heißt. Trottel wollte ich nicht sagen und so sagte ich garnichts. Da

drehte sich die Anneliese um und sagte es mir ein, aber ich sagte es natürlich nicht nach, sondern blieb stumm wie ein Fisch. Endlich sagte der Herr Inspektor: »Übersetzen Sie nur den Satz zu Ende, dann wird es Ihnen der Sinn ergeben.« Aber ich finde, das ist nicht wahr; wenn ich ein Wort nicht weiß, so *hat* der Satz eben keinen Sinn, oder wenigstens nicht den Sinn, den er haben soll. Wenn die Hella nicht heute wegen — — gefehlt hätte, hätte ja vielleicht sie mir einsagen können. Nachher machte mir die Frau Dr. Dunker Vorwürfe, daß man sich auf niemanden verlassen könne und daß ich eigentlich keine Eins verdiene. »Und das Dümmste war, daß du gelacht hast, wenn du schon ein so einfaches Vokabel nicht weißt.« Ich konnte ihr doch nicht sagen, daß ich im ersten Moment »Trottel« übersetzen wollte. Das blöde aus dem Stegreifübersetzen ist eben zu schwer für uns.

28. *Juni:* Heute ist die Abschlußkonferenz. Ich bin furchtbar aufgeregt, ob ich einen Tadel oder am Ende eine mindere Sittennote bekomme. Das wäre gräßlich. Die Hella macht sich nicht soviel draus, weil ihr Papa jetzt gerade zu den Manövern nach Ungarn oder Bosnien fährt und da bleibt er so lange fort, daß indessen schon die Ferien begonnen haben und niemand mehr ans Zeugnis denkt. Also morgen erfahr' ichs. Nein, Herrgott, morgen ist Feiertag und übermorgen ist Sonntag, also noch 2½ Tage muß ich »hangen und bangen in schwebender Pein«, aber in einer anderen, als Goethe meint.

30. *Juni:* Wegen der Matura der Dora, *Martura* sagte immer der Oswald, waren wir gestern und heute nachmittags zuhause. Die Bruckner sind nach Breitenstein gefahren, eine Tante besuchen, die im Erholungsheim ist und deshalb konnte ich nicht mitfahren. Abends gingen wir in den Türkenschanzpark nachtmahlen, aber es war nichts los. Ja, das habe ich noch gar nicht geschrieben von dem »reinen Kind« beim Ausflug. Schon auf dem Schiff strich sie ein paarmal um die Hella und mich herum und wollte sich ins Gespräch mischen, indirekt natürlich! Aber es gelang ihr nicht; besonders die Hella ist großartig in dieser Hinsicht; sie schaut einfach über sie weg. Mir hat sie eigentlich leid getan, weil sie keine rechte Freundin hat außer uns beiden; aber die Hella sagte: »Hast du noch nicht genug? Willst du noch einmal in eine solche Sauce kommen?« Und wie der Hella der Hut ins Wasser fiel, stand auf einmal, wie wir noch dem Hut nachschauen und wahnsinnig lachen, die Anneliese hinter uns und bietet der Hella ein feines

Spitzentuch an, das sie für den Abend mithatte, weil sie gleich immer Ohrenstechen bekommt. »Willst du vielleicht das Spitzentuch, damit du in Wien nicht ohne Hut gehen mußt?« »Bitte sich nicht zu bemühen, ich bin gewöhnt mit bloßem Kopf zu gehen«, aber *wie* sie das sagte, wie eine Königin! Das *muß* ich von ihr lernen. Sie ist ja eher kleiner als ich, aber da schaut sie aus wie eine ganz erwachsene Dame. Ich sagte ihr das auch und sie erwiderte: »Liebste Rita, *das* läßt sich nicht lernen; das ist *angeboren*.« Das hat mich eigentlich geärgert, daß sie immer glaubt, eine Offizierstochter ist etwas Besonderes.

1. Juli: Gott sei Dank, es ist alles ohne Skandal abgelaufen. Die Frau Dr. M. sagte auf dem Gang zu mir: »Du Lainer, du bist hart an einer bösen Sache vorbeigerutscht. Wenn sich nicht Stimmen zu deinem Gunsten geltend gemacht hätten, dann weiß ich nicht – – –« Da sagte ich: »Ich weiß es, Frau Dr., Sie allein haben mich vor der Sittennote bewahrt,« und ich küßte ihr schnell die Hand. »Geh, du Kindskopf, auf der einen Seite wie ein Kind und auf der andern voller Gedanken, die in dem Alter mindestens überflüssig sind.«

Also schließlich, für seine *Gedanken* kann man doch wirklich nichts, und in Hinkunft werden wir uns die Leute besser anschauen, mit denen wir *so etwas* reden. Das habe ich noch nicht geschrieben vom Ausflug: Wie wir in Wien mit der Bahn ankommen, holen die meisten Eltern ihre Kinder ab; unser Papa war auch da und auch die Mama von dem »reinen Kind«. Gott sei Dank, daß sie den Papa nicht kannte. Also wie wir aussteigen, ist ein großes Gedränge, weil alle zu ihren Eltern wollen und auf einmal höre ich die Stimme der Hella: »Nein, gändige Frau, Ihr Kind befindet sich nicht in unserer schlechten Gesellschaft«. Ich drehe mich gleich um und da steht die Hella vor der Frau v. Zerkwitz. Die fragte sie nämlich: »Ah, *Sie,* wo ist denn meine kleine Anneliese?« Die Antwort war herrlich; das brächte ich nie zusammen; mir fallen die guten Antworten immer erst hinterdrein ein. Drum hat auch damals der alte Herr im Theater, wie er die Hella fragte, ob sie allein da sei und sie ihn anschnauzte, gesagt: Frech wie eine Jüdin, oder freche Jüdin! Das ist zu blöd, erstens ist das nicht frech, wenn man eine gute Antwort weiß, und zweitens muß man dazu doch nicht eine Jüdin sein. Drum sagte damals auch die Hella drauf: »Nein, Sie irren, Sie sind nicht an Ihresgleichen geraten.«

Am 6. ist schon Schluß; aber wegen der Matura der Dora müssen wir bis zum 11. hierbleiben. Dann fahren wir nach Fieberbrunn in Tirol und werden heuer im Hotel wohnen, worauf ich mich riesig freue. Da hat sich die Hella voriges Jahr so großartig unterhalten.

2. Juli: Gott, heute habe ich..... na, ich kann es nicht so hinschreiben. Mitten in der Physikstunde bei der Wiederholung, wie ich an gar nichts denke, kommt das Fräulein N. mit einem Akt herein zum Unterschreiben. Wie wir aufstehen, denk ich mir: Was ist den das? Und dann fällt mir gleich ein: *Aha*!! In der Pause fragt mich die Hella, warum ich so blutrot geworden bin in der Physikstunde, ob ich Zuckerln mithatte. Ich wollte ihr doch nicht gleich den wahren Grund sagen und so sagte ich: »Nein, ich bin beinahe eingeschlafen vor Langeweile und wie das Fräulein N. hereinkam, bin ich so zusammengefahren.« Beim Nachhausegehen war ich sehr wortkarg und ging so langsam, (man soll nämlich nicht schnell gehen, *wenn*.......) da sagt die Hella: »Ja sag mir, was hast denn du heute, daß du so feierlich bist? Bist du ohne mein Wissen verliebt oder *am Ende gar*......?« Da sage ich: »*Oder am Ende gar!*« und sie sagt: »Na also, jetzt bist du mir wieder ebenbürtig« und gibt mir mitten auf der Straße ein Bussel. Da gehen gerade zwei Studenten vorbei und der eine sagte: »Mir auch eins«. Und die Hella sagt: »Ja, eine auf die Wange, die brennt.« Da sind sie schnell abgeschoben. Wir hätten sie auch wirklich nicht brauchen können; heute!! Die Hella wollte, ich solle ihr *alles genau* sagen; aber ich hatte wirklich nichts zu sagen und doch glaubt sie, ich *wollte* nichts sagen. Es ist wirklich *sehr* unangenehm und dann muß ich heute abends beim Ausziehen riesig achtgeben vor der Dora. Aber der Tante muß ich es sagen, wegen einer Lunab.... Das ist mir greulich peinlich. Bei der Hella war das eben anders, erstens weil sie vorher solche greuliche Krämpfe hatte und ihre Mama dadurch schon alles wußte und zweitens, eben weil es ihre *Mama* ist. Der Dora sag ich's auf keinen Fall, da geniere ich mich noch mehr. Und eine Lunab.... würde ich mir nie selber kaufen und wenn ich 80 Jahre wäre. Und wenn der Papa das erst wüßte, das wäre entsetzlich. Ob die Männer das überhaupt wissen; von ihrer Frau eher, aber von den Töchtern doch absolut nicht.

3. Juli: Jetzt weiß es die Dora doch. Ich drehte nämlich das Licht ab *vor* dem Ausziehen und da schimpfte die Dora: »Was sind das für blöde Witze, dreh sofort auf.« »Fällt mir gar nicht ein.« Da kommt sie herüber und will aufdrehen; »Ich bitt dich, laß, bis ich im Bett liege.« »Ah soooo«, sagt die Dora, »warum sagst du denn das nicht gleich; ich borg dir indessen meinen Billroth-B..... und du hast ja noch gar keine B....« Und dann redeten wir noch sehr lang und viel miteinander und sie sagte mir, daß die Mama ihr aufgetragen habe, mir alles zu sagen, *wenn*..... Ihr hat es die Mama gesagt, aber sie sagte, am besten sagt es ein Mädl dem andern, weil man sich am wenigsten geniert. Die Mama wußte auch, daß die Hella schon im Jänner..... Aber wieso? ich habe nie etwas davon verraten! Es war schon 12 Uhr, wie wir das Licht abdrehten.

6. *Juli:* Gott, ich bin so unglücklich, heute wie wir die Zeugnisse bekommen und uns bei der Frau Dr. M. verabschieden, d.h. bedanken, ist sie furchtbar lieb und nett und zum Schluß sagt sie: »Ich hoffe, daß Ihr mir bei meiner Nachfolgerin oder meinem Nachfolger nicht allzu viel Schande bereitet.« Zuerst verstehen wir sie gar nicht gleich und meinen, sie meint, es sei doch immer unsicher, ob eine Lehrkraft eine Klasse behält, aber da sagt sie schon: »Ich scheide nämlich von der Anstalt, weil ich mich verheirate.« Mir gab's einen Stich ins Herz und ich sagte: »Gott, das ist doch nicht möglich.« »Ja, ja, Lainer, es ist doch so.« Und alle Kinder drängten sich zu ihr und wollten ihr die Hand küssen. Und da war es einen Augenblick ganz still und da sagte die Hella: »Frau Doktor, darf ich um etwas fragen? Aber sind Sie ja nicht böse!« »Na, so frag nur!« »Ist es der Herr Hauptmann von Carnuntum?« Zuerst schaute sie ganz verwundert und dann lachte sie hellauf: »Nein, Bruckner, der ist es nicht, der hat ja schon eine Frau.« Und die Gilly, die doch nie gar so schwärmte wie die Hella und ich, sagte: »Bitte, sagen Sie uns Frau Doktor, wen Sie heiraten.« »Das ist kein Geheimnis, ich heirate einen Professor nach Heidelberg.« Und darum muß sie auch vom Lyzeum weg. Mir sind die ganzen Ferien verpatzt. Die Hella hat Prachtideen. Die Kinder wollten alle gar nicht weggehen und wollten die Frau Doktor nachhause begleiten. Da sagte sie: »Liebe Kinder, das geht nicht, ich fahre ja nach Purkersdorf zu meinen Eltern. Und jetzt kommt die göttliche Idee der Hella. Alle sagen: »Bitte, wir begleiten Sie auf die Stadtbahn«, und endlich erlaubt sie's. Die Hella aber sagt: »Komm'« und wir rennen auf die Stadtbahn voraus und nehmen uns Karten bis Hütteldorf, damit wir rechtzeitig zurückfahren können, und auf einmal, wie wir schon am Perron warten, kommt sie und alle

Kinder mit ihr bis zum Einlaß. Da stürzen wir auf sie zu und steigen in den Zug ein, der gerade kommt. Natürlich hatten wir Zweite Klasse-Karten, da die Hella als Offizierstochter nur Zweite Klasse fahren darf und die Frau Doktor M. fährt auch immer Zweiter. Und wir setzten uns zu Dreien auf einen Zweiersitz, trotzdem es furchtbar heiß war. Sie war riesig nett; ich bat sie um eine Photographie und sie versprach uns eine zu schicken. Dann kam leider schon Hütteldorf. »Kinder, Ihr müßt jetzt aussteigen.« Und dann weinten wir beide furchtbar und da *küßte* sie uns! Nie werde ich diesen Augenblick voll Seligkeit vergessen und diese göttliche Fahrt! Solang man den Zug noch gesehen hat, winkten wir in einer Tour und sie winkte *ebenfalls*! Als wir unsere Karten abgeben wollten beim Hinausgehen, suchte die Hella überall ihr Portemonaie und fand es nicht; sie muß es am Schalter liegen gelassen haben. Glücklicher Weise hatte ich noch mein ganzes Taschengeld vom Juli und so mußte ich davon die Strafe zahlen. Und da war einmal *ich* die Klügere; ich sagte, wir seien Dritter gefahren und nur durch die zweite durchgegangen; so haben wir nicht soviel Strafzahlen müssen; und es hat ja niemand was davon, so einen Betrug kann man sich schon erlauben. Natürlich fuhren wir zurück wirklich Dritter; obwohl die Hella sagte, das störe ihr sehr die Erinnerung. Mir macht das gar nichts, ich bin nicht so auf das »*Milieu*« wie die Hella. Wir kamen erst um ¼2 Uhr nachhause und die Tante Dora zankte furchtbar. Ich sagte, ich hätte bei der Frau Dr. Bibliotheksbücher geordnet, aber die Dora war um 12 Uhr im Lyzeum nachfragen, und da war niemand da. Da seien wir gerade fortgegangen und hätten die Frau Dr. M. ein Stück begleitet, da sie wegen ihrer Verheiratung wegkommt. Da war die Dora ganz erstaunt und sagte: »Ah, jetzt versteh ich.« Wie sie neulich ins Konferenzzimmer kam, redeten die Lehrkräfte gerade von einer Verlobung und das Fräulein Thim sagte: »Jede hat nicht so ein Glück, daß sie einen Universitätsprofessor kriegt.« Das ging auf *Sie*. Na, die Thim kriegt bestimmt keinen, nicht einmal einen Schuldiener. Heute, ich schreibe nämlich schon zwei Tage an dem, hatte ich eine wahnsinnige Freude; *Sie* schickte mir ihre Photographie, einfach himmlisch!! Der Papa sagt, am Bild ist sie schöner als in Wirklichkeit. Das ist aber nicht wahr, sie ist wunderbar, diese Augen und dieser seelenvolle Blick! Die Hella hat natürlich auch eine Phot. bekommen. Wir lassen uns kleine Ledertäschchen mit Ausschnitt machen eigens für das Bild, damit wir es immer bei uns tragen können. Aber wir müssen damit bis nach den Ferien warten, weil ja die Hella ihr Geld verloren hat und ich das meine für die Strafzahlung beinahe ganz hergeben mußte. Und 3 K wird so ein Täschchen schon kosten. Aber der Papa hat durchsichtige unzerreißbare Kuverts und da bitte ich ihn um zwei und aus denen kleben wir uns »Notbehelfe«.

Morgen hat die Dora Matura, sie ist schon sehr aufgeregt, obwohl sie doch ohnehin alles kann. Aber sie meint, passieren kann einem immer etwas. Der Papa ist aber gar nicht aufgeregt, nur beim Oswald voriges Jahr, da war er wohl aufgeregt und die liebe arme Mama hat sich auch furchtbar gesorgt um ihn: »Pah«, hat der Oswald gesagt, »ich werd ihnen's schon zeigen, daß sie mir nichts anhaben können; nur *frech* muß man sein bei der Matura, das ist der ganze Witz!« Und dann hat er nichts telegraphiert als »Durch« und die arme Mama hat immer noch Angst gehabt und gemeint, daß kann auch heißen *Durchgefallen.* Aber natürlich hieß es schon *durchgekommen,* weil indessen doch das zweite Telegramm schon da war. Und damals hat der Papa zwei Flaschen echten Champagner mit nach Rodaun gebracht, wie der Oswald dann zurückkam. Nach der Dora ihrer Matura geht das nicht, weil ja die Mama nicht mehr da ist; o das ist so schrecklich, wenn ich so denke, noch vor 2½ Monaten war sie da und jetzt – – – – – –

9. Juli: Heute vormittag, während die Dora Matura machte, (sie hat Auszeichnung bekommen) war ich ganz allein am Friedhof. Zur Tante Dora sagte ich, ich gehe mit der Hella und ihrer Mama, Einkäufe besorgen, und zur Hella sagte ich, ich gehe mit der Tante fort und so bin ich nach Pötzleinsdorf hinausgefahren und dann auf den Friedhof gegangen. Es soll jeder immer nur allein auf den Friedhof gehen. Gar niemand war außer mir am Friedhof. Ich traute mich nicht, lange dort zu bleiben, damit ich nicht zu spät nachhause komme. Es ist so riesig weit nach Pötzleinsdorf, und wenn man allein fährt, kommt einem jeder Weg so lang vor. Und wie ich wegging, ging ich in die falsche Richtung und kam auf eine ganz öde Straße gegen die Türkenschanze. So etwas ist sehr unangenehm und zuerst war auch weit und breit niemand zu sehen, den ich hätte fragen können. Dann kam zum Glück eine alte Frau und die fragte ich um den Weg und da sagte sie mir, ich solle nur durch die nächste Gasse, die kommt, hinuntergehen, da komme ich zur Elektrischen. Und dies war auch richtig, da kam gerade ein Pötzleinsdorfer, in den stieg ich ein und kam noch lange vor der Dora nachhause. Aber am Nachmittag hätte mich die Hella bald unabsichtlich verraten. Aber weil alle nur von der Matura redeten, so konnte ich es verwischen. Jetzt, wo die Dora die Matura hinter sich hat, muß sie mir noch vieles in *gewisser* Hinsicht sagen. Das versprach sie mir. Vor der Matura war sie immer so müde von dem vielen Ochsen, aber das ist ja jetzt vorbei, und ich lerne in den Ferien überhaupt nie etwas. Wozu sind die Ferien da! Die Frau Doktor Dunker hat mir richtig nur Befriedigend gegeben, das ist wirklich eine Gemeinheit; und *bei der* muß man noch drei Jahre lang lernen, pfui! Ich weiß bestimmt, daß ich mir jetzt gar keine Mühe nehmen werde im Französischen, denn einen Pik hat sie jetzt schon einmal auf mich, und wenn eine Lehrkraft einen Pik auf einen hat, nützt alles Lernen nichts. Wie anders war doch die Frau Dr. M.!! Jetzt habe ich solange ihr Bild angeschaut, daß mich die Augen greulich brennen; aber das muß ich noch schreiben: Auch wenn man einmal oder zweimal nichts konnte, nie hat sie es einem nachgetragen, nie, nie, nie – – die Süße, Göttliche!

10. Juli: Morgen fahren wir fort nach F.; ich freue mich schon sehr. Es ist gräßlich fad heute, da die Hella gestern schon weggefahren ist nach Berchtesgaden für 6 Wochen, und auf der Rückfahrt kommen sie nach Salzburg und vielleicht fährt die Tante Dora für 2 Tage mit mir nach Salzburg, damit wir uns sehen können, ehe die Hella nach Ungarn fährt. Die Glückliche! Leider kann ich heuer nicht nach K... M... fahren, weil wir bis halben September in F. bleiben. Ich habe schon heute meine Namenstagsgeschenke bekommen, weil sie für die Reise gehörten: ein schwarzes Touristentäschchen mit schwarzen Ledergürtel und ½ Dutzend Trauertaschentücher mit ganz feinem schwarzen Rand und für Brandmalerei und eine große Düte Reisebonbons von der Hella. Ohne der Hella ist es greulich auf der Welt. Hoffentlich heiraten wir einmal am selben Tag; denn die Mama sagte immer: »Die besten *Mädchenfreundschaften* gehen auseinander, wenn die eine heiratet.« Wahrscheinlich, weil die andere sich doch ärgert, daß sie noch nicht heiratet. Wie das bei der Hochzeit von der Frau Dr. M. sein wird! Und ob sie *alles* schon weiß; wahrscheinlich und wenn nicht, so muß es ihr ihre Mama vorher sagen. Die Dora sagte gestern zu mir, daß die Mama zu ihr einmal sagte: »Ein Mädchen stellt sich immer alles falsch vor; in Wirklichkeit kommt es ganz anders.« Also bei uns ist das nicht so, denn wir wissen wirklich schon alles ganz genau, sogar das vom Nacktausziehen; o Gott, der Anblick damals! – Am 20. kommt der Oswald, aber zuerst macht er einen Abstecher nach München.

12. Juli: Hier ist es herrlich; Berge und Berge ringsherum und da werden wir überall hinaufsteigen; Gott, wie ich mich freue! Da kann ich unmöglich täglich Tagebuch schreiben; nun so wird's halt ein Wochenbuch. Denn der Hella muß ich unbedingt jeden zweiten Tag schreiben. Wir wohnen in der Pension Edelweiß; es sind ungefähr 40 Personen da, wenigstens haben wir's zu Mittag so gezählt. Im Vestibül ist eine Gast-Liste aufgehängt, die muß ich eingehend studieren. Von der Fahrt habe ich nichts gehabt, weil die Dora greulich Kopfweh gehabt hatte und da konnte man die ganze Nacht nichts reden. Die halbe Nacht stand ich im Gang. In einem Ort in Salzburg war ein furchtbares Feuer; aber es löschte niemand; es muß niemand etwas gewußt haben davon. Es ist sehr fein in der Pension, alles mit Teppichen belegt; in der Halle sind fünf oder sechs Gruppen arrangiert. Wir sind sehr zufrieden. Zu Mittag sind 4 Gänge, am Abend zwei. Auf jedem Tisch stehen Blumen. Der Papa sagt, man muß erst sehen, *wie lange sie stehen.* Der Papa hat einen neuen Touristenanzug, der ihm großartig steht, weil er so groß und aristokratisch aussieht. Wir haben ganz leichte schwarze Etaminkleider und schwarze Spitzenblusen und auch weiße Blusen und die weißen Kleider mit und hellgraue Touristenkostüme. Denn da hat der Papa wohl recht: Die Trauer sitzt *innen* und nicht *außen.* Vorläufig gehen wir aber doch in Schwarz, nur für den Fall der großen Hitze haben wir die weißen Sachen mit. Heute haben wir gar nicht weit vom Haus auf einem Abhang ein ganzes Bouquet Alpenrosen gepflückt, Die Dora hat das Bild der Mama mitgenommen und die Blumen davor gestellt; ich habe leider meins vergessen. Ich möchte sehr gerne eine Hochtour machen auf das Wildeck oder sonst wo hin. Selber Edelweiß pflücken wäre herrlich. Aber der Papa sagt, das ist in unserem Alter nicht zuträglich. Das Bad soll hier immer sehr kalt sein, meist nur 10 höchstens 12°. Der Herr Dr. Klein hat gesagt, wir sollen nur bei wirklich warmen Wasser baden gehen. Da wird nicht viel werden. Bekanntschaften haben wir noch keine gemacht; aber die zwei Mädchen am zweiten Tisch von uns mit den bosnischen Blusen gefallen mir sehr gut. Vielleicht, daß wir uns kennen lernen. Etwas ist vorläufig zu Wasser geworden. Ich wollte die Dora am Abend noch mancherlei *Wichtiges* fragen, aber dadurch, daß die Tante Dora mit uns in einem Zimmer schläft, geht das nicht. Und das ist auch dumm; das Zimmer vom Papa hat einen herrlichen Balkon gerade auf die Promenade und unser Zimmer geht in einen Garten. Die Aussicht ist ja sehr schön, aber Papas Zimmer wäre mir entschieden lieber, aber für drei Personen wäre es viel zu klein; es ist bloß ein Bett darinnen und eine Garnitur von anno dazumal. Solche Garnituren sind mir ein Greuel; die Dame, der die Pension gehört, nennt *das Empire*!! Die muß noch nie eine Empire-Einrichtung gesehen haben.

15. Juli: Gestern hat mir die Dora beim Spaziergehen sehr viel von Tante Dora erzählt. Ich habe eigentlich nie recht gewußt, ob der Onkel Richard in der Irrenanstalt angestellt ist oder ob er selber drin ist; das letztere ist der Fall. Er ist rückenmarkleidend und ganz verblödet und manchmal hat er Tobsuchtsanfälle. Wie er noch heraußen war, hat er einmal die Tante Dora gewürgt und dann hat er sie in *anderer Hinsicht* ganz *heruntergebracht*!!! Ich weiß nicht recht wieso, denn Kinder hat die Tante Dora nie gehabt. Warum eigentlich das vom Onkel Richard so verheimlicht wird! und wenn ich so denke, hat auch nie jemand von der Krankheit der Mama reden wollen. Dieses Verheimlichen hat doch keinen Sinn, denn erstens erfährt man ja doch die Wahrheit. Zuletzt hat sich die Tante Dora so gefürchtet vor dem Onkel, daß sie alle Türen zu ihrem Zimmer absperrte. Einen tobsüchtigen Mann haben, muß wohl gräßlich sein. Der Papa sagte einmal zur Dora: Die Tante Dora kann einen schon tobsüchtig machen mit ihren Tücken und Nücken. Das war natürlich nur bildlich gemeint, aber ich muß doch aufpassen, was die Tante eigentlich tut, was einen so aufbringen kann. Höchstwahrscheinlich in *dieser Hinsicht*. Mir scheint daß Tante Alma viel mehr Tücken und Nücken hat, und der Onkel Franz ist doch noch nicht tobsüchtig geworden. Die Dora sagt, der Onkel Richard kann noch 20 Jahre leben und ihr tut die Tante Dora sehr leid, daß sie an ein solches Ungeheuer gekettet ist. Wieso gekettet? Er ist doch im Irrenhaus und kann ihr nichts tun. Die Dora wußte das auch alles nicht, die Tante hat es ihr erst nach dem Tode der Mama erzählt. Die Dora meint, es ist am besten, man heiratet gar nicht, wenn man nicht einen Mann *rasend liebt*. Und dann nur mit *Ehekontrakt*!! Da ist nämlich *das* ausgeschlossen. Ich habe immer geglaubt, ein Ehekontrakt wird wegen der Mitgift und des Geldes überhaupt gemacht; aber daß das *den* Zweck hat, hätte ich nie geglaubt. Die Frau vom Oberförster Mayer, die wir vor zwei Jahren im Sommer kennen gelernt haben, hat ihren Mann nur unter dieser Bedingung geheiratet. Ich verstehe nur nicht, wenn *das* die Hauptsache ist beim Heiraten, worauf alle Männer brennen, so kann doch eigentlich keiner mit einem Ehekontrakt einverstanden sein. Das muß doch anders sein, vielleicht ist das auch nur bei den Juden so, denn die Mayers waren Juden.

21. *Juli:* Nein, das hätte ich nie gedacht, daß die Hella in der Hinsicht Recht behält. Heute schrieb mir die Anneliese einen 8 Seiten langen Brief. Wie damals die Hella fünf Tage zuhausebleiben mußte, hat sie geglaubt, die Anneliese werde wieder anbandeln. Aber offenbar traute sie sich nicht. Also sie schrieb mir: Einzig geliebte Rita! Du bist die einzige Freundin meines Lebens; alle Mädchen und Leute haben mich gern, wohin ich komme und nur du hast dich in Groll von mir gewendet. Was tat ich dir – – –? Na also, getan hat sie mir schon etwas; denn es hätte können eine schöne Geschichte entstehen, wenn nicht die Frau Dr. M. gewesen wäre, dieser Engel in Menschengestalt! Sie schreibt, sie ist so einsam und traurig; sie ist nämlich mit ihrer Mama in der Kaltwasserheilanstalt Gratsch bei Meran oder Bozen, das hab ich vergessen, da muß ich nachschauen, *wenn* ich ihr antworte. Denn ich habe der Hella auf mein Ehrenwort versprochen, daß ich mich nie wieder mit dem »reinen Kind« aussöhne. Aber schließlich eine Antwort ist eine Höflichkeit und bedeutet noch lange keine Aussöhnung und am wenigsten eine Freundschaft. Dort in Gratsch sind gar keine jungen Mädchen, lauter Damen und alte Herren, der jüngste ist 32 Jahre! brr, das glaube ich, daß sie sich erbärmlich langweilt. Also schreiben werde ich jedenfalls, aber sehr, schon sehr kühl. Zum Schlusse schreibt sie: Erhöre das Flehen einer Unglücklichen und laß dein Herz nicht von hartem Erz werden gegen die, die dich immer wahrhaft geliebt hat. Das ist eigentlich sehr schön und die Anneliese hatte auch immer die besten Aufsätze; die Frau Dr. M. lobte sie oft und ihren gewählten Stil, aber leiden hat sie sie dann später nicht können. Sie sagte ihr oft, sie solle nicht so affektiert sein, sonst verlernt sie noch das Reden vor lauter Affektation. Ich werde nicht augenblicklich schreiben ,sondern erst nach ein paar Tagen, und wie gesagt *sehr* kühl.

23. *Juli:* Heute bin ich mit den zwei Mädchen bekannt geworden, sie heißen Olga und Nelly, die eine ist 15, die andere 13 Jahre; ihren Zunamen weiß ich nicht, nur daß sie ein Lederwarengeschäft auf der Mariahilferstr. haben. Ihre Mama hat schon ganz

graues Haar, ihr Papa kommt erst am 8. August. Wir haben einen Spaziergang für heute um 4 Uhr verabredet nach Brennfelden.

26. *Juli:* Ich habe mir vorgenommen, alle Tage vor dem Essen zu schreiben, denn nach dem Essen gehen wir alle mit unseren Hängematten in den Wald. Ich habe doch gleich vorgestern an die Anneliese geschrieben, damit sie weiß, wie sie dran ist. Der Hella schrieb ich noch nichts davon, weil ich doch nicht weiß, was die Anneliese antwortet. Die Hella unterhält sich in Innichen königlich; aber leider schrieb sie nicht, wieso königlich; sie schrieb auch nur knapp 3 Seiten mit dem Schluß, natürlich schrieb ich auch nicht soviel wie sonst.

27. *Juli:* Der Dora gefallen die Weiner nicht besonders; sie findet sie furchtbar aufgeblasen. Am Lande trägt man keine goldenen Armbänder und Ketten und am wenigsten zu Dirndlkostümen. Da hat sie wohl recht, aber mir gefallen die zwei Mädeln ganz gut, besonders die kleinere, die Olga; die Nelly tut so großartig; sie gehen auch ins Lyzeum, aber ins Hitzinger Lyzeum; die Olga kommt aber erst in die zweite und die Nelly in die fünfte. Die Dora sagt, das Pulver haben beide nicht erfunden. Das ist auch garnicht notwendig, das hat zum Glück schon ein anderer erfunden. Wir haben uns gestern beim Spazierengehen sehr gut unterhalten. Heute gehe nur ich mit ihnen. Der Papa sagt: »Nur nicht alle Tage beisammenstecken; der Schluß ist dann immer ein Verdruß.« Na, aber mit den Weiners nicht, das glaube ich wohl nicht.

29. *Juli:* Morgen ist mein Geburtstag. Was ich bekommen werde. Etwas habe ich schon in Wien bekommen, nämlich 3 Paar à jour Strümpfe, von der Tante pikfein, da sieht der Fuß so elegant aus. Aber ich muß riesig sparen damit und achtgeben. Die Tante sagte: »Da wirst du dir hoffentlich das Faltenziehen an den Strümpfen beim Lernen abgewöhnen.« Als ob ich in den Ferien überhaupt lernen würde.

Letztes Halbjahr
(Von 14 – 14 ½ Jahren)

30. Juli: Also Gott sei Dank heute ist mein 14!!! Geburtstag; die Olga hat geglaubt, ich bin schon 16 oder mindestens 15; aber ich sagte: Da würde ich mich schön bedanken; *ausschauen* wie 16, das ist mir *sehr* angenehm, aber 16 *sein* möchte ich nicht, denn wie lang ist man dann noch jung, höchstens 2–3 Jahre. Aber so ein fremdes Gefühl, wie die Hella sagte, habe ich wirklich nicht; ich bin nur sehr froh, daß jetzt niemand, nicht einmal die Dora sagen kann, ich bin ein *Kind.* Das Wort »Kind« hasse ich furchtbar, außer wenn die Mama sagte: »Du mein liebes Kind«, aber da meinte sie es auch ganz anders. Der Ring von der Mama hat mich von allen Geburtstagsgeschenken am meisten gefreut; ich werde ihn ewig tragen. Und wie ich weinen wollte, sagte der Papa so lieb: »Nicht weinen, Gretel, am 14!! Geburtstag darf man nicht weinen, das wäre ein schöner Anfang, nämlich vom *Erwachsensein!* Außer dem Ring bekam ich vom Papa noch eine entzückende schwarze Perlenkette um den Hals, die mir wirklich wunderbar steht und dabei so kühl ist; dann von Theodor Storm, Immensee, von der Tante Dora die schwarzen Ajour-Strümpfe und schwarze lange Seidenhandschuhe und von der Dora ein Sportarmband aus ganz dunkelgrauem Leder für die Uhr. Aber das trage ich erst in Wien in die Schule. Die Großeltern schickten wie immer Obst, aber vom Oswald ist nichts gekommen. Er kann doch unmöglich vergessen haben. Wahrscheinlich kommt es verspätet. Und vom Papa noch ein Kistchen Konsumbonbons, die esse ich für mein Leben gern. Zu Mittag hatte die Tante Dora eigens meine Lieblingsmehlspeise »Mohr im Hemd« bestellt und alle sagten: Ja, was ist denn das, an einem Wochentag so eine Sonntagsspeise? Und da kam es heraus, daß ich Geburtstag hatte und die zwei Weiner, die es schon wußten, sagten es den meisten Gästen und da gratulierten mir sehr viele. Die Olga und die Nelly hatten mir schon vormittag gratuliert und einen riesigen Strauß Feldblumen und einen aus Gartenblumen gegeben. Nachmittags gehen wir alle nach Flagg, dort ist es herrlich schön.

Am Abend: ich muß noch schreiben.

Wir konnten die Partie nicht machen, weil ein greuliches Gewitter war von 2–4 Uhr. Aber wir unterhielten uns großartig. Und jetzt noch ein Erlebnis: Wie ich aus dem Speisesaal hinausgehe, um aufs..... zu gehen, sagt eine Stimme: Darf ich Ihnen auch gratulieren, Fräulein? Ich drehe mich um und hinter mir steht der riesengroße goldblonde Student, der mir schon seit drei Tagen aufgefallen ist. »Ich danke sehr, zu liebenswürdig«, sag ich und will vorbei, denn ich mußte wirklich hinaus. Er fängt aber gleich zu sprechen an und sagt: »Das mit den 14 Jahren ist doch nur ein Witz? Fräulein sind heute wohl 16 geworden?« »Leider nein und zugleich Gott sei Dank«, sag ich, »aber schließlich ist jeder so alt, als er aussieht. Pardon, ich muß dringend in mein Zimmer«, sage ich noch schnell und renne davon, denn sonst————!! Hoffentlich hat er die Wahrheit nicht geahnt. Das muß ich der Hella schreiben, die wird schön lachen. Sie schickte mir ein reizendes Schmuckdöschen mit einer Ansicht von Berchtesgaden, gefüllt mit meinen Lieblingen, Kognakbonbons. Im Briefe beklagt sie sich über die »Kürze meines letzten Schreibens.« Ich muß ihr morgen sofort einen langen Brief schreiben. Beim Abendessen sah ich erst, wo der »Baldur« sitzt; so nenne ich ihn wegen seines herrlichen blonden Haares und weil ich nicht weiß, wie er heißt. Er ist mit einem alten Herrn und einer alten Dame und einem Fräulein, das ähnliches Haar hat wie er, aber seine Schwester kann sie unmöglich sein, dazu ist sie entschieden zu alt.

31. Juli: Die Familie heißt Scharrer von Arneck und der Herr ist Oberbergrat in Pension. Das Fräulein ist richtig seine Schwester und ist eine Bürgerschullehrerin in Brünn. Ich habe das alles von dem Stubenmädchen erfahren. Aber ich war sehr schlau, ich wollte nicht direkt fragen und da sagte ich: Wer ist denn der alte Herr mit den weißen Locken, der sieht meinem Großpapa so ähnlich. (Ich kenne meinen Großpapa gar nicht, denn der vom Papa her ist schon seit 12 oder 15 Jahren gestorben und der Papa der Mama lebt gar nicht in Wien, sondern in Berlin). Da sagt die Luise: »Ach, Fräulein, meinen den Herrn Oberbergrat Sch...., von Sch.... Aber der Herr Großpapa von Fräulein wird wohl nicht so brummig sein.« Da sag ich: »So, ist er brummig?« Und sie erwidert: »Na, und wie; da muß man fliegen, sonst ist es aus und geschehen!« Und dann gibt ein Wort das andere und sie erzählt mir alles, was sie weiß; das Fräulein ist schon 32 Jahre, sie heißt Hulda und ihr Papa läßt sie nicht heiraten und der *junge Herr* ist aus dem Haus gegangen, weil sein Papa ihn so sekkiert. Er studiert in Prag und kommt nur in den Ferien nachhause. Das ist alles sehr traurig und sie schauen doch so vergnügt aus mit Ausnahme von dem Fräulein. Ja richtig, bei Weiner, das ist gräßlich; die Olga ist doch schon 13 und die Nelly gar 15 und ihre Mama wird noch – – – – also das heißt, ihre Mama ist in a.... U.... die beiden sind empört und die Nelly sagte heute zu mir: Es ist ein Skandal; sie genieren sich so; mit ihrer Mama zu gehen. Aber ich habe noch nichts bemerkt; sie sagen aber, natürlich merkt man es schon längst; »im Oktober wird das *sehr freudige Ereignis!!* eintreten«, sagte die Olga. Das ist wirklich sehr unangenehm und mir hat die Frau W. gleich nicht gefallen. Ich kann nur nicht begreifen, wie so etwas überhaupt sein kann, wenn man schon so alt ist. Ich bedaure die zwei Weiner sehr. Übrigens bei den Sch. muß es ja auch so ähnlich gewesen sein, denn die Luise sagte mir, der *junge Herr* ist 21 und das Fräulein nicht 32, sondern 35 Jahre, sie hat sich zuerst geirrt; also ist sie um 14 Jahre älter, greulich. Die tut mir riesig leid, daß ihr Papa sie nicht heiraten läßt, daß heißt nicht hat heiraten lassen. Unser Papa wird sich gewiß nie weigern, wenn einmal eine von uns beiden heiraten soll. Ich habe alles der Hella geschrieben; sie geht mir schrecklich ab, denn die zwei Weiners sind mir doch eigentlich ganz fremd und der Dora könnte ich *nie* meine Geheimnisse anvertrauen, obwohl wir jetzt ganz gut mit einander sind. Morgen kommt der Oswald.

1. *August:* So ein Bursch hat's gut. Der kommt und geht, wann er will und wohin er will. Heute kommt ein Telegramm vom Oswald, daß er bis Mitte August ausbleibt: Königsee, Watzmann-touren herrlich. Brief folgt. Der Papa hat nicht viel gesagt, aber ich glaube, er ärgert sich auch sehr. Überhaupt jetzt nach dem Tod der armen Mama, da könnte der Oswald doch nachhause kommen. Voriges Jahr nach der Matura war er so lang fort, ganz allein, und heuer wieder. So von einem Vergnügen zum anderen paßt sich wirklich nicht, wenn einem vor einem Vierteljahr die Mama ge-storben ist. Am zweiten Tag, wie wir hier angekommen waren und noch gar niemanden kannten, ging ich ganz in der Frühe um ½ 9 Uhr allein auf den Friedhof. Er liegt an einer Berglehne und hat uralte Grabsteine, manchmal kann man die Inschrift gar nicht mehr enträtseln, so verwischt ist sie; eine von 1798 noch mit römischen Ziffern. Dann habe ich mich auf eine kleine Bank gesetzt und an die arme Mama und all das Traurige gedacht und habe so schrecklich geweint, daß ich mir die Augen waschen mußte, damit niemand etwas merkt. Heute habe ich mich übri-

gens auch greulich geärgert. Kommt ein Brief von der Tante Alma, sie wollen auch herkommen, wir sollen ihnen eine Wohnung suchen, ob wir etwas Passendes, das heißt bei der Tante Alma immer billig, finden, aber unbedingt privat; natürlich, denn in einer Pension käme es ihnen viel zu teuer. Hoffentlich finden wir *nichts* Passendes, heute haben wir wirklich nichts gfunden, da wir wegen einem drohenden Gewitter nicht weit kamen. Und morgen hoffentlich auch nichts, das ist mein sehnlichster Wunsch; denn die Marina, diese Spioniererin, die könnte ich brauchen. Gott sei Dank sind auch die Tante Dora und die Dora entschieden dagegen. Aber der Papa sagte: Kinder, das geht nicht, es ist doch die Tante und suchen muß man jedenfalls. Also gut, *suchen* kann man schon; suchen und finden ist glücklicherweise zweierlei.

2. *August:* Heute in der Frühe gingen wir Wohnung suchen und weil die Dora immer etwas drein setzt, daß sie das Richtige findet, so stöbert sie richtig 2 Zimmer und Küche auf, allerdings nur in einem Bauernhaus. Die Sommerpartei, die hier wohnte, mußte wegen dem Tod der Großmama sofort nach Wien zurück und so gibt die Bäuerin die Wohnung sehr billig her. Die Dora schrieb gleich an die Tante und sie schrieb auch, daß wir uns alle sehr freuen, sie und alle zu sehen, was entschieden eine Falschheit ist. Und justament schrieb ich P. S., wo ich alle grüßte und bemerkte, daß die Reise schandbar teuer ist; vielleicht schreckt sie das doch ab. Durch dieses dumme Herumrennen um eine Wohnung habe ich weder gestern nachmittags noch heute vormittags die Weiners und natürlich auch nicht Gott Baldur gesehen. Und zu Mittag sieht man nicht zum Tisch vom Oberbergrat, weil sie gerade einen Erkerplatz haben, da sie schon seit 9 Jahren herkommen.

Ich bin zwar totmüde, aber das muß ich noch schreiben. Nachmittags waren wir und Weiners beim Kreindlbauer und da schloß sich der Siegfried Sch. an, da er die Weiner kennt, die auch schon 3 Jahre herkommen. Er redet aber hauptsächlich mit der Dora und das ärgerte mich furchtbar. So redete ich einfach gar nichts, sondern ging ganz hinten. Und am Rückweg kommt er zu mir und sagt: »Nun Fräulein Grete, sind Sie immer so insichgekehrt? Dem widersprechen Ihre Augen.« Ich sagte: »Das kommt ganz auf meine Stimmung an und vor allem andern dränge ich mich niemanden auf.« »Könnten Sie nicht bei Tisch mit Ihrer Mama Platz tauschen?« »Erstens ist das nicht meine Mama, die ist am 24. April gestorben, sondern meine Tante und zweitens warum sagen

Sie das *mir*, das sollten Sie lieber meiner Schwester sagen!« »Oh eifersüchtig! *Dazu* ist kein Grund. Ich kann doch nicht mit ihrer Schwester nicht reden, wenn ich schon bei der Gesellschaft bin; eifersüchtig dürfen Sie nicht sein, dazu haben Sie wirklich keine Ursache.« Wenn ich nur wüßte, wie ich das mit dem Platzwechseln machen soll, aber ich sitze ja immer neben dem Papa; und gleich tue ich es auf keinen Fall; höchstens nächste Woche. Leb wohl, mein Recke Siegfried, schlaf süß und träume von – – –

3. *August:* Die Anneliese schrieb mir: »Du goldiges Wesen, kannst du mir also meine Jugendsünde verzeihen? Die Welt strahlt mir in doppelt hellem Lichte, seit ich deinen Brief erhalten habe.« Ich weiß nicht, gar so verzeiherisch habe ich nicht geschrieben, nur daß es mir sehr leid tut, daß sie in Gratsch so einsam ist, und daß das Geschehene sich nicht mehr ändern läßt, man müsse es also begraben. Sie gratuliert mir auch noch nachträglich zum Geburtstag (wir haben nämlich im Winter unsere Geburtstage gegenseitig notiert) und schickt mir ein gepreßtes großes Vergißmeinnicht. Bis es gepreßt war, wartete sie mit dem Antworten. Ich weiß nun nicht, was ich tun soll. Der starke Siegfried wüßte mir wohl zu raten, aber dem kann ich doch die Sache nicht erzählen, weil ich ja dann auch sagen müßte, warum wir böse geworden sind und das wäre greulich. Ich werde doch, bevor ich antworte, der Hella schreiben. Aber das müßte ich heute noch tun, denn bis die Antwort kommt, das dauert hin und her gut drei und bis die Anneliese dann den Brief bekommt wieder einen oder 2 Tage, also alles zusammen mindestens 5 Tage. Es regnet in Strömen und da ist es sehr fad, weil der Papa nicht erlaubt, daß wir allein in der Halle sitzen; ich möchte wissen, warum nicht. Der Papa ist doch sonst wirklich sehr nett, ganz anders als andere Väter, aber in der Hinsicht ist er ekelhaft. Ich werde mich nach dem Essen auf den Streckfauteuil legen und Immensee lesen, denn ich bin noch immer nicht dazugekommen.

6. *August:* Na also, heute ist die ganze Klerisei angekommen; die Marina mit einem staubgrauen Kostüm, das ihr greulich steht und der Erwin und der Ferdinand; der Ferdinand geht in die Neustädter Mil.-Akademie, in den Artillerie-Kurs in Wien; der ist noch der fescheste von allen. Der Onkel in greulicher Stimmung schimpfte über die Fahrt, über das Handgepäck, mir scheint, sie hatten aber auch vielleicht 8 oder 10 Stück, wenigstens mußte ich einen schweren Plaid schleppen und die Dora eine Handtasche,

von der sie sagte, da sei der ganze Familientratsch von 10 Jahren drin. Und die Tante Alma schaute zum Kugeln aus, ein Touristenkleid so hoch geknöpft, daß man ihr beim Gehen die braunen Strümpfe sah und einen Hut, wie eine Vogelscheuche. Wenn ich denke, wie *unsere* Mama immer fein ausgesehen hat: sie war ja allerdings mindestens um 20 Jahre jünger als die Tante Alma, aber trotzdem, wenn die Mama 80 Jahre alt geworden wäre, *so* hätte sie nie ausgeschaut. Gott sei Dank, daß wir in dem Aufzug niemanden und besonders nicht *jemanden* begegneten. Zum Mittagessen kamen alle ausnahmsweise in die Pension. Da wurden zwei Tische zusammengestellt und das benützte ich, um den Platz zu wechseln; ich bot nämlich der Tante Alma den Platz neben dem Papa an und setzte mich, neben die holde Marina, gerade gegenüber – – –! Übrigens bei Tisch sah die Marina ganz gut aus, die weiße Bluse steht ihr sehr gut und dann hat sie einen wunderbaren Teint, so weiß und nur an den Wangen ein bißchen rosa. Das ist aber auch das einzige Schöne an ihr. Die Frisur ist gräßlich, ganz glatt abgeteilt und die Gretelfrisur. Die trage ich schon lange nicht mehr, obwohl alle sagten, daß sie mir sehr gut stand. Aber die Schnecken stehen mir bedeutend besser. *Er* hat die ganze Zeit herübergeschaut und die Tante Alma sagte: »Ja die Grete, die blüht ja förmlich auf, da steckt doch hoffentlich nicht schon etwas Männliches dahinter.« »O nein«, sagt der Papa, »die Landluft tut ihr so gut, und wenn sich die Kinder unterhalten, so verbittere ich ihnen nicht jede unschuldige Freude.« O mein herrlicher Papa, ich mußte mich zurückhalten, daß ich ihm nicht gleich ein Busserl gab. Alle waren ganz still und jedes sah auf seinen Teller so angelegentlich, als ob er noch nie Rumpudding gegessen häte. Nur der Ferdinand zwinkerte der Marina zu, aber die merkte natürlich nichts. Glücklicherweise hatten alle bald fertig gegessen und jedes nahm ein zweitesmal und da wurde wieder geredet. Wie wir dann in die Zimmer gingen, klopfte ich beim Papa an und gab ihm das versprochene Busserl und sagt: »Papa, du bist ein Juwel von einem Vater.« »Also sei auch du gefälligst ein Juwel von einer Tochter und halt Frieden mit der Marina und den andern.« Da sagte ich: »Gott, ich kann sie nicht leiden, die Duckmäuserin!« »Na ja« sagt der Papa, »seine Eltern und seine Verwandten kann man sich leider nicht aussuchen.« »Meine Eltern hätte ich mir auch nicht anders ausgesucht, denn einen solchen Papa und auch eine solche Mama hätten wir gar nicht wieder finden können.« Da hob mich der Papa in die Höhe, als wie wenn ich noch ein kleines Mäderl wäre, und sagte: »Du lieber Schatz du, mein Kleines«, und wir küßten uns sehr ab. Den Papa hab ich doch eigentlich am liebsten von allen Menschen; denn die Hella habe ich doch ganz anders gern, das ist eben meine Freundin, und die Dora ist meine Schwester; und die Tante Dora habe ich ja auch gern und den Oswald, *wenn* er endlich auf der Bildfläche erscheint.

8. *August:* Ich bin wütend! Heute bekomme ich von der Hella eine Karte, auf der steht nichts als »Tu, was Du nicht lassen kannst«, mit besten Grüßen Deine M. Auf offenen Karten schreiben wir uns nämlich in einer Geheimschrift, die niemand anderer lesen kann, so daß H = M ist. Zum Glück, daß es niemand lesen kann. Natürlich schrieb ich sofort der Anneliese, und zwar sehr lieb und der Hella sandte ich eine Karte, da schrieb ich nichts als in unserer Schrift: Ist bereits geschehen. Mit besten Grüßen W. Nicht einmal *Deine* W. Ich bin neugierig, was sie tut. Der Recke Siegfried ist heute mit uns auf der Wiese im Heu gelegen und da sprach er großartig. Nur das finde ich nicht, daß alle Väter, *ausnahmslos* Tyrannen sind. Ich sagte: »*Mein* Papa wirklich nicht!« Da antwortete er: »*Noch* nicht, Sie werden es schon auch erfahren. Aber wer einen Charakter hat, der läßt sich nicht unterdrücken. Ich habe einfach mit meinem Alten gebrochen und bin aus dem Haus; es gibt mehr technische Hochschulen als die in Brünn. Und weil Sie sagen nicht *alle* Väter; da schauen Sie die Hulda an; so oft sie eine Partie gefunden hat, hat der Alte sie ihr verpatzt, weil kein Mensch sich eine solche Bevormundung gefallen läßt.« »Wieso Bevormundung«, frag ich, aber da stehen gerade alle auf zum Weggehen. Also vielleicht morgen; der arme Gequälte.

9. *August:* Gott, das ist gräßlich, wenn das alles wirklich so ist, wie die Hella schreibt vom Angestecktwerden; ein Ausschlag am ganzen Körper, das ist das Greulichste, was es gibt. Ich muß den Brief sofort zerreißen, und weil sie 8 Seiten voll doch nicht in *unserer* Schrift schreiben konnte, muß ich ihn *vernichten*, damit niemand ihn in die Hand bekommt. Das ist besonders notwendig, jetzt wo die Marina da ist, wo man nie wissen kann – – – Aber ich weiß mir zu helfen; ich schreibe mir den Brief ab, wenn ich auch ein paar Tage dazu brauche. Also sie schreibt:

Innigstgeliebte Rita, was hast Du zu meiner gestrigen Karte gesagt? Wenn Du dich geärgert hast, so sei mir nicht weiter böse. Du kannst umgehen und Briefe wechseln mit wem Du willst; aber alle

Folgen hast Du Dir dann allein zuzuschreiben. Mein Papa sagt immer: Rote Haare, Gott bewahre! Und dabei bleibe ich, daß das »reine Kind« *fuchsrote* Haare hat. Also, wie du glaubst.

Aber jetzt habe ich dir etwas viel Wichtigeres mitzuteilen. Aber versprich mir im vorhinein, daß Du diesen Brief augenblicklich zerreißt, sobald Du ihn gelesen hast. Sonst schicke ihn mir lieber *un*gelesen zurück.

Also denke Dir. Hier in B. wohnt eine junge Frau mit ihrer Mama und ihrer Kusine, die studiert Medizin; sie sind Polen, für die ich seit jeher schwärme. Die junge Frau ist *geschieden*, denn sie ist von ihrem Mann in der *Hochzeitsnacht angesteckt* worden. Du weißt hoffentlich noch, was das heißt *angesteckt* werden. Aber es ist in Wirklichkeit anders, als wir glaubten. Sie hat nämlich am ganzen Körper und im Gesicht einen furchtbaren Ausschlag bekommen *davon* und wahrscheinlich werden ihr alle Haare ausfallen; das ist doch gräßlich. Die Studentin, ihre Kusine, die sehr arm sein soll, ist zu ihrer *Pflege* da. Das erzählte mir schon neulich unsere Rosa, die weiß es von dem Stubenmädchen in der Villa, welche diese Damen bewohnen. Mit der Lizzi kann man, wie Du sehr gut weißt, über so etwas nicht reden und so erfuhr ich weiter nichts; nur daß ich neulich, wie ich um Ansichtskarten ging, die drei Damen begegnete. Die junge Frau hatte einen dichten Schleier um den Kopf und um das Gesicht gewunden, daß man nichts sehen konnte. Sie saßen dann auf einer Bank in einem Vorgarten und da grüßte ich im Vorbeigehen am Rückweg. Sie dankten alle drei sehr freundlich. Am nachmittag mußte ich mich niederlegen, weil mir sehr elend war infolge...!! Da höre ich aufeinmal auf der Veranda, die sich um das ganze Haus zieht, gerade vor meinem Fenster reden. Hier ist nämlich immer zuerst Schatten und da setzen sich immer alle hierher. Ich erkenne gleich die weiche Stimme der polnischen Studentin und höre, wie sie zur Frau Bürgermeisterin aus J. sagt: »Ach, meine arme Kusine ist schrecklich hereingefallen«, d. h. sie sagte chereingefallen, da sie alle h wie ch ausspricht, wie alle Polen. »Das kommt davon, wenn man junge Mädchen wie eine Ware verkauft, ohne daß sie gefragt werden und wissen, um was es sich chandelt.« Da ziehe ich mich sofort an und setze mich ganz nahe zum Fenster hinter den Vorhang und höre zu. Die Frau Bürgermeisterin sagt: Ja, es ist gräßlich, was man alles erlebt, wenn man verheiratet ist. Also *mein* Mann ist nicht so, aber — — — und dann verstand ich leider nicht, was sie weiter erzählte. Dieses Gespräch war am Donnerstag. Aber das ist noch nicht alles. Ich dachte mir gleich, wenn ich nur einmal mit ihr reden könnte; sie hatte nämlich auch vom *Aufklären* gesprochen, und wenn wir auch schon *sehr aufgeklärt* sind, so wird sie als Medizinstudentin doch noch vieles wissen, was wir nicht wissen. Etwas wird man schon noch erfahren können. Und da sie sagte, daß man die Mädchen *nicht blind in die Ehe* rennen lassen darf, so muß sie einem doch etwas sagen, wenn man vorsichtig fragt. Ein Wort nämlich, daß sie und die Bürgermeisterin 2mal sagten, nämlich *segsuel,* weiß ich nicht und Du, liebste Rita, gewiß ebenso wenig. Sie sagte etwas von *segsuellen Verhältnissen;* also wenn etwas von *Verhältnissen* geredet wird, so weiß man schon, daß es eine Bedeutung hat, aber *segsuel,* das ist die Frage. Es *muß* einen Sinn haben, daß sie es zusammen mit *Verhältnis* brauchte. Also jetzt paß auf. Am Samstag war Unterhaltungsabend und da kommt dieses Fräulein auch immer, da lege ich meinen Sang und Klang aus den Alpen aufs Klavier und jemand nimmt sie in die Hand und blättert drin, und es heißt, wem sie gehören, der muß singen. Zuerst tue ich nichts dergleichen, gehe hinaus, komme wieder herein und sag: Ich suche meine Noten, ich habe sie neulich liegen lassen. Da geht ein Riesenhalloh an und alle sagen: Wem sie gehören, der muß singen. Nun wußte ich aber, daß das Fräulein Karwinska schon ein paarmal beim Singen begleitet hat. Also sag ich: Bitte, ich singe schon, aber ich möchte bitten, daß das Fräulein K... mich begleitet. Denn die Herren hauen für meine Stimme zu stark hinein. Großes Gelächter, und ich hatte erreicht, was ich wollte. Wir wurden gegenseitig vorgestellt und ich dachte mir: Die Bekanntschaft läßt du nicht mehr los. Am Sonntag stand ich ausnahmsweise schon um ½7 Uhr früh auf, weil das Fräulein nur in der Frühe spazieren gehen kann, da sie den ganzen Tag bei ihrer Kusine ist. Sie sitzt bei der Luisenquelle und ich gehe auch hin mit einem Buch; und wie sie kommt, springe ich auf, grüße sie und sage: Pardon Fräulein, falls ich am Ende *Ihre* Bank besetzt habe?« »O, nein, sagt sie, was, am Sonntag lernen Sie gar?« »O, nein, ich lese nur«, antworte ich und verstecke schnell das Buch unter meinem Sitz, weil ich in der Geschwindigkeit nicht wußte, was ich genommen hatte. Und denke Dir, das war mein Glück. Sie setzt sich zu mir und sagt: »Was lesen sie denn, was Sie so ängstlich verbergen? Gewiß etwas, wovon die Mama nichts wissen darf?« »O nein, sag ich, solche Bücher haben wir nicht mit am Land.«

»Also in der Stadt da naschen Sie manchmal davon?« »Gott, man muß doch auch endlich einmal etwas vom *Leben* erfahren; sagen tut einem niemand was, so schaut man halt, daß man gelegentlich in einem Buch etwas findet.« »Im Lexikon, nicht wahr?« »O nein, denn da drinnen steht durchaus nicht immer die Wahrheit.« Da lachte sie furchtbar und sagte: »Was denn für eine Wahrheit?« »Na, das kann man sich schon denken, Fräulein werden schon wissen, was ich meine.« Bei einer Medizinstudentin kann man schon deutlicher sein und sie war auch gar nicht entsetzt oder empört, sondern sagte: »Ja ja, überall derselbe Kampf. Und da gebrauchte ich Dein Lieblingswort und sagte: »Wieso Kampf? Ich möchte nur das eine wissen von dem Angestecktwerden.« Da wird sie ganz rot und sagt: »Ja, wer hat Ihnen denn das gesagt? Mir scheint, meine arme Kusine ist hier im Munde aller Leute. Wissen Sie, *ich* kann Ihnen das nicht sagen.« Da sag ich: »Ja, aber wer denn, *Sie* studieren doch Medizin und sehen und reden das alle Tage.« »Nein, liebes *Kind* (das hat mich wütend geärgert, das kannst Du Dir denken), *dazu* sind Sie noch viel zu jung.« Was sagst Du dazu, zu jung sind wir mit 14½ Jahren, das ist einfach lächerlich. Wahrscheinlich ist sie noch nicht soweit im Studieren und will das nicht eingestehen. Ich stehe also auf und sage: »Ich will Fräulein nicht länger stören« und grüße und gehe; aber gedacht habe ich mir: »Die kann mir gestohlen werden mit ihrem ganzen *Studieren;* das wird schon die richtige Doktorin werden!«

Also was sagst Du dazu? Wir werden eben doch beim Lexikon bleiben, denn vieles wird schon richtig sein und das Meiste bis auf das Wort *segsuel,* wissen wir zum Glück schon. Heuer im Winter wird das ja bei euch leichter gehen, daß wir zum Bücherkasten kommen können, als früher. Die dumme Gans grüße ich absolut nicht mehr.

Also wegen dem »reinen Kind« will ich dich, teure Rita, absolut nicht beeinflussen, und ich werde auch nie böse werden, auf dich, weil Du eine *Unwürdige* mir vorziehst!!!

Eine halbe Million Küsse sendet Dir, Ungetreue, trotzdem

Deine unverbrüchlich treue Freundin H.

P. S. An dem Brief schreibe ich 4 Tage; zerreiß ihn *unbedingt*!!!

Jetzt wo ich den Brief abgeschrieben habe, sehe ich eigentlich nicht ein, warum die Hella verlangt, daß ich ihn zerreißen soll. Ich finde ihn nicht so arg. Nur das eine, das kann ich der Hella nicht tun, wegen des Nachschauens im Lexikon. Ich glaube, ich hätte immer das Gefühl, die Mama steht auf einmal hinter uns. Nein, das kann ich absolut nicht.

13. August: Durch das dumme Abschreiben bin ich gar nicht zu *meiner* Angelegenheit gekommen, obwohl die weit wichtiger ist. Am vorigen Mittwoch war nämlich ein großer Ausflug vom Verschön.-Verein nach Inner-Lahn auf Leiterwagen. Erst wollte die Dora nicht gehen, aber der Papa sagte, wenn es *uns Vergnügen* macht, so geht er gern mit und die Mama würde sich nur freuen, wenn sie sähe, daß wir wieder an etwas Freude haben. Und zwei Tage vor dem Ausfluge entschied sich endlich die Dora, daß sie doch gehen wollte; ich wußte sofort warum; sie hatte geglaubt, bis dahin seien schon alle Plätze vergeben und es werde heißen: Leider schon alles eingeteilt und besetzt. Aber zum Glück hatte sie sich *sehr* geirrt. Der Herr Sekretär sagte im Gegenteil: Sehr erfreut; bitte wieviele Personen darf ich vormerken? und da sagten wir: 7; nämlich den Papa, die Dora und ich, die Tante Alma (leider), die Marina (leider, leider) und die zwei Buben (ebenfalls leider). »Das erfordert einen Wagen mehr«, sagte der Herr Sekretär und wir glaubten, wir würden familienweise fahren. Aber das war nicht so: Neben der Dora saß ein Herr, den ich schon ein paarmal gesehen hatte und machte ihr riesig den Hof. Dann saßen 2 fremde Herren, die Frau Bang und ihre 2 Töchter und ihr Sohn, der ein bissel blemblem ist; herüben der Recke Siegfried, ein Fräulein, die eine Schauspielerin sein soll, die zwei Weiners und ihre Mama (trotz!!!) dann ich, danach die Marina, der Papa, die Tante Alma und die zwei Buben vis-à-vis. Wer auf dem zweiten und dritten Wagen saß, weiß ich nicht mehr. Um 6 Uhr früh versammelten wir uns beim Schulhaus, weil der Herr Oberlehrer die Führung übernahm. Ich wußte gar nicht, daß er zwei Töchter und einen Sohn hat, der heuer die Matura gemacht hat. Zuerst war große Vorstellung und die Herren tranken ein Stamperl und einige Damen auch; ich aber nicht, denn Liqueur brennt einen greulich im Hals und drum schneiden alle, mindestens die Mädeln und die Damen so Gesichter beim Trinken, deshalb trinke ich nie einen Likör. Also die Hinfahrt war mäßig, weil es recht kalt und windig war, die meisten hatten ganz rote Nasen und blaue Lippen; ich biß mir fortwährend auf die Lippen, damit sie rot blieben, denn solche weiße oder bläuliche Lippen entstellen einen furchtbar, das weiß ich von der Dora heuer im Winter am Eis. Der Papa ging nur unserthalben und die Tante Dora wieder blieb wegen der Tante

Alma zuhause. Die Marina trägt jetzt Schnecken, die sieht zum Kugeln aus. Die Dora verträgt sich übrigens ganz gut mit ihr, was ich von mir nicht behaupten könnte. Beim Absteigen sah ich erst, daß neben der Schauspielschulelevin auch die Schwester vom Siegfried, das Fräulein Hulda saß. Sie ist sehr lieb und muß einmal, vor grauen Jahren sehr schön gewesen sein; sie hat so sanfte braune Augen und dazu das Haar ihres Bruders; aber der hat herrliche Blauaugen, die ganz schwarz werden, wenn er zornig ist, z. B. wie er mir von seinem Papa erzählte. Ich würde zittern vor ihm in seiner Wut. Ich gehe ihm nur etwas über die Schulter, so groß ist er. Der Papa nennt ihn den roten Bandwurm, aber damit tut er ihm wirklich unrecht. Er ist sehr breit, aber so schlank. In Unter-Toifen wurde Gabelfrühstück aus dem mitgebrachten Proviant gehalten, ungef. ½ Stunde, dann trieb der Herr Oberlehrer riesig zum Aufbruch, weil wir gut 4 Stunden zu gehen hatten. Die zwei Buben schlossen sich an andere Buben an und wir fünf Mädeln, wir 2, die 2 Weiner und die Marina gingen zuerst miteinander. Die Tante Alma ging mit einer Pastorsfrau aus Hildesheim oder wie es hieß und der Oberlehrerin. Es war zuerst *sehr* fad, so daß ich schon bereute, daß ich den Papa so gebettelt hatte, mitzugehen. Ungefähr nach 1 oder 2 Stunden kommt der Sohn vom Oberlehrer und drei fesche Burschen und gehen mit uns. Da war's so lustig, daß wir vor Lachen gar nicht gehen konnten und die Großen uns immer antreiben mußten. Und die Marina war ganz ausgelassen, ich hätte nie gedacht, daß die so fesch sein könnte. Die eine Tochter vom Oberlehrer fiel hin und einer zog sie aus dem Bach, in den sie abgerutscht war vor Lachen. Wie wir nach Inner-Lahn kamen, weiß ich gar nicht, so gut unterhielten wir uns. Da war schon das Mittagessen bestellt, wir hatten alle einen wahnsinnigen Hunger. Wir lachten unaufhörlich, denn wir hatten uns so zusammengesetzt, wie wir gegangen waren, obwohl die Tante Alma das erst nicht wollte. Aber sie wurde überstimmt. Mir war es *sehr* recht, daß der Recke Siegfried sah, daß man sich auch ohne ihn unterhalten kann. Denn er pickte der Schauspielelevin am Halse, oder vielleicht sie ihm – daß weiß ich nicht; oder wenigstens wußte ich es *damals* noch nicht! Weil jedes wo anders saß, mußte jedes selber bezahlen und der Papa sagte am nächsten Tisch, wir hätten ein Heidengeld verputzt; aber das war nicht im Gasthaus, sondern ist später geschehen, wie wir Andenken kaufen gingen. Und ich glaube, die Dora hat der Marina 3 K gegeben, damit sie auch

Sachen kaufen konnte. Aber so etwas verrät die Dora nie. Überhaupt ihr Charakter gefällt mir immer besser; sie gleicht darin sehr der Mama. Also, die eingekauften Sachen wurden alle in zwei oder drei Rucksäcke gegeben und gehörten für eine Tombola beim Zurückkommen in Unter-Toifen. Ich muß mindestens 7 K ausgegeben haben, denn der Papa gab jeder von uns in der Frühe 5 K und dann hatte ich noch eine Menge Geld vom August-Taschengeld und jetzt habe ich nur mehr 40 h. Nach dem Essen und Einkaufen legten wir uns in den Wald oder gingen zu zweien herum. Wie ich so liege und schlafen will, kommt auf einmal jemand hinter mir und wie ich mich aufrichte, legt mir dieser *Jemand* die Hände über die Augen und sagt: »Der Berggeist«. Und ich erkenne *sofort seine* Hände und sage: Recke Siegfried! Da lacht er riesig und setzt sich zu mir und sagt: »Sie haben sich ja heute so gut unterhalten, daß Sie gar keinen Blick für andere hatten.« »O, nur vice versa (das habe ich von der Dora), *ich* dränge mich niemanden auf und *werfe mich niemanden an den Hals.*« Da will er mich um die Mitte nehmen (und wahrscheinlich küssen, höchstwahrscheinlich), aber ich springe schnell auf und rufe die Dora, d. h. Theo, denn wir haben vor den Herren ausgemacht, daß wir einander *nur* Theo und Rita nennen. Der Papa sagt zwar, das sei ein Blödsinn, der für die Dora gar nicht mehr paßt (aber für mich natürlich ja!), aber wir sind bei unserer Abmachung geblieben. Da hält er mir die Hand auf den Mund und sagt: »Nicht rufen!« Aber indessen kamen schon die Dora, der Herr mit dem Zwicker, der ein Dr. jur. ist beim Bezirksgericht in Innsbruck, und die Marina und ein Bursch und da frage ich: »Was ist los, wann wird gejaust?« »Die hat schon wieder Hunger, so etwas« sagen alle und lachen furchtbar. Und die Dora schaute *sehr* glücklich aus. Auch hatte sie ein Edelweißbukett vorgesteckt, das sie früher nicht hatte; am Abend sagte sie mir, sie habe es vom Hern Dr. P... bekommen. Er ist womöglich noch größer als der Recke Siegfried, denn die Dora ist etwas größer als ich und geht ihm nur bis zum Ohrrand. Um drei Uhr ging noch die letzte Partie auf die Aussichtswarte, wir waren schon früher gewesen. Die Aussicht war herrlich. Aber eine schöne Aussicht und überhaupt eine schöne Gegend schaue ich mir lieber allein, d. h. mit dem Papa, oder ganz wenigen Personen an; mit so vielen hat man nichts; es nimmt förmlich ein jeder ein Stückerl weg. In einer schönen Gegend und am Friedhof muß man allein sein. Denn eine schöne

Aussicht stimmt einen auch meist furchtbar traurig, und da kann man doch nicht unmittelbar vorher gelacht haben oder gleich darnach wieder lachen. Wenn ich in Inner-Lahn *allein* wäre, würde ich unbedingt melancholisch, so herrlich schön ist's dort.

Um vier Uhr nach der Jause stiegen wir ab, der Herr Oberlehrer hatte geglaubt, der Abstieg dauert höchstens zweieinhalb Stunden, aber wir brauchten mehr als drei. Denn alle waren sehr müde und vielen taten die Füße weh, z. B. der Tante Alma! Wir hatten das gleich gesagt, daß das für die Tante nichts ist; aber daß nur ja der Marina nichts geschieht, mußte sie mitgehen, und die Marina hat sich *doch* sehr gut unterhalten mit einem Herrn Furtner, der Bergbau studiert wie der Oswald, aber nicht in Leoben, sondern in Deutschland. Wie eigentlich ein Mädel ist, sieht man immer erst, wenn sie sich mit einem Herrn unterhält oder bei *gewissen* Gesprächen; also die letzten sind natürlich unmöglich mit der Marina *seit der Erfahrung,* die wir gemacht. Aber jedenfalls ist sie netter, als man auf den ersten Blick meint. Beim Nachhausegehen war es riesig nett. Auf der Fahrt von Unter-Toifen nachhause saßen wir ganz anders, als beim Hinfahren.

Statt den Weiners saßen in unserem Wagen drei Burschen aus München, die waren riesig nett, da sangen wir alle möglichen Lieder, die wir wußten; besonders »Hoch vom Dachstein, wo der Aar nur haust« und die »Forelle« und »Wo mei Schatz is...« waren herrlich, da sangen die Leute von zwei Wagen mit. Und dann sangen einige Alphornlieder mit Jodeln, daß die Berge hallten. Ein paar Herren vom dritten Wagen hatten einen Schwips und dabei war auch der *Recke Siegfried*!! Die Tante Alma hatte fürchterlich Kopfschmerzen; das ist eben ein Unsinn, daß sie mitgegangen war und da wußten wir nicht einmal noch, was nachkommt. Bei jedem Haus, wo junge Mädeln abgesetzt wurden, wurde ein Ständchen gebracht. Und am nächsten Abend sollte große Tombola sein mit den gekauften Andenken, aber da durften wir nicht mehr hingehen.

14. August: Es ist greulich fad, ich weiß gar nicht, was ich eigentlich tun soll, so schreibe ich Tagebuch. Übrigens habe ich ja den Skandal noch nicht geschrieben. Am nächsten Tag Nachmittag kommt die Tante Alma, gerade wie wir weggehen wollen und sagt zum Papa: Ernst, ich bitte auf ein Wort. Nun dieses *auf ein Wort* der Tante Alma kennen wir schon, d. h. zu deutsch: ich mache Euch eine Szene. Also fängt sie an: Ernst, du weißt, ich war nie eingenommen für diese gemeinsamen Partien, denn es schaut nichts heraus dabei. Aber um der Kinder willen, hauptsächlich um *Deiner mutterlosen* Kinder entschloß ich mich, mitzugehen. (Es hat sie gar niemand gebeten; und wegen ihr ist die Tante Dora zuhausgeblieben.) Weißt du, mit was für Leuten wir in einer Gesellschaft waren? Dieser freche junge Bursche, dem die Gretel so nachrennt, (das ist eine Gemeinheit! ich möchte wissen, wann ich ihm nachrenne; im Wald, da habe vielleicht *ich ihn* um die Mitte genommen, und damals an meinem Geburtstage habe vielleicht auch *ich* angefangen), und die junge Schauspielelevin sind die halbe Nacht nach dem Ausflug nicht nachhausegekommen. Wo sie sich herumgetrieben haben, das wissen die Götter! *Reiner* sind sie nicht nachhausgekommen. (Natürlich, wie hätten sie sich denn waschen sollen). Der Oberbergrat hat dem Lausbuben ordentlich den Standpunkt klar gemacht, aber die Mutter dieser Schauspielerin nimmt natürlich das Mädchen in Schutz. Wenn ich denke, daß *meine Marina so etwas täte,* das brächte mich ins Grab.« Endlich kommt der Papa zu Wort: »Ja, also liebe Alma, und was hat das alles mit meinen Kindern zu tun? Soviel ich weiß, sind diese zwei Leute gar nicht auf unserem Wagen gewesen, nicht Kinder?« Ich war froh, daß der Papa sich an *uns* wendete und sagte: Der Siegfried Sch. und die Schauspielelevin sind im vierten Wagen gesessen, ich habe sie aufsteigen gesehen; und mir war es auch toute même chause, wo er fährt und mit wem er fährt.« (Das ist zwar nicht wahr, aber wegen der Tante sagte ich es). »Dieses Mundwerk und diesen Ton gegen den eigenen Vater!« Kaum daß sie das sagt, da ist der Papa wild geworden, wie ich ihn noch nie gesehen habe. »Meine liebe Alma, ich ersuche dich, dich in *meine* Erziehungsmethode nicht zu mischen, so wenig wie ich Dir ja ein Wort in *Deine* Sachen drein rede.« Das sagte der Papa so leise und ruhig, aber dabei war er ganz weiß vor Wut, und die Dora sagte mir dann, daß ich auch ganz weiß gewesen bin, natürlich auch vor Wut. Die Tante Alma sagte noch: »Ich will keine böse Prophezeiungen sprechen, aber die Zukunft wird lehren, wer Recht hatte. Adieu.« Wie sie draußen war, stürzten die Dora und ich zum Papa und sagten: »Ich bitte dich, Papa, ärgere dich nicht so; es steht gar nicht dafür.« Und der Papa war riesig lieb und nett zu uns und sagte: »Ich weiß schon, daß ich mich auf Euch verlassen kann; Ihr seid ja die Kinder meiner Berta.« Und da konnte ich mich nicht zurückhalten und sagte: »Nein Papa, ich habe wirklich kokettiert mit dem Siegfried, und im Wald hat er mich um die Mitte genommen; aber küssen habe ich mich nicht lassen, das schwöre ich dir. Und wenn du es nicht willst, so schwöre ich dir auch, daß ich kein Wort mehr mit ihm rede.« Und der Papa sagte: »Ja, ja Gretel, du hast schon noch Zeit mit solchen Sachen und wenn der Strick »der rothaarige«, mit dir schön tut, so macht er sich höchstens hinterdrein lächerlich. Und das will mein Mädel doch nicht, gelt Hexerl?« Da umarmte ich den Papa und schwor ihm bei meinem Ehrenwort, daß ich mit dem Siegfried kein Wort mehr rede. Nämlich der Gedanke ärgert mich wirklich kolossal, daß er sich lächerlich machen könnte; am Ende zu der Elevin, die in der halben Nacht mit ihm spazieren geht; eine solche Unverschämtheit!

Wir waren dann so aufgeregt, daß wir gar nicht spazierengingen und auch natürlich nicht zur Tombola. Aber um meine Sachen um 7 K tuts mir riesig leid. Hoffentlich hat er nichts davon gewonnen.

   15. August: Nur ein paar Worte. In der Frühe wie ich zum Frühstück gehe, kommt mir auf dem Gang der S. (das ist gut, das kann seinen Vornamen und auch Strick bedeuten, wie der Papa ihn nannte) entgegen und sagt: »Guten Morgen, Fräulein Gretchen. Warum waren Sie neulich nicht bei der Tombola? Haben Sie nichts gestiftet? – »Oja, ich habe Sachen um 7 K gekauft dafür, aber es paßt einem mitunter die Gesellschaft nicht.« – – Wieso denn auf einmal? Es waren ja alle Leute von der Partie? – – – »Ja, eben deshalb«, sag ich und gehe vorbei. Dem habe ich's gut gegeben, denn verstanden *muß* er es doch haben. Darin muß ich dem Papa recht geben, daß es nicht fein ist, zu fremden Leuten über seine Eltern schimpfen, wie er das jedesmal tut. Ich könnte kein Wort gegen meine Eltern zu jemanden andern sagen, obwohl ich mich ja auch manchmal wütend ärgere; also über die Mama schon deshalb nicht, weil sie tot ist. Aber auch über den Papa nicht; lieber würge ich das ärgste Unrecht hinunter. Denn damals in dem Verdruß mit der Tante Alma wegen der Marina, da war ich wirklich unschuldig und er schimpfte mich so aus, noch dazu vor der Tante Alma, das werde ich nie vergessen. Aber trotzdem, zu jemandem Fremden, den ich gerade erst kennen lernte, würde ich nie etwas gegen irgendwen von unserer Familie sagen; nicht einmal gegen die Dora, mit der ich früher doch gar nicht gut stand, habe ich nicht einmal zur Hella besonders viel geschimpft; höchstens daß sie falsch ist, und das war früher wirklich der Fall, während jetzt nur äußerst selten.

19. August: Es ist scheußlich fad; ich kann das Wort scheußlich nicht vertragen, aber für hier paßt es einzig. Heute abends kommt endlich der Oswald, Gott sei Dank. Der S. hat schon mehrmals *Annäherungsversuche gemacht,* die ich aber *ignorierte.* Er soll nur bei seiner Schauspielerin bleiben, die die halbe Nacht bei ihm spazierengehen darf. Wo sie übrigens waren, würde mich *sehr* interessieren. In der Nacht, es ist unerhört!!! Die Dora sagt, sie hat gleich eine Antipathie gegen den S. gehabt, weil er – – – – – also das ist eine Lüge! – – – Schweißhände! hat. Das ist doch absolut nicht wahr, im Gegenteil, er hat so entzückend kühle Hände, das muß ich doch besser wissen als die Dora. Aber das weiß ich seit jeher, wenn *mir* jemand den Hof macht, der ist der Dora *unsympathisch,* natürlich. Ja, richtig, neulich am Sonntag hat mir die Anneliese einen reizenden Brief geschrieben. Ich muß ihr heute noch antworten.

22. August: Der Oswald ist zu nett. Er hat nicht auf meinen Geburtstag vergessen, aber er sagte, damals war ihm grad das Moos, das heißt in der Studentensprache das Geld ausgegangen und dann fand er nichts Passendes, aber sobald wir nach Wien kommen, macht er seinen Fehler gut. Ich weiß aber nicht, was ich mir wünschen soll. Jetzt bleibt der Oswald hier, bis wir alle nach Wien fahren und da machen wir *allein* einige Partien. Das ist wirklich am besten. Mit den Weiners gehe ich jetzt auch nicht mehr so viel, weil sie sich auch auf der gemeinsamen Partie geärgert haben. Die Nelly findet den Oswald *äußerst fesch* und deswegen war sie heute zweimal bei unserem Tisch, einmal wegen des Roseggers, den wir ihr geliehen haben und dann wegen des Spaziergangs.

24. August: Es ist ja eigentlich lächerlich, daß einen so etwas so freut von einem Bruder; aber wenn er es findet, so ist es sicher wahr. Der Oswald sagt heute zu mir: »Mädel, fesch wirst du zum Anbeißen. Du machst dich gehörig heraus.« Ich sagte zwar: »Na, das Anbeißen möcht' ich keinem raten«, und er sagte: »Ich auch nicht«, aber es hat mich doch riesig gefreut, obwohl er nur mein Bruder ist. Die Marina findet er scheußlich und die Dora ist ihm als Mann zu fad; da hat er wohl Recht. Ich begreife auch den Dr. P. nicht, daß der immer mit der Dora redet. Mit mir hat er übrigens noch keine 10 Worte gesprochen. Also ich kränke mich nicht darüber.

27. August: Wir waren gestern am Matscherkogel, wo eine herrliche Aussicht war. Die beiden Buben waren mit, sie hatten dem Papa eigens gebeten; aber die Tante Alma und die Marina natürlich nicht. Der Oswald nennt die Tante Alma immer *Nadelpolster ohne Rundung,* aber nur wenn der Papa nicht dabei ist, weil sie ja doch seine Schwester ist. Die Weiners wollten mitgehen, aber ich sagte, mein Bruder bleibt nur noch wenige Tage hier und das ist eine Abschiedspartie *en famille.*« Da waren sie etwas beleidigt, aber mich hat das riesig geärgert, daß sie immer wieder absichtlich vor mir erzählten, daß der S. sich mit der Schauspielelevin gegen den Willen seines Papas verlobt hat oder verloben wird. *Mir* liegt *daran* doch wirklich nichts. Aber sie haben einander immer Blicke zugeworfen, wenn sie davon redeten, besonders die Olga, die wirklich nicht sehr geistreich ist. Ich bin jetzt manchmal so traurig, daß ich gar nicht begreifen kann, wie ich mich eigentlich auf dem gemeinsamen Ausflug so gut unterhalten habe. Ich denke so oft an die arme Mama und ich bin auch oft Schwarz gekleidet. Das paßt am besten zu meiner Stimmung.

30. August: Morgen scheinen die Sch… wegzufahren. Wenigstens hat der alte Herr vorgestern zum Papa gesagt: »Gott sei Dank, wenn man wieder bald in seine vier Wände und seine Bequemlichkeit kommt.« Das sagt auch die Großmama der Hella immer vor der Abreise vom Land. Und dann standen heute 2 große Reisekörbe auf dem Gang, in der Nähe der Zimmer des Herrn Oberbergrats. Der Oswald findet den alten Herrn charmant; na also, Geschmackssache. Mit dem S. hat er, glaube ich, nie geredet, obwohl er auch deutschnational ist, aber von einem anderen Verband; der Oswald gehört zur Südmark, und der S. hat riesig geschimpft über die Südmark, als ich ihm erzählte, daß der Oswald bei der Südmark ist.

31. August: Heute ist er richtig weggefahren, d. h. die ganze Familie. Sie haben sich bei uns verabschiedet nach dem Nachtmahl gestern abends und heute sind sie mit dem 9 Uhr Zug nach Innsbruck gefahren. Also Schweißhände hat er nicht, ich habe eigens aufgepaßt; das ist eine reine Einbildung von der Dora. Er und der Oswald begrüßten sich mit Heil! Das ist ein großartiger Gruß und ich werde das zwischen der Hella und mir auch einführen.

2. September: Heute sind auch die Weiners weg, weil man es ihrer Mama schon zu stark anmerkt. Die Olga sagte beim Abschied, es ist ihr gräßlich peinlich, mit ihrer Mama zu fahren, sie wird wennmöglich immer etwas zurückbleiben, damit man nicht gleich weiß, daß sie zusammengehören.

4. September: Das ist doch unerhört!! Der S. ist wieder da, allein natürlich; alle Leute sind empört, denn er ist nur wegen des Fräuleins A., der Schauspielelevin zurückgekommen. Aber der Oswald hat ihn riesig in Schutz genommen, wie nachmittags die Frau Lunda zur Tante Dora sagte: »Das ist ein Skandal und seine Eltern hätten es ihm nicht erlauben sollen, wenn schon die Mutter der Elevin nicht weiß, was sich gehört.« Da sagte der Oswald: »Pardon, gnädige Frau, der junge Sch. ist doch kein Schulbub, der den Eltern am Rockschössel hängt; eine solche Bevormundung wäre wirklich eines deutschen Mannes unwürdig.« Der Frau L. habe ich das eigentlich gegönnt, denn die durchbohrt einen immr mit den Blicken und ist wahnsinnig neugierig. Und das Wort *Bevormundung* ist echtdeutsch, das hat auch der S. einmal gesagt, wie er von seiner Schwester redete und warum sie nicht geheiratet hat. Die Frau L. hat sich wütend geärgert und hat zur Tante Dora gewendet gesagt: »Natürlich, die jungen Herren halten fest zusammen, bis sie selber einmal Väter sind, da denken sie schon anders.«

8. September: Gott sei Dank, übermorgen fahren wir auch weg. Eigentlich war es ziemlich fad hier, jedenfalls kann ich in das Loblied der Hella vom vorigen Jahr nicht einstimmen; sie wohnten allerdings nicht in der Pension Edelweiß, sondern im Hotel Kaiser von Österreich. Das macht sehr viel aus, *wo* man wohnt. Richtig, das fällt mir gerade ein. Die junge Frau mit dem Ausschlag infolge *Ansteckung* muß doch nicht geschieden sein, wie mir die Hella vorvorige Woche schrieb; denn ihr Mann war zu Besuch dort, ein Schauspieler vom Königl. Schauspielhaus in München. Also scheinen die Schauspieler wirklich auch alle *angesteckt* zu sein; und die Hella behauptete immer, nur die Offiziere! In dem Punkt ist sie wirklich etwas übertrieben.

14. September: Seit 11. sind wir schon in Wien, aber ich konnte absolut nicht schreiben, obwohl genug Grund dazu wäre. Denn die erste Person, die ich begegnete, als ich am 11. Kakao holte, den die Resi vergessen hatte mitzunehmen, war der Oberleutnant R., nämlich der *Sieger,* der Viktor!! Er erkannte mich natürlich sofort und war riesig liebenswürdig und *begleitete mich ein Stück.* So nebenbei fragte er nach der Dora, aber ich sah deutlich, daß er sie nicht mehr liebt. Das ist übrigens köstlich, daß er nicht wußte, daß die Dora heuer die Matura gemacht hat und daher nicht mehr ins Lyzeum geht. Daß sie durchaus weiter studieren will, sagte ich ihm nicht, weil es doch absolut noch nicht sicher ist.

16. September: Gestern ist die Hella gekommen; ich bin glücklich; ich begrüßte sie mit *Heil!* aber sie sagte, »mach keine Dummheiten«, überdies paßt das nicht für eine österreichische Offizierstochter!!! Also darüber werden wir uns nach 2monatlicher Trennung nicht zerzanken und *Servus* ist auch sehr fesch, nur nicht so fein. Sie erzählte mir noch wahnsinnig viel von dieser jungen Frau; ihre Kusine soll in ihren Mann *verliebt* sein, sagten einige Damen in B. Das wäre greulich, denn dann würde sie ja auch angesteckt; aber die Hella sagt, sie hat nie etwas bemerkt, obwohl sie die 14 Tage, die er da war, riesig aufgepaßt hat. Er hat bei 2 Unterhaltungsabenden gesungen, aber sie hat nicht das Geringste bemerkt. Die Lizzi hat sich *verlobt,* aber die Hella durfte nicht einmal mir etwas schreiben, weil die Verlobung erst jetzt in Wien offiziell gefeiert wird; mit einem Baron G. Er ist Gesandschaftsattaché in London und dort hat sie ihn bei einer Gesellschaft kennen gelernt. Er liebt sie wahnsinnig. Im Sommer im Aug. kam er auf Urlaub nach B. und hielt um ihre Hand an; deshalb blieben sie den ganzen Sommer in B. und fuhren gar nicht nach Ungarn. Das waren die *besonderen Umstände,* die mir die Hella nicht schreiben konnte. Also *das* hätte sie mir ruhig schreiben können, ich hätte es niemanden verraten; denn schließlich ist die Lizzi doch schon 19½ Jahre und da hätte sich niemand gar so gewundert, daß sie sich endlich verlobt. Ein großes Verlobungsfest kann nicht gefeiert werden, weil der Vater vom Baron G. heuer im Juli gestorben ist. Das ärgert die Hella riesig. Die Lizzi behauptet, sie macht sich nichts draus.

18. September: Heute ist die Verlobungsanzeige der Lizzi gekommen. Es muß herrlich sein, Verlobungskarten auszuschicken. Die Dora ist ganz rot geworden vor Ärger, sie sagte zwar, wie ich fragte: »Was wirst du denn ganz rot, da ist doch nichts zum Genieren, wenn sich jemand *verlobt!*« »Ich bitte dich, was soll ich mich denn genieren, ich bin bloß *riesig erstaunt.*« Aber vom Erstaunen wird man nicht *so* rot.

19. September: Heute hat die Schule begonnen; leider, denn *Sie* ist nicht mehr bei uns. Und noch dazu ist die vorjährige III. heuer die IV. und das ist gräßlich, im selben Schulzimmer sitzen ohne *Sie.* Zum Glück haben wir wenigstens die Frau Dr. St. als Klassenvorstand und wieder in Mathematik und Physik; die Frau Dr. F., die wir Nüßchen und die V. Klasse Wasserfall nannten, ist nicht mehr bei uns, sondern an das Deutsche Lyz. in Lemberg angestellt worden. Wir mußten uns vorläufig so setzen, wie im Vorjahr, aber die

Hella sagte, wir werden die Frau Dr. St. bitten, daß sie uns wo anders hinsetzt, denn die Erinnerung an die drei Jahre, wo wir die Frau Dr. M. hatten, würde uns in der Aufmerksamkeit stören. Das ist ein wunderbarer Einfall. In Deutsch haben wir einen Herrn, in Französisch leider wieder die Frau Dr. Dunker, deren Teint noch nicht schöner geworden ist, und in Englisch die Frau Direktorin. Das ist mir sehr angenehm, denn erstens ist sie sehr lieb und zweitens habe ich einen Stein im Brett bei ihr von der Dora her, die ihr Liebling war. In Latein gehe ich natürlich nicht, denn ohne Frau Dr. M. habe ich nichts davon. Richtig, einen neuen Religionsprofessor haben wir, der Herr Professor K. ist in Pension gegangen, da er schon 60 Jahre alt war.

21. *September:* Es ist uns gelungen. Heute in der großen Pause sagte die Hella zur Frau D. St., die gerade Inspektion hatte: »Frau Dr., dürfen wir eine Bitte äußern?« Da sagte sie: »So, schon in der ersten Schulwoche; also was denn?« Und da sagten wir, sie möchte uns aus der dritten Bank Fensterseite wegsetzen, weil das unsere Plätze bei der Frau Dr. M. waren und das sei uns schrecklich.« Zuerst wollte sie nicht recht, aber dann sagte sie: »Ich werde schon sehen, so könnt Ihr ohnehin nicht sitzen bleiben.« Von 11 – 12 hatten wir Mathematik und nachdem die Frau Dr. Steiner sich niedergesetzt hatte, sagte sie: »Diese Sitzordnung war nur provisorisch. Ihr müßt doch etwas mehr nach der Größe sitzen«. Und dann setzte sie alle und ich und die Hella kamen in die 5. Bank Fensterseite; an unseren Plätzen sitzen die zwei Zwillinge, die Ehrenfelds und vor uns die Lohr und eine neue, eine gewisse Hammer Friederike, deren Papa Konditor auf der Mariahilferstraße ist. Wir sind sehr froh, daß wir aus der entsetzlichen dritten Bank weggekommen sind, wo *Sie* so oft neben uns stand und die Hand auf die Bank legte.

29. *September:* Heute war der Herr Prof. Fritsch, der Deutschprofessor, das erstemal da. Er räuspert sich in einemfort und trägt goldene Augengläser. Die Hella findet ihn *erträglich* nett, ich aber nicht. Daß ich in meinem Leben kein Vorzüglich mehr in Deutsch bekomme, das weiß ich! Gestern war der neue Religionsprofessor das erstemal da, da saß ich allein, weil ja die Hella als Protestantin weggeht. Er sieht furchtbar schlecht aus und hat die Augen immer gesenkt, obwohl er brennend schwarze Augen hat. Das nächstemal setze ich mich neben die Hammer, damit wir nicht so einzeln sitzen.

2. *Oktober:* Heute hatten wir heil. Beichte und Kommunion, und weil die Lehrkräfte nicht erlauben, daß wir uns aussuchen, zu wem wir beichten gehen, mußte ich zum Herrn Professor Ruppy gehen. Das war mir gräßlich. Ich habe so leise geflüstert, daß er mich dreimal ermahnen mußte, lauter zu reden. Wie ich vom 6. Gebot anfing, deckte er sich die Augen mit der Hand zu. Aber gefragt hat er, Gott sei Dank, weiter nichts. Die einzige Lehrkraft, die einem erlaubte, sich den geistlichen Herrn auszusuchen, war die Frau Dr. M. Das heißt, direkt erlaubt hat sie es auch nicht, aber wenn eine schnell zu einem andern Beichtstuhl rannte, so hat sie getan, als ob sie es nicht bemerkt hätte. Der Herr Rel.-Prof. gibt furchtbar lange Bußgebete auf; alle Mädchen, die bei ihm beichteten, verrichteten gräßlich lange ihre Buße. Hoffentlich ist er beim Prüfen nicht auch so streng, sonst bekomme ich Nichtgenügend; das wäre greulich.

3. *Oktober:* Heute war der Papa herrlich! Die Tante Dora muß ihm gesagt haben, daß ich sie neulich fragte, ob der Papa am Ende die Frau Rechnungsrat Riedl heiratet, weil ihr Mann fast zur selben Zeit gestorben ist wie unsere Mama, und weil der Papa der Vormund von den drei Kindern ist. Heute war sie mit dem Willi da, weil er jetzt in die Schule gekommen ist. Und da haben die Dora und ich darüber geredet und sie sagte, wenn der Papa das tut, geht sie aus dem Haus. Und am Abend, wie wir nach dem Nachtmahl sitzen, so sag ich: Wenn die Frau v. R. nur nicht so häßlich wäre. Findest du sie nicht auch schrecklich häßlich, Papa? Und der Papa lacht so lieb und sagt: »Du brauchst keine Angst haben, mein Hexerl, das tue ich Euch nicht an, daß ich euch eine Stiefmutter ins Haus setze.« Und da war ich so froh und die Dora auch, daß wir den Papa riesig abküßten, und die Dora sagte: »Ich wußte das ohnehin, daß du deinen Schwur an die Mama nicht brechen wirst«, und sie weinte furchtbar. Und der Papa sagte: »Nein Kinder, einen Schwur habe ich der Mama gar nicht geleistet, das hätte ihre vornehme Natur auch nie verlangt. Aber bei so großen Mädeln, wie Ihr seid, gehört keine Stiefmutter ins Haus.« Und dann sagte ich dem Papa, daß die Dora aus dem Haus ginge, obwohl ich mich eigentlich furchtbar geärgert habe darüber. Denn, *wenn* der Papa wirklich noch einmal *heiraten* würde, so müßte *ich* es ja auch ertragen; und daher die Dora ebenfalls. Aber der Papa sagte nochmals: »Habt keine Angst, ich heirate bestimmt kein zweitesmal.« Und ich sagte: »Auch die Tante Dora nicht?« Und er sagte: »Na,

die schon – – « und dann unterbrach er sich schnell und sagte: »Nein, nein, auch die Tante Dora nicht.« Und jetzt gerade sagt mir die Dora, ich sei urblöd gewesen, denn ich weiß doch, daß der Papa nicht entzückt ist von der Tante. Und dann machte sie mir Vorwürfe, weil ich dem Papa gesagt habe, sie würde aus dem Haus gehen, wenn er doch heiratet. *Ich bin ein Kind,* dem man seine geheimsten Gedanken nicht anvertrauen dürfte!! So, jetzt haben wir mindestens ¾ Stunden gestritten und es ist dabei ½ 12 Uhr geworden. Glücklicher Weise haben wir morgen frei, weil Kaisers Geburtstag ist. Aber ich bin doch sehr froh, daß wir es positiv wissen, daß der Papa die Frau v. R. nicht heiratet. Ich könnte mich mit keiner Stiefmama vertragen.

9. Oktober: In Deutsch ist es heuer gräßlich schwer. Wir dürfen beim Aufsatz keinen Plan machen, sondern wir müssen ihn so niederschreiben und dann hinterdrein *disponieren.* Und das kann ich nicht. Der Prof. Fritsch ist sehr schön, aber alle Mädchen fürchten ihn entsetzlich, denn er ist gräßlich streng. Seine Frau ist im Irrenhaus und seine Kinder sind bei seiner Mama. Er hat sich von ihr scheiden lassen und da er zum Glück ein Protestant ist, kann er wieder heiraten, wenn er will. Die Hella ist ganz verliebt in ihn, aber ich absolut nicht. Denn ich denke nur immer an den Prof. W. in der II. und da habe ich genug. In einen Professor verliebe ich mich absolut nicht mehr. In der Lehrerinnenbildungsanstalt, wo die Marina jetzt im 4. Jahrgang ist, hat voriges Jahr ein Professor eine ehemalige Schülerin geheiratet. Aber das täte ich um keinen Preis, meinen alten Professor heiraten, der alle Fehler von einem weiß. Und dann muß er doch mindestens 12 oder 20 Jahre älter sein als das Mädchen; und das ist doch greulich, da kann eine gleich ihren eigenen Papa heiraten; der hat sie wenigstens sicher gern und sie weiß wenigstens, wie er alles haben will; aber so einen alten Professor, nee, das ist ein Geschmack!

15. Oktober: Ich habe eine wahnsinnige Angst, daß die Hella rezitiv wird; sie sagt, ein zweitesmal, überhaupt jetzt, nachdem – – – läßt sie sich absolut nicht operieren; da stirbt sie lieber. Gott, das wäre gräßlich! Ich habe ihr riesig zugeredet, daß sie ihrer Mama sagt, daß sie solche Schmerzen hat; aber sie will nicht.

19. Oktober: Der Papa der Hella wird im November General und kommt nach Krakau. Gott sei Dank, sie bleibt hier bei ihrer Großmama, bis sie mit dem Lyz. fertig ist. Nur zu Weihnachten und zu Ostern und in den Ferien fährt sie hin und sie freut sich schon wahnsinnig darauf. Vor lauter Freuden ist ihr wieder ganz gut. In der Schule sind alle sehr stolz drauf, daß in unserer Klasse eine Generalstochter ist. In der III. Kl. ist auch eine, sogar von einem Feldmarschall-Leutnant, aber er ist schon in Pension. Und der Papa sagt immer, wenn einer in Pension ist, kräht kein Hahn mehr nach ihm.

22. *Oktober:* Wir haben kaum Zeit zum Lernen vor Aufregung. Die Mama der Hella hat voriges Jahr zu Weihnachten mehrere Romane von Geyerstamm bekommen und neulich liegt einer auf dem Tisch und wie ihre Mama draußen ist, blättert die Hella schnell und liest den Titel *Frauenmacht!!!* Wie ihre Mama fertig war, schaut sie, wohin sie ihn im Bücherkasten stellt und jetzt lesen wir ihn. Einfach großartig! Ich kann die ganze Nacht nicht schlafen; die Signe, die er so liebt und die ihn doch betrügt. Wir haben so geweint, daß wir nicht weiterlesen konnten. Und das Mädchen, das Gretchen, das so an ihrem Papa hängt; ja, ich kann das großartig begreifen, daß sie immer Angst hat, ihr Papa könnte diese eckelhafte Person, die Frau Elise heiraten, die doch so schon einen Mann hat. Und wie sie dann stirbt, Gott, das ist so gräßlich und so schön, daß wir es dreimal hintereinander lasen. Ich hatte neulich ganz rote Augen vor lauter Weinen, so daß die Tante dann sagte, ich dürfe nicht soviel lernen; sie glaubt nämlich, die Hella und ich lernen Literatur miteinander. Gott, das Lernen ist einem schrecklich, wenn man *solche* Bücher liest.

24. *Oktober:* Wenn ich den Papa anschaue, muß ich immer an den Roman *Frauenmacht* denken; natürlich abgesehen von der Signe. Die Hella hofft noch etwas zu erwischen, aber es geht nicht so einfach, weil ihre Mama doch leicht draufkommen kann, da sie immer sehr vielen bekannten Damen Bücher leiht. Das gäbe einen Riesenskandal. *Das Buch vom Brüderchen* verlangen wir uns nicht, da wird nicht besonders viel drinstehen; aber ein Roman heißt *Komödie der Ehe,* das muß herrlich sein; *den müssen* wir unbedingt lesen.

26. *Oktober:* Die Bruckners bleiben in ihrer Wohnung und die Großmama übersiedelt zu ihnen; nur der Herr *General!!!* fährt nach K. und die Mama der Hella natürlich auch. Die Lizzi muß hierbleiben, denn sie geht zu den Schotten Kochen lernen, da sie im Fasching *heiratet!!!*

31. *Oktober:* Heute sind die Eltern der Hella weggefahren; sie hat furchtbar geweint, weil sie riesig gern mitgefahren wäre. Die

Lizzi macht sich nichts draus, weil sie schon verlobt ist und ihr Bräutigam, der Herr Baron, zu Weihnachten auf jeden Fall nach Wien oder Krakau kommt; das ist ihm einerlei.

4. *November:* Heute haben wir, nämlich etliche in der Klasse, uns wütend geärgert in der Deutschstunde. Weil ein paar Mädchen nicht wissen, wo ein Beistrich gesetzt wird und wo nicht, hat der Professor Fritsch nicht direkt, aber indirekt gesagt, wir haben in den verflossenen Jahren nichts gelernt. Wir haben sehr gut verstanden, daß das auf die Frau Dr. M. gegangen ist, bei der die Deutschstunden 10, nein 100mal schöner waren als beim Professer F. Und gerade auf die Interpunktion hat die Frau Dr. M. riesig gehalten und uns viele Beispiele gesagt. Aber ob man einen Beistrich setzt oder nicht, *davon* hängt doch nicht der gute Stil ab! Und die zwei Ehrenfeld, die zuletzt auch sehr für die Frau Dr. M. schwärmten, sagten, wir, die Lieblinge der Frau Dr. M., sollten einmal bei einem bestimmten Aufsatz nicht einen einzigen Beistrich machen, ihm zum Justament. Das ist eine ausgezeichnete Idee, und wir, ich und die Hella, sind gleich dabei, wenn man sich nur auf die andern verlassen kann.

6. *November:* Heuer *müssen* alle Klassen mindestens jeden Monat zwei Ausflüge, auch im Winter machen. Wenn das im Vorjahre bestimmt worden wäre, wie die Frau Dr. M. noch da war, wäre ich bestimmt jedesmal mitgegangen. Aber heuer, ohne sie, freut es uns nicht. Die Frau Dr. St. ist auch sehr lieb, aber so wie die Frau Dr. M. eben doch nicht. Überdies machen wir mit dem Papa heuer jeden Sonntag einen Tagesausflug, wo auch immer die Hella, und wenn sie will, die Lizzi mitgeht. Sobald Schnee ist, machen wir Rodelpartien von Hainfeld oder Lilienfeld aus.

3. *Dezember:* Gott, fast einen Monat habe ich nichts geschrieben, aber dafür heute! Der Skandal in der Deutschstunde!! Wir haben nämlich die Aufsätze zurückbekommen, in denen die Hella und ich, die 2 Ehrenfeld, die Brauner, die Bergler Edith, und die Kühnelt absolut keinen Beistrich gemacht haben. Und es wäre auch nichts herausgekommen, wenn nicht die dumme Person, die Brauner, nachträglich alle Beistriche, die sie schon gemacht hatte, wegradiert hätte. Wir hatten verabredet, falls der Prof. etwas merkt, zu sagen, wir wollten vor dem Unterricht gemeinsam besprechen, wo Beistriche zu setzen seien, und es sei aber zu spät gewesen. Jetzt hat diese alberne Person alles verpatzt. Er wird den Fall vor die Konferenz bringen! Aber schließlich können nicht 6

Schülerinnen von 25 eine mindere Sittennote bekommen; das *darf* überhaupt nicht einmal sein.

4. *Dezember:* Heute war die Frau Direktorin in der Deutschstunde inspizieren. Nachher sagte sie, sie erwarte, daß wir die schönen Kenntnisse, die uns die Frau Dr. M. drei Jahre lang vermittelte, zum festen Unterbau unserer weiteren Ausbildung im Oberlyzeum machen. Und in der Englischstunde sprach sie über den beschränkteren Gebrauch der Satzzeichen im Englischen; und schließlich wurden wir *6 Sünderinnen* in die Kanzlei gerufen. Die ganze Schule weiß schon davon und bewundert unseren Mut, besonders die Unterklassen; die V. u. VI. ärgern sich, daß wir aus der IV. uns das trauten. Die Frau Direktorin schimpfte uns fürchterlich zusammen, sie sagte, das ist eine unerhörte Frechheit und zugleich machen wir damit der Frau Dr. M. eine schöne Schande. Da meldet sich die Hella und sagt ganz bescheiden: »Ich bitte, Frau Direktorin, darf ich ein Wort zu unserer Verteidigung sagen?« Und dann sagte sie, daß der Herr Prof. Fritsch bei jeder Gelegenheit über die Frau Dr. M. eine Bemerkung macht, natürlich nur indirekt, aber so, daß wir es doch verstehen, und daß wir deshalb das getan haben. Da antwortete die Frau Direktorin, das ist wohl nicht richtig, niemals werde eine Lehrkraft gegen eine andere sprechen, da hätten wir den Herrn Prof. einfach mißverstanden! Na also, das kennt man schon; auch das Nüßchen hat wie oft in der Mathematik gesagt: »*Das* wißt Ihr nicht? Das *müßt* ihr doch gelernt haben.« Aber die Betonung!!!!! Morgen ist Konferenz und wir sollen trachten, noch vor der Konferenz alles gutzumachen. Die 2 Ehrenfeld wollten, daß wir die Arbeiten nochmals schreiben, mit den Beistrichen natürlich, und morgen in der Deutschstunde auf den Tisch legen, aber alle andern stimmten dagegen; denn wir sahen sehr gut, daß die Frau Direktorin ganz rot wurde, als die Hella das alles sagte. Die Korrekturen werden wir machen, aber wir fangen alle ein neues Heft an.

8. *Dezember:* Jetzt sind schon 3 Tage seit der Konferenz, aber es wird kein Wort von unserer Affäre gesprochen, und gestern in der Deutschstunde gab der Prof. das Thema für die III. Hausarbeit, ohne daß er etwas Besonderes sagte. Ich glaube, er traut sich doch nicht. Die Hella hat uns entschieden gerettet, denn keine andere hätte sich getraut, das zu sagen, auch ich nicht. Die Hella sagte: »Meine liebe Rita, dafür bin ich eine Offizierstochter; wenn *ich* nicht Mut hätte, wer sollte ihn denn haben?« Alle Mädchen sehen

uns in der Pause und beim Weggehen an, obwohl die Frau Direktorin in der Kanzlei zu uns sagte: »Ich wünsche, daß dieser Vorfall nicht in der ganzen Anstalt herumgetragen wird.« Aber die Brauner hat eine Schwester in der II. und die Bergler Edith eine in der V. und dadurch haben es alle Klassen erfahren. Die Eltern werden offenbar nicht vorgeladen, denn sonst wäre es schon geschehen. Übrigens habe ich vorsichtshalber zuhaus schon Andeutungen gemacht. Und da die Dora, Gott sei dank, nicht mehr ins Lyzeum geht, kann unmöglich eine Klatscherei herauskommen. Wir waren nur im 1. Moment aufgeregt, aber die Hella hat ganz Recht, wenn sie sagt: »Es geschieht uns bestimmt nichts, denn *wir sind im Recht.*«

15. Dezember: Begegnung mit Viktor!!! Ich und die Dora gingen Weihnachtseinkäufe machen und wie wir gerade in die Tuchlauben einbiegen, prallen wir aneinander. Die Dora ist doch blutrot geworden und beiden hat die *Stimme gezittert.* Er ist wunderbar; dieser schwarze Schnurrbart und diese Augen! Und die grünen Aufschläge stehen ihm herrlich. Er räusperte sich schnell, damit man nichts merken sollte und ging bis am Hohen Markt mit uns; er hat noch ein halbes Jahr Urlaub bekommen, da er ein Halsleiden hat; also kann die Dora ganz beruhigt sein, falls sie geglaubt hat – – – – –. Beim Abschied hat er *uns beiden* die Hand geküßt und so süß gelächelt, wehmütig und süß zugleich. Ich wollte dann ein paarmal die Rede auf ihn bringen, aber wenn die Dora nicht will, da kann man sich auf den Kopf stellen und es nützt nichts; so ein Dickschädel! So war sie schon als ganz kleines Kind, wo sie immer so blöd gesagt hat: Do nit! das sollte heißen: Dora will nicht; so ein Fratz! ein eigensinniger!

17. Dezember: Gestern machten wir die erste Rodelpartie auf den Anninger; es war herrlich, wir kugelten fortwährend im Schnee; er lag ziemlich hoch, besonders dort, wo wenige Leute waren. Beim Nachhausegehen passierte der Hella etwas Köstliches; sie blieb an einer Wurzel hängen und riß sich die ganze Sohle von nagelneuen Delka-Schuhen ab. Sie mußte sich die Sohle mit Spagatschnüren festbinden und dabei hinkte sie, daß alle Leute glaubten, sie hätte sich beim Rodeln den Fuß verstaucht. Und ihre Großmama war ganz außer sich und sagte: Das kommt von solchen *unweiblichen* Vergnügungen! Die Tante Dora ärgerte sich schrecklich darüber, weil sie doch auch dabei war, aber der Papa sagte: Die Großmama der Hella ist eine alte Dame und zu ihrer Zeit hatte man in dieser Hinsicht eben eine andere Auffassung. Ja, wirklich in *dieser Hinsicht,* das merkt die Hella jeden Tag ein Dutzendmal, was sie alles nicht reden und tun soll, und was alles für solche junge Mädchen nicht paßt! Am liebsten würde ihre Großmama sie in einen Glassturz setzen; aber undurchsichtig, damit sie nicht heraussehen und *niemand hineinsehen* kann. (Die Hauptsache!)

20. Dezember: Also heute war die letzte Deutschstunde vor Weihnachten und gar nichts ist in der Affaire weiter geschehen. Die Hella hat glänzend recht behalten. Gratuliert hat die elende Streberin, die Verbenowitsch, die sich bei jeder Lehrkraft einschmeichelt und die Hammer, die ja neu ist und die Frau Dr. M. nicht gekannt hat. Richtig, neulich um 1 Uhr haben wir die Franke begegnet; sie geht in eine Schauspielschule und sagt, da ist ein ganz anderer Ton, sie ist froh, daß sie die Schule los ist. Die Affaire mit dem Professor F. hat sie schon gewußt und hat uns zu unserer *Charakterstärke* gratuliert, besonders natürlich der Hella. Sie behauptet, in allen Lyzeen Wiens ist die Sache bekannt geworden, sie wenigstens hat es von einer Schülerin des Beamtentöchter-Lyzeums erfahren, deren Schwester mit ihr in die Schauspielschule geht. Sie ist sehr glücklich dort, nur daß man eine solche Anstalt auch *Schule* nennt, ärgert sie; denn von *Schule* keine Rede; wir würden staunen, welche Freiheit im Ton dort herrscht. Sie ist übrigens sehr hübsch und noch stärker als sie ohnehin schon war. Und sie spricht sehr hübsch, nur etwas zu laut, so daß sich alle Leute nach uns umgedreht haben. Sie hofft, uns in *1 Jahr* zu ihrem ersten Debut einladen zu können!!! Also das möchte ich nie, so vor lauter Fremden auf einer Bühne stehen, da brächte ich nicht 1 Wort heraus.

21. Dezember: Die Hella ist furchtbar unglücklich. Vorgestern bekommt sie eine solche Influenza und Halsentzündung, daß sie nicht nach Krakau fahren kann. Sie sagt, sie ist nur zum Unglück geboren; jetzt schon die zweiten verpatzten Weihnachten, vor zwei Jahren die Blinddarmoperation und heuer diese elende Influenza. Hoffentlich kommt ihre Mama nach Wien, aber dann ist wieder ihr Papa ganz allein. Und was sollen erst wir sagen, Weihnachten ohne die Mama, das erste Weihnachten ohne die Mama. Ich darf gar nicht daran denken, sonst muß ich gleich weinen. Auch die Dora sagt, das sei gar kein rechtes Weihnachtsfest ohne die Mama. Was der Papa zu dem Bild der Mama sagen wird. Wenn nur der

Rahmen wirklich morgen fertig ist. Die Hella ist hauptsächlich auch deshalb unglücklich, weil sie den Lajos nicht sehen kann. Übrigens ist sie zugleich in einen Dragonerleutnant, den wir alle Tage begegnen und der ein Graf ist, sterblich verliebt und er in sie. Er weiß, daß ihr Papa General ist, denn wie ihr Papa zur Audienz zum Kaiser fuhr, hat die Hella ihn ein Stück im Auto begleiten dürfen und da haben sie den Leutnant begegnet. Und seither grüßt er sie auf der Gasse. Er ist riesig groß und sieht riesig aristokratisch aus. Nur das ärgert mich an der Hella, daß sie *immer* ableugnet, wenn sie in jemanden verliebt ist. Ich sage es ihr immer, oder wenn sie etwas merkt, so leugne ich doch nicht. Was für einen Sinn hat das unter Freundinnen? z. B. voriges Jahr war sie doch bestimmt in den jungen Doktor im Sanatorium verliebt. Und wie wir damals im September mit dem herrlichen Leutnant vom Fliegerkorps aus Theben fuhren, habe ich doch nicht geleugnet, daß ich wahnsinnig verliebt bin. Aber sie glaubte es nicht und sagte: Das ist doch keine Liebe, wenn man sich monatelang nicht sieht und indessen mit anderen kokettiert. Das war auf den Recken Siegfried gemünzt. Gott, auf den!! das ist wirklich zum Lachen.

22. *Dezember:* Ich habe eine riesige Freude, die Frau Dr. M., das heißt, jetzt heißt sie Frau Professor Theyer hat mir geschrieben. Ich habe ihr nämlich zu Weihnachten gratuliert und da dankte sie mir, und gleich zu Neujahr, *sie mir zuerst;* das ist doch himmlisch! Ich habe mich wütend geärgert, daß die Dora sagt, sie hätte das getan, damit sie nicht noch einmal schreiben muß. Aber das ist bestimmt nicht wahr. Solche Sachen sagt die Dora nur, um mich zu ärgern. Aber der süße göttliche Brief, ich trage ihn mit *Ihrer* Photografie ewig bei mir. Der Hella schickte sie bloß eine Karte, natürlich, weil sie auch nur eine Karte schickte. Die Frau Dr. M. könnte ich mir ganz gut als Stiefmutter denken, das heißt, ganz gut nicht, aber am ehesten. Sie schrieb auch so lieb von unserer Mama und daß diese Weihnachten für mich nicht so fröhlich sein werden wie sonst. Da hat sie wohl recht. Es ist niemanden bei uns so zumute, als ob übermorgen Heiliger Abend wäre. Das Einzige, daß ich mich freue auf die Augen, die der Papa machen wird, wenn er das Bild sehen wird. Aber sonst sollte man im ersten Jahre nach einem solchen Todesfall überhaupt Weihnachten gar nicht feiern, denn an solchen Tagen ist man dann doppelt traurig.

23. *Dezember:* Ich habe zwar noch furchtbar viel für Weihnachten zu tun, aber heute *muß* ich schreiben. Also heute vormittag

vielleicht um ½ 12 Uhr läutet es. Ich glaube, es ist die Hella, die mich abholen wollte, falls ihr wieder gut ist, und stürze hinaus, reiße die Tür auf und sage: »Habe die Ehre«, und will gerade die Fortsetzung sagen, »Habe Diaroe«, da bin ich einfach paff, steht ein Herr draußen und fragt: Sind die Herrschaften zuhause? Im Moment erkenne ich ihn, es war der Dr. Pruckmüller von Fieberbr. Indessen macht schon die Dora die Tür vom Salon auf und jetzt kommt die große Falschheit: Sie war *nicht im mindesten* überrascht, sondern sagt: »Ah, der Herr Dr. das ist schön, daß sie Wort gehalten haben.« Also hat er ihr offenbar versprochen, daß er kommt und sie hat es wahrscheinlich gewußt, daß er *heute* kommt, denn sie hatte die schwarzseidene Zierschürze mit den Einsätzen umgebunden und die nehmen wir immer nur, wenn Besuch kommt. So eine Falschheit! Justament, ging auch ich in den Salon. Dann kam die Tante Dora und lud ihn für abends ein. Dann ging er fort. Dabei hat er zu mir kein Wort geredet, mir scheint, er hat nicht einmal gesehen, daß ich auch noch auf der Welt bin. Erst beim Weggehen sagte er: »Nun, wie geht es Ihnen, Fräulein?« »Mein Gott«, sag ich, »wie es einem kurz nach einem Todesfall, noch dazu der Mama, gehen kann.« Die Dora wird blutrot, denn sie hat verstanden. *Wenn der* mein Schwager wird, nun da weiß ich, wie ich mich zu stellen habe! Aber, bis dahin ist noch lange Zeit; denn er ist doch in Innsbruck und das wird der Papa wohl kaum erlauben, daß die Dora nach Innsbruck heiratet. Bei Tisch redete ich überhaupt kein Wort, weil ich empört war über diese Falschheit. Aber es kommt noch schöner. Also abends um 7 Uhr oder wieviel es war, rückt der Herr Dr. an. Die Dora erscheint in einer weißen Bluse mit einer schwarzen Schleife, und war solange in ihrem Zimmer geblieben, damit ich nicht wissen sollte, was sie anzieht. Ich hatte nämlich tatsächlich geglaubt, sie zieht das schwarze Reformkleid mit den Einsätzen an, und zog es auch an. Na also, das war ja ganz egal. Bei Tisch redete er fortwährend mit der Dora und ich redete absichtlich mit dem Oswald. Dann sagte er, daß er mit dem 1. März nach Wien versetzt werde. Die Dora war wieder gar nicht erstaunt, also *muß sie es gewußt haben!* Aber jetzt erinnere ich mich ganz gut, im Oktober gab mir der Briefträger einen Brief an sie mit dem Poststempel Innsbruck. Also *korrespondierte sie offenbar die ganze Zeit mit ihm,* nicht einmal ein halbes Jahr nach dem Tode der Mama, das ist stark! Aber wie ich mich auf dem Land unterhielt, da stieß sie mich unterm Tisch an, ich sollte nicht so furchtbar lachen. Und wenn der Herr Schwager in spe, Gott, ich muß lachen, vor ein paar Jahren, mir scheint in Goisern, da nannten wir doch die Dora die Inspe, weil sie vom Robert Warth und mir gesagt hatte: Das Brautpaar in spe! Und jetzt ist sie an dieser Stelle. Abends wie der Dr. wegging, zitterte ich schon, daß ihn der Papa zum Christbaum einlädt, aber Gott sei Dank, wie der Papa fragte: »Und was machen Sie morgen«, sagte er: »Morgen bin ich bei der Familie meiner Schwester, die auf der Wieden an einen Hauptmann verheiratet ist.« Gott sei Dank, das hätte gefehlt, wo wir so gar nicht in der Stimmung sind, Besuche zu empfangen, überhaupt heuer, das erste Weihnachten ohne Mama. Und wenn sie wüßte, – – – Ich möchte wirklich wissen, was mit der Seele eigentlich geschieht. An den Himmel glaube ich natürlich schon lange nicht mehr; aber irgend wohin muß ja die Seele doch kommen. Es gibt soviele Rätsel, und die machen einen so traurig; in einem Zeitungsroman habe ich neulich als Überschrift eines Kapitels gelesen: *Das Rätsel der Liebe*. Also *dieses Rätsel* macht einen wohl nicht traurig, wie man an der Dora sieht. Übrigens scheinen alle Mädchen, d.h. alle älteren Schwestern in diesem Punkte gleich zu sein. Denn wenn ich denke, was mir die Hella von der Verlobung der Lizzi erzählte. Allerdings, die hat ihn doch wenigstens in London kennen gelernt, und nicht bei ihrer Familie; aber die Falschheit war ja dieselbe. Was das nur heißen soll? Wäre es nicht viel gefühlvoller und vernünftiger, der Schwester *alles* zu sagen! Wie kann denn dann jemand erwarten, daß man ein Verbündeter sein soll. Nun, *mir* ist es recht, ich lasse mir *dadurch* das Weihnachtsfest *nicht* stören; wenn man überhaupt von einem *Fest* reden kann. Am Stephanitag, wo er für abends eingeladen ist, werde ich der Hella sagen, komme ich jedenfalls zu ihr und ihrer Großmama. Gut, daß sie doch in Wien geblieben ist.

25. Dezember: Weihnachten war wirklich *sehr* traurig. Alle drei bekamen wir Mamas Bild in Lebensgröße in feinen grünen Rahmen für unsere Zimmer. Die Dora schluchzte laut auf und da weinte ich auch und ging zum Papa und umarmte ihn. Er hatte auch ganz nasse Augen; denn er hat die Mama rasend geliebt. Nur der Oswald weinte nicht direkt, aber er biß sich fortwährend auf die Lippen. Ich war nur froh, daß der Dr. P. nicht da war, denn vor fremden Leuten zu weinen, ist greulich unangenehm. Wir haben *beide* sehr feine weiße Guipierblusen, nicht Spitzenblusen bekommen, dann habe ich von der Tante ein Postkartenalbum für 500

Stück, sehr fein, bekommen, ferner eine Gedichtensammlung, die ich mir wünschte. Die Ungarischen Tänze vom Brahms, weil mir die Dora die ihren im vorigen Jahr nicht leihen wollte, angeblich weil sie mir zu schwer sind; als ob *sie* das etwas anginge; das wird schon die Klavierlehrerin richtiger beurteilen; ferner Briefpapier mit meinem Monogramm, einen neuen Entoutcas mit Anhänger, Zopfbänder, und solche Kleinigkeiten. Der Papa hatte eine riesige Freude mit dem Bildchen der Mama; wir hatten nämlich gar nichts gewußt davon, daß er uns die Mama im Großen machen läßt, und haben ihm nach der letzten Photographie vom vorvorigen Winter ein ganz kleines Bild vom Herrn Milanowitz, der Maler ist und die Mama sehr gut kannte, malen lassen, in Farbe natürlich. Dazu einen entzückenden Rokokorahmen, zum Zusperren; wenn er offen ist, sieht er aus, als ob die Mama zum Fenster herausschauen würde. Das war *meine* Idee und der Herr Milanowitz fand sie *höchst originell*. Der Dora ist es sehr unangenehm, daß er kein Geld dafür annahm, aber dadurch konnten wir den Rahmen noch eleganter machen lassen. Nach Weihnachten, zu Neujahr schicken wir, aber von *unserem* Geld dem Herrn M. feine Zigarren, ich wollte zu Weihnachten, aber wir kennen uns mit Zigarren gar nicht aus und sagen wollten wir niemand etwas, weil man nie wissen kann, ob sie es nicht doch verraten, angeblich unabsichtlich; aber das ist nicht wahr, wenn man etwas verrät, hat man schon immer die Absicht im geheimen; und man sagt dann nur, man habe sich verredet; aber das kennt man schon. Was die Dora extra bekommen hat, schreib ich nicht alles her, nur das eine: Um 7 Uhr, gerade wie der Papa den Baum anzündet, bringt ein Dienstmann wunderbare Rosen mit ein paar Mistelzweigen durchflochten und unten ein Veilchenbouquett – – – natürlich vom Herrn Dr. P. mit einer Karte, aber die hat sie nicht lesen lassen. Sie sagte nur: Dr. P. läßt allseits angenehme Feiertage wünschen; mir scheint, er hat geschrieben: »*Fröhliche* Weihnachten«, aber *das* hat sich die Dora doch nicht zu sagen getraut. Ja, von der Hella habe ich ein Perlentäschchen bekommen, und sie von mir ein Portemonnaie mit dem Doppeladler, sie wünschte sich nämlich ein solches militärisches Portemonnaie. So eine Militärschwärmerin wie die Hella habe ich noch nicht gesehen; ich finde ja auch die Offiziere riesig fesch, aber das deswegen die anderen Herren gar nicht existieren für einen, das ist schon etwas übertrieben. Und lernen tun die anderen, z.B. die Doktoren und die Jus studieren oder selbst Bergbau, wenn ich

schon nichts von der Hochschule für Bodenkultur sage, die nehm'
ich auch nicht für »vollwertig« (so sagt nämlich die Hella immer),
lernen müssen also die alle entschieden mehr als die Offiziere; das
will die Hella nie gelten lassen und führt dann immer die General-
stabsoffiziere an; als ob alle »*Generalstäbler*« wären! Wir haben
schon oft deswegen gestritten. Ich gönne es ihr aber von Herzen,
daß sie einmal einen Offizier bekommt, u. zw. einen, der selber die
Kaution hat, denn sonst geht es ja nicht; denn die Bruckner haben
kein Vermögen, sagt der Papa. Er sagt das zwar auch immer von
uns, aber das glaube ich nicht; reich sind wir ja gerade nicht, aber
daß jede von uns die Kaution haben könnte, das glaube ich wohl.
Übrigens die Dora verzichtet ja freiwillig darauf, *wenn* sie wirklich
den Dr. P. heiratet.

27. Also gestern war ich richtig bis 9 Uhr bei der Hella und am
ersten Feiertag war sie bei uns. Da sehe ich gerade, daß ich da oben
schrieb, die B. hätten kein Vermögen; dies scheint entschieden
anders zu sein. Wir bekommen doch immer sehr viele und schöne
Sachen zu Weihnachten, zum Geburtstag und zum Namenstag
(den haben allerdings die Protestanten nicht) aber so großartige
Sachen wie bei B. schenken wir einander nicht. Die Hella hat einen
rosa Seidenstoff für ein Tanzstundenkleid bekommen, der mindestens 50 K kostet und einen Spitzenkragen mit Manschetten, von
dem wir selber beim Feiner gesehen haben, daß er 24 K kostet,
dann noch einen goldenen Ring mit einem Smaragd und eine
Menge Kleinigkeiten, die sie gar nicht angeschaut hat. Und ihre
Schwester, was die erst alles bekommen hat, lauter Sachen für ihre
Ausstattung! Und der Christbaum bei B. kostete 12 K und der
unsere bloß 7, obwohl er ebenso schön ist. Also ich glaube wohl,
daß die B. Geld haben und ich habe auch zur Hella gesagt: »Ihr
müßt enorm reich sein.« Und sie sagte: »Na, na, gar so arg ist's
nicht; einen Generalstäbler darf ich mir einmal nicht aussuchen.
Die Lizzi hat's entschieden gescheit gemacht, der Paul ist Baron
und ist reich. Er ist eben wahnsinnig in sie verschossen; Ge-
schmacksverirrung, nicht?« Das finde ich auch, denn gar so schön
ist die Lizzi gerade nicht, außer das wunderschöne blonde Haar,
aber sonst, vor allem andern ist sie so mager, keine Spur B . . . . da
hat die Hella zehnmal mehr. Und wenn man bis 20 keinen hat,
bekommt man ihn auch nicht mehr.
Etwas war köstlich heute. Die Hella fragt mich: »Du, wie heißt
denn der Dr. deiner Schwester mit dem Vornamen?« Da fällt mir

erst ein, daß er auf seiner Visitkarte bloß stehen hat Dr. jur. A. Pruckmüller, und dann erinnere ich mich, daß die Dora im Sommer, als wir ihn kennen lernten, sagte, er heiße leider August, das passe gar nicht für ihn. Na, wir lachten uns halb krank, weil die Hella natürlich gleich singt: »O, du lieber Augustin« und dann fällt mir ein: Der dumme August im Zirkus und dann redeten wir drüber, wie die Dora ihn einmal nennen wird. Gusti oder Gustel, oder Augi, mein lieber Augi, mein geliebter Gusterl, nein, es war zum Totlachen. Und dann besprachen wir, welchen Namen wir einmal möchten und ich sagte: Ewald oder Leo, und die Hella sagte: Nicht auch Siegfried? Aber da hielt ich ihr den Mund zu und sagte: »Du, *damit* kannst du mich ernstlich böse machen, das ist und muß vergessen bleiben.« Und dann sagte sie, sie hätte am liebsten, wenn ihr Bräutigam einmal Peter oder Thamian oder Chrysostomus heiße; dann würde sie ihn geliebter Dami oder Sosti nennen; aber dann sagte sie in allem Ernst, sie heirate nur einen Mann, der Egon, Alexander oder höchstens Georg heiße. Da kam gerade ihre Mama herein, um uns zur Jause zu rufen, und sagte gleich: »Was ist da mit dem Alexander oder Georg? Ihr seid schreckliche Mädchen. Wie ihr zwei Minuten allein seid (ich bin schon um ½3 gekommen und um 4 Uhr jausnen die Bruckners, das nennt die Mama der Hella 2 Minuten), so hört man schon unpassende Sachen.« Und weil die Hella Angst hatte, ihre Mama glaube, weiß Gott was, so sagt sie: Aber nein, Mama, wir haben nur darüber geredet, welchen Namen wir einmal für unsern Bräutigam am liebsten hätten.« Ha, das war köstlich, wie ihre Mama auffährt. »Das ist es ja eben, daß Ihr mit kaum 15 Jahren (ich bin es nicht einmal noch) nichts als *solche* Sachen im Kopf habt!« *Solche* Sachen, zum Lachen wirklich. Bei der Jause war es ungefähr so fad, wie neulich bei uns am Abend; denn der Herr Baron war da, d. h. sie sagen jetzt schon alle Du zu einander, weil die Hochzeit schon im Februar sein wird, sobald es bestimmt ist, ob der Baron in London bleibt oder nach Berlin kommt. Das muß doch komisch sein, zu einem ganz fremden Herrn »Du« zu sagen. Die Hella sagt, sie war es gleich gewöhnt und der Paul gefällt ihr überhaupt ganz gut. Wenn er der Lizzi Bonbons bringt, wenn sie ins Theater geht, bringt er auch immer ihr ein Extra-Sackerl voll. Das würden *andere* Leute gewiß nicht tun und *noch andere* Leute würden es nicht nehmen! Wie ich heute nachhause kam, sagt der Papa: Na, ein andersmal schlaf gleich bei den Bruckners, und da sagte ich: »Ich wollte nicht stören.« Und der Oswald sagt: »Dem Schnabel gehört eine Ohrfeige«, der Papa war aber zum Glück schon bei der Tür draußen und so sag ich: »*Deine Kinder,* wenn du überhaupt einmal welche hast, kannst du mit Ohrfeigen traktieren, daß sie grün und blau werden, aber über deine Schwestern hast du gar kein Recht, das hat dir der Papa schon einmal gesagt, in Fieberbrunn.« »Ja, ja, der Papa hat euch zweien immer die Stange gehalten, das war von jeher so.« »Bitte mich nicht hineinzuziehen in Euren Streit«, sagt die Dora, als ob sie etwas anders wäre als ich. Und dann sagt die Tante Dora: »Aber ich bitte Euch, streitet doch nicht in einemfort.« »*Ich* habe nicht angefangen«, sage ich noch und gehe dann ohne Gute Nacht sagen hinaus; d. h. zum Papa bin ich in sein Zimmer gegangen und die Tante Dora habe ich im Vorzimmer gesehen. Aber dem Oswald und der Tante Dora habe ich *nicht* Gute Nacht gewünscht, denn ich brauche mir doch nicht *alles* gefallen zu lassen. Und jetzt ist es schon ½ 12 Uhr, weil ich so lange geschrieben und so viel geweint habe, denn ich bin *sehr* unglücklich. Das weiß nicht einmal die Hella. Ich muß jetzt ins Bett gehen; ob ich werde schlafen können, das ist eine andere Frage. Morgen gehe ich wieder allein auf den Friedhof, wenn es nur halbwegs möglich ist.

31. Heute waren die Hella und ich auf dem Friedhof. Ihr Papa und ihre Mama sind gestern abends wieder weggefahren nach Krakau und da sagte sie zu ihrer Großmama, sie ist den ganzen Vormittag bei mir und ich sagte, ich bin bei ihr. Und so fuhren wir allein nach Pötzleinsdorf. Die Hella schaute sich den ganzen Friedhof an und ich ging indessen zum Grabe unserer lieben einzigen Mama. Ich bin so unglücklich; die Hella tröstete mich zwar sehr, aber sie kann ja das doch nicht verstehen.

1. Jänner 19…! Wir haben gestern natürlich keinen Sylvesterabend gefeiert, sondern waren ganz allein und es war sehr traurig. Heute vormittag kam der Herr Dr. P. mit einem Bouquet Rosen für die Dora und der Tante Dora und mir gab er sehr schöne Veilchen beim Gratulieren. Da er am 4. wegfahren muß, so ist er für den 3. am Abend eingeladen. Ich bin nicht entzückt davon. Morgen fängt, Gott sei Dank, die Schule wieder an. Ich bin einem Mistwagen begegnet, das bedeutet Glück; der Papa sagt, es ist ein Skandal, daß bei uns in Wien noch immer der Mistbauer fährt und gar am Neujahrstag um 2 Uhr nachmittags. Aber schließlich, wenn er *Glück* bedeutet!

2. Jänner: Also der Mistbauer hat nicht gelogen. Heute schon haben wir das *Glück* erlebt! In der großen Pause entsteht auf einmal im Vorraum ein ganzer Knäuel von Mädchen und plötzlich glaube ich, mir zerspringt das Herz. Die Frau Dr. M. d. h. die Frau Professor Theyer steht mitten unter den Mädchen und sieht uns gleich und gibt uns beiden die Hand, die wir sofort küssen. Sie ist zum Besuch ihrer Eltern da mit *ihrem Mann,* dem Herrn Professor; da sie nicht bestimmt wußte, ob sie dazukomme, in die Schule zu kommen, so schrieb sie weder mir noch der Hella etwas davon. Gott, sie ist so schön und so entzückend lieb. Wie schon die Pause abgeläutet ist und die Frau Dr. Dunker hereinkommt, sehe ich *sie* noch draußen stehen. Da halte ich mir schnell mein Taschentuch vor, als ob ich Nasenbluten hätte, und stürze hinaus zu ihr. Und weil ich ausrutschte und beinahe hinfiel, hielt sie mich mit beiden Armen auf. Kaum bin ich bei ihr, kommt die Hella und sagt: »Ah, ich habe doch sofort verstanden; ich habe gesagt, dir ist furchtbar schlecht, ich muß nach Dir sehen.« Da lachte die Frau Professor sehr und sagte: »Ihr seid ja ganz infame Komödiantinnen; ich werde Euch gleich hineinjagen.« Aber natürlich tat sie es nicht, sondern war furchtbar reizend und endlich sagte sie: Wir müssen jetzt in die Klasse gehen. Da baten wir sie riesig, sie solle uns heraußen lassen bei ihr, aber sie sagt: »Nein, dabei kann ich als Eure einstige Lehrkraft Euch nicht unterstützen. Aber ich sag Euch etwas besseres. Besucht mich morgen auf ein Stündchen, wollt Ihr?« »Natürlich«, riefen wir beide. Und sie sagte, sie wohne eigentlich im Hotel, aber damit wir nicht allein ins Hotel kommen müßten, so wird sie bei ihren Eltern in der Schwindgasse sein und dorthin sollen wir bis um 4 oder ½ 5 Uhr kommen. Da küßten wir ihr beide Hände und waren so glücklich! Also morgen um 4 Uhr! Gott, noch eine ganze Nacht und fast einen ganzen Tag müssen wir warten. »Wenn Eure Eltern es erlauben«, sagte sie; mein Gott, wenn der Papa oder sogar die Großmama der Hella *das* nicht erlauben wollten! Der Papa sagte nur: »Ich bitt' dich Gretel, verlier nur nicht noch vorher deinen Verstand, sonst findest du nicht einmal in die Schwindgasse. Ist die Hella auch so verrückt?« Natürlich, wie kann man da anders sein.

3. Jänner: Noch 2 Stunden, es ist gräßlich, um ½ 4 Uhr holt mich die Hella ab. In der Schule schauten wir uns heute fortwährend an und die anderen Mädchen glaubten, es sei etwas mit einem Herrn. Gott, wo denken wir jetzt an einen Herrn! Wir hatten eine wunderbare Idee, wir machen *Ihr* noch schnell ein Andenken, da sie erst am 5. am Abend wegfährt. Ich habe mir auf maisgelber Seide ein Buchzeichen vordrucken lassen, Edelweiß und ihr Monogramm E. T. natürlich, das neue. Und die Hella malt in Intarsienimitation ein Papiermesser. Mir wäre so etwas auch lieber gewesen, aber ich habe keine Geduld dabei und da verpatze ich es sehr oft zum Schluß. Bei einer Stickerei kann man nichts verpatzen. Aber leider bekomme ich es vom Vordrucken erst um ½ 4 Uhr; also muß ich die ganze Nacht und morgen den ganzen Tag arbeiten.

Abends: Gott sei Dank und leider Gott, wie mans nimmt, hat die dumme Person von Vordruckerin vergessen auf das Lesezeichen und ich bekomme es erst morgen in der Frühe. Also kann ich jetzt schreiben: Es war himmlisch! Wir mußten mindestens ½ Stunde spazieren gehen vor Ihrem Haus, bis es endlich 5 Minuten nach 4 war. Gott, Sie war süß! Sie wollte uns Sie sagen, aber das *duldeten wir absolut nicht,* und so sagte sie wieder Du. Ich weiß gar nicht, was wir alles geredet haben, nur, daß ich plötzlich schrecklich weinte; und da zog sie mich an ihre B – –, nein so etwas schreibe ich nicht von ihr; sie zog mich an sich und da spürte ich *Ihr Herz schlagen!* und wurde fast verrückt. Die Hella behauptet, ich habe sie mit beiden Armen um den Hals genommen, aber das ist eine Einbildung von der Hella, das hätte ich mich nie getraut. Sie hat so entzückende Hände und der *Ehering* glänzte so an ihrem göttlichen Ringfinger. Wir redeten natürlich von der Schule und da fragte sie plötzlich: Was war denn das eigentlich mit diesen Aufsätzen, in denen die halbe Klasse absichtlich keine Satzzeichen setzte? »Gott«, sagen wir beide, »das ist eine gemeine Lüge, die *halbe* Klasse hat das nicht getan, sondern bloß 6, die Sie, Frau Doktor, immer besonders verehrten.« Und dann erzählten wir ihr, wie alles war. Da lachte sie ein kleines Bißchen und sagte: »Na, Kinder, einen besonderen *Liebesdienst* habt Ihr mir damit nicht erwiesen. Das ganze war wirklich eine große Frechheit.« Und da sag ich: »Und die Bemerkungen des Herrn Prof. Fritsch sind noch zehnmal frecher gewesen, denn sie bezogen sich auf eine Lehrkraft und noch dazu auf *Sie.*« Da sagte sie: »Liebe Kinder, das ist schon einmal so im Leben, daß den Abwesenden immer eine üble Nachrede gehalten wird, berechtigt und unberechtigt; das ist leider in jedem Beruf so.« Und die Hella sagte dann noch, daß die Frau Direktorin nicht so ist, denn sonst wäre ein Riesenskandal entstanden, da die Affäre in sämtlichen Lyzeen Wiens bekannt ist. Da sagte die Frau Dr. M.: »Ja, die Frau Direktorin ist ein wirklich vornehmer Charakter.« Also jetzt kommt noch etwas Großartiges, eigentlich 2 großartige Dinge: 1.) wartete sie uns mit herrlichen Bonbons auf, wie ich sie noch nie gegessen habe. Das bestätigte auch die Hella und wir beide kennen uns in Zuckerln wirklich gut aus. Und das zweite, noch herrlichere, war Folgendes: Nachdem wir schon einige Zeit dort waren, klopft es und herein kommt *Ihr* Mann, der Herr Prof. und sagt: »Grüß Gott, mein Schatz« und zu uns »Guten Tag, meine jungen *Damen*.« Und dann stellt sie uns vor und sagt: »Zwei meiner liebsten Schülerinnen und meine treuesten Anhängerinnen.« Da lacht der Herr Prof. sehr und sagt: »Das kann man nicht von allen Schülern behaupten.« Da sag ich schnell: »O, bei der Frau Dr. schon, für die ginge die ganze Klasse heute noch durchs Feuer.« Dann ging er wieder hinaus und sie sagte: Pardon, einen Augenblick und man hörte deutlich, daß *er sie* im Nebenzimmer *küßte*, denn sie sagte noch im Hereinkommen: »Aber geh, leb wohl, Karl.« Leider heißt er nur Karl, das ist ein so prosaischer Name und er nennt sie Lise und wenn sie allein sind, wahrscheinlich Lieschen, da er ein Norddeutscher ist. Ich muß ins Bett gehen, es ist gleich ½ 12. Morgen Fortsetzung. Schlafe wohl, mein süßer herrlicher wonniger goldener einziger Schatz! Gott, ich bin so glücklich!

6. *Jänner:* Gott sei Dank, daß heute Freitag ist und wir keine Rodelpartie machen können, weil die Dora *verkühlt*!! ist. Also am 4. habe ich das Lesezeichen bekommen und habe den ganzen Tag und bis 12 Uhr in der Nacht gearbeitet und gestern stand ich schon um ½ 6 Uhr auf und arbeitete wieder den ganzen Vormittag und nachmittag um 2 Uhr trugen wir die Andenken hin. So gern wir es selbst abgegeben hätten, so taten wir es doch nicht, sondern gaben es beim Stubenmädchen bloß ab. Sie fragte: Bitte, soll ich die Fräulein anmelden, aber die Hella sagte gleich: »Danke, nein, wir wollen nicht stören und unten sagte sie auf meine Vorwürfe: Nein, es ist besser so; Du bist ohnehin ganz aufgeregt, Du weißt, was *Sie* gesagt hat: »Aber liebes Kind, du wirst ja krank; das darfst du *mir* nicht antun!« Gott, ich muß so weinen, daß ich gar nicht schreiben kann, aber ich *muß* schreiben, denn es ist noch soviel Herrliches zu berichten, was ich nie, nie vergessen darf, und wenn ich 8 Tage dran schreiben muß. Was liegt daran; ich lebe nur mehr dieser Erinnerung und ich will auch nichts anderes, als *Sie* einmal noch in

meinem Leben wiedersehen. Wir hatten ihr am Freitag natürlich Blumen gebracht, ich Maiglöckchen mit Veilchen und Tuberosen und die Hella langstielige Eisrosen. Sie bedankte sich riesig und holte sofort 2 Vasen, die ihre Mama hereinbrachte. Sie ist so klein wie die Frau Hofrätin R. und hat schon graue Haare, reizend; aber sie sieht eigentlich der Frau Dr. M. nicht ähnlich. Beim Abschied wartete sie uns noch einmal mit den Bonbons auf, aber weil wir beide beinahe schon weinten, so wollten wir nicht mehr nehmen und da wickelte sie uns beinahe die ganzen Bonbons ein und sagte: »Zum Trost in Eurem Leide.« Bei jemanden andern würde einem so etwas wie eine Ironie vorkommen, aber bei ihr ist es einfach süß. Es waren 17 große Bonbons und die Hella gab mir durchaus 9 und sie nahm bloß 8. Ich esse täglich nur ein einziges, damit ich 9 Tage davon zehren kann. *Von meinem Glück und meinem Leid!!*

Die Hella fühlt nicht ganz so diese Liebe wie ich und gestern sagte sie, allerdings nur im Spaß: »Mir scheint, die ganze Welt ist für dich versunken; ich muß dich herausreißen, sonst schnappst du noch über.« Und dann sagte sie, wie ich so blöd sein konnte, und zu *ihr* das Wort *Hochzeitsreise* sagen konnte, obwohl sie sich räusperte. Das war ein Blödsinn ersten Ranges und die Frau Prof. ist auch ganz rot geworden dabei. Ich habe das gar nicht bemerkt, nur wie ihr *Mann,* der Herr Professor hereinkam, da wurde sie wirklich *flammendrot.* Wir redeten dann noch *Verschiedenes in dieser Hinsicht,* nämlich die Hella und ich. Ich hätte sie riesig gern gefragt, ob sie konfessionslos geworden ist, da der Herr Prof. doch ein Jude sein soll, obwohl er eigentlich *nicht* jüdisch aussieht. Denn schließlich einen schwarzen Bart haben auch viele andere Herren. Aber ich getraute mich nicht zu fragen und die Hella meint, das sei sehr vernünftig gewesen, *denn an solche Dinge rührt man nicht. Ob Sie ein Kind bekommt?* Gott, das wäre gräßlich. Vielleicht hat sie überhaupt auch einen solchen *Ehe*kontrakt abgeschlossen, das wäre das Allerbeste. Die Hella glaubt aber, daß der Professor auf so etwas nicht eingegangen wäre. Aber schließlich, wenn er sie wahnsinnig liebt...

15. Jänner: Die Mädchen in unserer Klasse beneiden uns wahnsinnig. Wir haben es nicht direkt gesagt, daß wir bei Ihr, die Einzigen, eingeladen waren, aber die Hella hatte ein Bonbon von ihrer Hand mit und sagte in der Pause: Das muß man mit Andacht essen und schnitt es auseinander, um mir die Hälfte zu geben. Die

Ehrenfelds glaubten, es sei von einer Eisbekanntschaft und die Trude sagte: »Ah, doppelt süß, von Chokolade und Liebe.« »Ja«, sag ich, »aber nicht in *dem* Sinn, wie *Du* es meinst.« Und weil sie sagte: »Na, das weiß man schon, aber ich will nicht indiskret sein«, sagt die Hella: »Also, damit du es weißt, dieses Bonbon und noch viele andere haben wir von der Frau Dr. M. d. h. der *verheirateten* Frau Prof. Theyer bekommen, da wir eingeladen waren. Da waren alle ganz paff und sagten: »Gott, die Glücklichen; ja, Ihr wart immer die ausgesprochenen Lieblinge der Frau Dr. M., besonders die Lainer. Aber die hat es auch immer schrecklich getrieben mit der Frau Dr. M.«

17. Jänner: Die ganze Schule weiß von unserer Einladung bei Ihr, der Göttlichen! Jetzt lese ich gerade alles noch einmal und sehe, daß ich noch riesig Vieles gar nicht geschrieben habe, nämlich das von ihrem Papa. Wie wir weggingen, weinten wir unten beim Haustor furchtbar, weil ich beim Toraufmachen sagte: Zum letztenmal! Da kommt ein alter Herr beim Tor herein und wie er sieht, daß wir weinen, obwohl wir ganz im Dunkeln standen, kam er auf uns zu und fragte, was mit uns sei. Da sagte die Hella: »Wir haben unsere beste Freundin verloren.« Da schaut uns der alte Herr riesig lang an und sagt: »Sind Sie nicht am Ende die beiden glühenden Verehrerinnen der Frau Dr. Mallburg? das ist meine Tochter! Und dann sagte er: Aber so in Tränen gebadet können Sie unmöglich auf die Gasse gehen. Kommen Sie nur noch einmal mit mir hinauf, meine Tochter wird Sie schon trösten.« Und richtig gingen wir nochmals hinauf und sie war einzig. Ihr Papa machte die Tür auf und rief: Lieserl, deine Verehrerinnen können sich von Dir nicht trennen und wollen sich in Tränenbächlein auflösen. Da kam sie hinaus und hatte einen *rosa Schlafrock*!!! an zum Küssen. Und sie zog uns ins Zimmer hinein und sagte: »Kinder, schaut mich nicht an in dem alten Kittel, der zum Wegwerfen ist.« Am liebsten hätte ich gesagt: »Schenken Sie ihn *mir*.« Aber das konnte ich doch nicht sagen. Und wie wir dann doch weggingen für ewig, *ewig vielleicht,* da küßte sie uns jede *zweimal* und sagte: Kinder ich wünsche Euch, daß Ihr recht, recht glücklich werdet!

18. Jänner: Die Hella hat mich für heute nachmittags eingeladen, da der Lajos und der Jenö kommen. Aber ich gehe nicht, denn mir liegt nicht das Mindeste am Jenö. Das war nie eine *echte Liebe.* Ich mache mir aus niemanden auf der ganzen Welt etwas, außer Ihr, meiner Einzigen! Das versteht eben die Hella nicht und das nennt sie dann *übergeschnappt* sein. Auch der Papa wollte, daß ich zur Großmama der Hella gehe, damit ich *auf andere Gedanken* komme. Mein Gott, ich rede ohnehin schon kein Wort mehr von *Ihr,* weil mich niemand versteht. Aber daß auch der Papa so ist wie die anderen, das hätte ich nie geglaubt. Übrigens das ist Tatsache, daß ich abmagere. Ich bin ganz froh, daß wir heute auch keine Rodelpartie machen, da die Dora verkühlt ist, nämlich diesmal *wirklich* verkühlt. Da gehe ich nach der Kirche in die Schwindgasse und gehe vor *ihrem* Haus auf und ab; vielleicht treffe ich einmal ihren Papa oder ihre Mama. Vorgestern habe ich ihr geschrieben.

24. Jänner: Ich bin glücklich. Sie hat mir *postwendend!* geantwortet. Das ist der zweite Brief von Ihr! Der Papa sagte heute zu Mittag: »Na Gretel, was machst denn du heute für ein beglücktes Gesicht; so sonnige Augen habe ich schon lange nicht an dir gesehen.« Und da sagte ich nur ganz kurz: »Nach Tisch werde ich *Dir* den Grund sagen.« Denn die anderen brauchen es nicht zu wissen. Und wie ich dann dem Papa ganz im allgemeinen sagte, daß mir die Frau Professor Th. geschrieben hat, sagte der Papa: »Also *darüber* hast du dich so gefreut. Aber ich habe auch etwas in petto, was dich freuen wird. Der 1. u. .2 Febr. sind ein Sonntag und Montag, da hast du 2 Tage frei und wenn du und die Hella für Samstag in der Schule dispensiert werdet, so könnten wir eine Partie nach Mariazell machen. Was meinst du?« Also das ist herrlich, wenn nur die Hella mitfahren darf, denn ihre Großmama bildet sich ein, die Halsentzündung vor Weihnachten hat sie sich auf der Rodelpartie am Anninger geholt, wo ihr die Schuhsohle abriß! Als ob *wir* dafür könnten. Also hoffentlich hat sie es schon vergessen; sie ist ja doch schon 63 Jahre, da vergißt man schon ziemlich viel. Abends: Also, die Hella darf mit; es wird herrlich! vielleicht probieren wir auch ein bischen Skilaufen. Übrigens ist die Hella ein greulicher Fratz; sagt sie: »Ja, ich geh mit, wenn du mir schwörst, daß du nicht in einemfort von der Frau Professor Th. schwärmst. Ich habe sie ja auch riesig gern, aber du bist einfach verrückt.« Das ist unerhört und ich werde *Ihren* Namen nie mehr zu den anderen aussprechen. Auf die Rodelpartie in Mariazell freue ich mich riesig. So eine große Winterpartie haben wir noch nicht gemacht. Juchhu, das wird fein! Gott, wenn nur schon der 31. Jänner da wäre; ich freue mich wahnsinnig.

Zum Ausgang

Das frohe Hoffen der jungen Rita, in glitzender Winterpracht auf der sausenden Rodel hinzujagen, blieb unerfüllt. Mit rauher Hand griff das Schicksal in das Leben der Geschwister ein. Am 29. Jänner brachte die Rettungsgesellschaft den Vater, vom Schlage getroffen, seinen ahnungslosen Töchtern ins Haus, wo er, ohne das Bewußtsein wiederzuerlangen, nach wenigen Stunden starb.

Aus der sorgenden, liebewarmen Atmosphäre der Familie gerissen, von der Freundin getrennt, rang bei Verwandten in einer Provinzstadt das entsetzte Seelchen der jungen Waise um seinen Frieden – – – – – – –

Nachwort

I

»Im Hause Lustkandlgasse 10, in unmittelbarer Nähe der Volksoper, ist gestern nachts die bekannte psychoanalytische Schriftstellerin und Vorkämpferin der modernsten pädagogischen Bestrebungen Frau Doktor Hermine Hug-Hellmuth ermordet worden. Als Täter ist noch in den Nachmittagsstunden der 18jährige Neffe, der Chemiker Rudolf Hug in Mürzzuschlag verhaftet worden. Er hat... ein volles Geständnis abgelegt. Das Opfer des Verbrechens, Frau Dr. Hug-Hellmuth, war die Tochter eines bereits verstorbenen Hauptmannes, der zur Zeit seiner aktiven Dienstleistung dem Kriegsministerium zugeteilt gewesen ist. Ihr Vater und auch sie hatten bis zum Umsturze das Adelsprädikat von Hugenstein geführt. Die im Alter von 53 Jahren gestorbene Frau hatte sich den Beruf der Lehrerin erwählt. Sie war in einer städtischen Schule in Wien beschäftigt gewesen, hatte sich aber dann in den Ruhestand versetzen lassen, um ganz ihren Studien leben zu können... Hermine Ludowika Hug war Pädagogin in des Wortes besten Sinn und hat besonders psychoanalytische Forschungen betrieben, aus denen sie für die Erziehung bedeutungsvolle Schlußfolgerungen zu ziehen verstand. Sie war eine Schülerin des Professors Dr. Siegmund Freud und hatte in der psychoanalytischen Bewegung sich alsbald eine Position zu machen verstanden, namentlich durch die Anwendung der Psychoanalyse auf die Kindererziehung.« Illustriertes Wiener Extrablatt 10. 9. 24.

»Seit dem Jahre 1914 wohnte Frau Doktor Hug-Hellmuth in der Lustkandlgasse. Eine peinlich saubere Wohnung im Hochparterre war es, die aus Zimmer, Kabinett, Vorzimmer und Küche bestand. Sie war eine kleine, schmächtige Frau mit dunklem, schon etwas grau meliertem Haar. Man respektierte sie im Hause, wußte man doch, daß sie eine Gelehrte war, die nur ihren Studien und ihren Forschungen lebte. Sie war freundlich, liebenswürdig, aber verschlossen. Verkehrte mit niemandem im Hause und war augenscheinlich bemüht, ihre Person möglichst wenig zum Gesprächsthema für die Nachbarn zu machen«. Illustrierte Kronen-Zeitung 10. 9. 24

Im September 1924 berichteten die Wiener Zeitungen über einen spektakulären Mordfall: die bekannte Kinderpsychoanalytikerin Dr. Hermine Hug-Hellmuth war von ihrem 18jährigen Neffen beraubt und erdrosselt worden. »Mord an einer Einsamen«, »Mysteriöser Tod einer Wiener Schriftstellerin«, »Der Raubmord an der Tante« oder »Geheimnisvoller Mord in der Lustkandlgasse« lauteten die Schlagzeilen, unter denen die Boulevardpresse das Geschehen in aller Ausführlichkeit ausbreitete.

Hermine Hug-Hellmuth hatte bereits wenige Jahre vor ihrem tragischen Tod die Öffentlichkeit durch die Herausgabe des »Tagebuch eines halbwüchsigen Mädchens« auf sich aufmerksam gemacht. Es erschien 1919 als erster Band der »Quellenschriften zur seelischen Entwicklung« im Internationalen Psychoanalytischen Verlag. Allerdings vorerst nicht unter der Herausgeberschaft von Hermine Hug-Hellmuth, sondern anonym. Die Schreiberin des Tagebuchs, deren Identität ebenfalls verschwiegen wurde, habe die Aufzeichnungen, so heißt es in dem Geleitwort, der Herausgeberin zur freien Verwendung im Dienste der Wissenschaft überlassen. Für die Authentizität des Tagebuchs schließlich stand Sigmund Freud mit seinem Namen, mit lobenden und empfehlenden Worten ein. Er hatte in einem Brief, der den Aufzeichnungen vorangestellt ist, geschrieben: »Das Tagebuch ist ein kleines Juwel ... Ich meine, Sie sind verpflichtet, das Tagebuch der Öffentlichkeit zu übergeben. Meine Leser werden Ihnen dafür dankbar sein.« Das Erscheinen des Tagebuchs löste heftige Kontroversen aus: von den einen wurde es als literarische und psychologische Neuigkeit hochgelobt, von den anderen als Mystifikation und Fälschung abgelehnt. Der Verdacht einer Fälschung blieb bestehen, obwohl die Herausgeberin in der 3. Auflage, 1922, mit ihrem Namen für die Echtheit der Aufzeichnungen bürgte.

Betrug, Fälschung, Mord: Die Kinderpsychoanalytikerin Hermine Hug-Hellmuth mußte nicht mehr erleben, daß das »Tagebuch eines halbwüchsigen Mädchens« aus dem Buchhandel zurückgezogen wurde. Es seien Zweifel an der Echtheit des Tagebuchs aufgetaucht, meldete der Internationale Psychoanalytische Verlag 1927 im Börsenblatt des Deutschen Buchhandels, man bemühe sich um die Aufklärung des noch dunklen Sachverhalts.

»Der Mord im neunten Bezirk« wurde rasch aufgeklärt, der Mörder verurteilt; das »Tagebuch« aber verschwand vom Markt, es wurde nicht wieder aufgelegt; die »begabte Schülerin Sigmund Freuds« geriet in Vergessenheit.

Das »Tagebuch eines halbwüchsigen Mädchens« erscheint nun, nach sechzig Jahren, in einer neuen Ausgabe. Hat sich also der »dunkle Sachverhalt« erhellt, konnten die Zweifel an der Echtheit des Tagebuchs ausgeräumt, die Schreiberin identifiziert werden?

Ich möchte, bevor ich mich der Frage Original oder Fälschung zuwende, einige Bemerkungen zum »Tagebuch« selbst machen.

Der ersten Lektüre des »Tagebuchs« – ich hatte in einem Antiquariat die 2. Auflage, also die noch anonyme, nur mit dem Brief von Freud versehene Ausgabe, erstanden – konnte ich mich ganz unbeschwert widmen. Ich wußte nichts von den Fälschungsvorwürfen. Nach den ersten Seiten und der ersten Enttäuschung – ach, das sind ja richtige Kindernotate – zogen mich die Aufzeichnungen plötzlich in ihren Bann. Ich tauchte ein in die Welt der elf- bis vierzehnjährigen Tagebuchschreiberin, die eigentlich so gar nicht die meine war – Wien um die Jahrhundertwende –, und doch fühlte ich mich zurückversetzt in die eigene Kindheit. Oder genauer: in diese merkwürdige Zeit der Pubertät, die mit ihren großen Entdeckungen und wichtigen Ereignissen, mit ihren Albernheiten und Schwärmereien gewisser Absurditäten und Peinlichkeiten nicht entbehrt, so daß vieles, unter den Teppich der vernünftigen und logischen Erklärungen gekehrt, in milde Vergessenheit geraten ist.

Ich kannte jeden Satz in diesem Tagebuch, jede Überlegung, jede Schwärmerei, jede Empörung; ich erinnerte mich der eigenen fieberhaften Suche nach verräterischen Anzeichen praktizierter Sexualität. Nach der Frage ›Hat die schon ihre Tage?‹ kam die ebenso wichtige ›Hat die schon mal?‹. Wir beobachteten die Klassenkameradinnen und schauten mit Röntgenblick auf die Form ihrer Beine. Schlossen sich die Oberschenkel zu einer Linie, war ziemlich sicher, daß diejenige noch nicht hatte, klaffte aber ein Spalt zwischen den Schenkeln, so war sie – des im Grunde Unaussprechlichen – überführt. Überführt, das hieß natürlich: verachtet, beneidet und bewundert. Bei einem Turnfest hörten meine Freundin und ich, wie der von uns heimlich angeschwärmte Junge grinsend sagte: ich kann heute nicht mitturnen, ich habe meine Tage. Mit diesem Satz, der ihn als Schwein entlarvte, nahmen wir Abstand von unserer Liebe. Wir zerrissen die Fotos, die wir mit großer Mühe heimlich von ihm auf dem Schulhof gemacht hatten und straften ihn, der *so* über diese Dinge redete, fortan mit Verachtung.

Vieles, sehr vieles stieg auf aus der Erinnerung und ich kramte mein eigenes Tagebuch hervor, das ich im Alter von vierzehn Jahren für ein paar Monate geführt hatte. Der Ton war der gleiche, gleich die schrillen und süßen Worte, ich liebe dich, stand da, Peter, Hermann, Klaus, Hugo, Lockenkopf und Schlittschuhläufer, ich werde dich ewig lieben, wie du mich angeguckt hast.

Original oder Fälschung? Vor dieser Frage stand ich, nachdem ich in meiner Begeisterung den Beschluß gefaßt, das »Tagebuch eines halbwüchsigen Mädchens« neu herauszugeben und die ersten Informationen – Kritiken und einschlägige Aufsätze – eingeholt hatte.

Konfrontiert mit dem Verdacht der Fälschung, mit der Vermutung, daß die Aufzeichnungen von der Hand eines Erwachsenen stammen, überprüfte ich meinen Eindruck durch neuerliche Lektüre und kam zu dem Schluß, daß ein Erwachsener diesen Ton nicht treffen, diese detailreiche Entdeckungsreise nicht am Schreibtisch erfinden könne. Was mir allerdings nun auffiel, war die geradezu literarische und pointierte Schreibweise, das im Grunde durchkomponierte Konstrukt eines Romans. Für eine Neuausgabe des »Tagebuchs« schien mir die Frage der Fälschung eine zweitrangige zu sein, denn daß die Aufzeichnungen »echt« oder »wahr« sein mußten, davon hatte mich meine eigene Reaktion, meine Lust und Freude am Lesen und natürlich das Wiederfinden und -erkennen längst vergessener Pubertätsriten überzeugt.

Aber abgesehen davon, daß eine Aufklärung des Falles mich persönlich interessierte, hielt ich es für notwendig, eine Dokumentation der unterschiedlichen Rezeption einer Neuausgabe beizufügen.

Original oder Fälschung? Diese Frage führte unweigerlich in die Anfänge der Psychoanalyse und forderte eine Beschäftigung mit dem Leben und dem Tod der Herausgeberin des »Tagebuchs«, Dr. Hermine Hug-Hellmuth.

II

Hermine Hug-Hellmuth, die in der Nacht vom 8. auf den 9. September 1924 von ihrem Neffen Rudolf erwürgt wurde, hatte kurz vor ihrem Tod die Bitte geäußert, daß nach ihrem Ableben keinerlei Nachrufe auf sie veröffentlicht werden sollten. So erschien denn auch nur eine mit knappen Worten auf die tragischen Hintergründe des Todes hinweisende Würdigung der Werke Hermine Hug-Hellmuths. Josef Friedjung, ebenfalls Kinderanalytiker, schrieb in der »Internationalen Zeitschrift für (ärztliche) Psychoanalyse«: »Sie war wohl die erste, die in unmittelbarer Beobachtung *Freuds* kühne Aufstellungen über das wahre Wesen des Kindes bestätigen und um eine Fülle wertvoller Beobachtungen erweitern konnte. Unermüdlich in der Sammlung von Beobachtungen, mit ausgezeichneten schriftstellerischen Gaben ausgerüstet, hat sie durch viele Jahre unsere und verwandte Zeitschriften bald mit guten Übersichtsreferaten, bald mit Originalarbeiten größeren und kleineren Umfangs bereichert. Am bekanntesten ist ihre Monographie ›Aus dem Seelenleben des Kindes‹, ... dann besonders das von ihr herausgegebene ›Tagebuch eines halbwüchsigen Mädchens‹, das in wenigen Jahren dreimal aufgelegt, mehrfach übersetzt, dem größten Interesse begegnete. Der psychoanalytischen Schule war es ein wertvolles, menschliches Dokument, ihren Feinden der Gegenstand gehässigster Angriffe und häßlicher Zweifel. Auf ihren letzten Jahren lag der Schatten der bitteren Einsicht, daß unsere tiefsten pädagogischen Erkenntnisse unfruchtbar bleiben müssen, wenn wir sie nutzbar machen wollen, ohne mit uns selbst fertig werden zu können. Ihre Tragödie, die man gegen die erzieherische Bedeutung psychoanalytischer Erkenntnisse ausspielen wollte, bestätigte sie vielmehr in erschütternder Weise. Unsere geistige Bewegung hat ihr viel zu danken, ihre Arbeiten werden für alle Zukunft wertvolle Fundgruben sein.«

Hermine Hug-Hellmuth wurde am 31. 8. 1871 in Wien geboren. Ihre Familie gehörte seit Mitte des 18. Jahrhunderts dem Reichsadel an, ihr Vater, Hugo Ritter Hug von Hugenstein, diente als Oberstleutnant im Kriegsministerium. Sie wuchs mit der zwei Jahre älteren Schwester Antonie in Wien auf, beide Mädchen genossen die Bildung und Erziehung ›höherer Töchter‹, häuslicher Musik- und Sprachunterricht gehörten dazu wie der spätere Besuch der Lehrerinnenbildungsanstalt. Beide Schwestern studierten und promovierten zum Doktor der Philosophie.

Hermine Hug-Hellmuth arbeitete bis 1910 als Lehrerin, ließ sich dann vom Lehrerberuf pensionieren und widmete sich ganz der psychoanalytischen Wissenschaft. Mit der neuen Arbeit legte sie sich auch einen neuen Namen zu: aus der Lehrerin Hermine Hug von Hugenstein wurde die Forscherin Hermine Hug-Hellmuth. Die Schwester Antonie gründete 1905 in Mürzzuschlag/Graz zusammen mit Professor Rossi von Lichtenfels, dem Vater des 1906 geborenen Rudolf, ein Privatgymnasium, dessen Leitung sie innehatte. Rudolf wurde als uneheliches Kind geboren, der Vater war bereits verheiratet und die Mutter zog das Kind allein auf. Antonie Hug von Hugenstein starb 1915 an einer Lungentuberkulose in Bozen, ihr Sohn Rudolf kam 1918, nach Aufenthalten bei Freunden und in Pensionen, in das Haus seiner Tante.

Hermine Hug-Hellmuth, selbst unverheiratet und kinderlos, hatte zu ihrer Schwester, vor allem aber zu dem Neffen Rudolf intensiven Kontakt. Der Neffe wurde ihr, vom Säuglingsalter an, zum Studienobjekt. Fasziniert von der neuen Wissenschaft beobachtete und notierte sie über Jahre die Regungen und Handlungen des kleinen Jungen. Vielleicht kann man sagen, daß sie von der Psychoanalyse, insbesondere Freuds Entdeckung der infantilen Sexualität, geradezu elektrisiert war.

Es galt, die Freudsche Theorie von der frühkindlichen Sexualität mit Beispielen, mit genauesten Beobachtungen am ›echten, lebenden‹ Kind zu verifizieren. Denn Freuds Behauptung, daß bereits der Säugling über eine ausgeprägte Sexualität verfügt, entsprang ja nicht der direkten Beobachtung am ›realen Objekt‹, sondern der Erforschung von Neurosen mit der psychoanalytischen Methode bei Erwachsenen. In der Einleitung zur 1909 veröffentlichten »Analyse der Phobie eines fünfjährigen Knaben« (Der kleine Hans) schreibt Freud: »Der Arzt, der einen erwachsenen Nervösen psychoanalytisch behandelt, gelangt durch seine Arbeit des schichtweisen Aufdeckens psychischer Bildungen schließlich zu gewissen Annahmen über die kindliche Sexualität, in deren Komponenten er die Triebkräfte aller neurotischen Symptome des späteren Lebens gefunden zu haben glaubt. Ich habe diese Annahmen in meinen 1905 veröffentlichten *Drei Abhandlungen zur Sexualtheorie* dargelegt; ich weiß, daß sie dem Fernerstehenden ebenso befremdend erscheinen wie dem Psychoanalytiker unabweisbar. Aber auch der Psychoanalytiker darf sich den Wunsch nach einem direkteren, auf kürzerem Wege gewonnenen Beweis jener fundamentalen Sätze eingestehen. Sollte es denn unmöglich sein, unmittelbar am Kinde in aller Lebensfrische jene sexuellen Regungen und Wunschbildungen zu erfahren, die wir beim Gealterten mit soviel Mühe aus ihren Verschüttungen ausgraben, von denen wir überdies noch behaupten, daß sie konstitutionelles Gemeingut aller Menschen sind und sich beim Neurotiker nur verstärkt oder verzerrt zeigen? In solcher Absicht pflege ich meine Schüler und Freunde seit Jahren anzueifern, daß sie Beobachtungen über das zumeist geschickt übersehene oder absichtlich verleugnete Sexualleben der Kinder sammeln mögen.«

Das Kind als solches war von der Wissenschaft allerdings schon vor Freud entdeckt worden. Psychologen beobachteten und notierten mit Akribie das Verhalten der Säuglinge und Kleinkinder, frühkindliche Sexualität aber kam in diesen Untersuchungen und Aufzeichnungen nicht vor. Freuds Theorie der infantilen Sexualität stieß bei den Psychologen nicht nur auf große Ablehnung, sondern entfesselte geradezu einen Sturm der Entrüstung und Empörung. Die Psychologische und die Psychoanalytische Schule überboten sich gegenseitig – wenn man das etwas pauschal zusammenfassen darf – mit ›wahreren‹ und ›richtigeren‹ Erkenntnissen über das mit eigenen Augen observierte Kind.

1906, ein Jahr nach Erscheinen von Freuds »Drei Abhandlungen zur Sexualtheorie« wurde Hermine Hug-Hellmuths Neffe Rudolf geboren. Die Tante, zu dieser Zeit noch Lehrerin, interessierte sich bereits außerordentlich für die neue revolutionäre Wissenschaft, die erst wenige Jahre zuvor, mit Freuds »Traumdeutung« (1900) das Licht der Welt erblickt hatte. Durch Isidor Sadger, Nervenarzt und Psychoanalytiker, der später auch die Vormundschaft über den Neffen Rudolf übernahm, wurde Hermine Hug-Hellmuth in den Freudschen Kreis eingeführt. Mit der Analyse des »Kleinen Hans«, die Freud gemeinsam mit dem Vater des Jungen vornahm, und der Veröffentlichung des Falles (1909) war die Kinderanalyse, der sich Hermine Hug-Hellmuth dann ganz zuwendete, als Spezialfach der Psychoanalyse etabliert.

1912 begann Hermine Hug-Hellmuth mit eigenen Veröffentlichungen und betreute in der im gleichen Jahr gegründeten Zeitschrift »Imago« die Redaktion einer Sparte, die unter dem Titel »Vom wahren Wesen der Kinderseele« Material sammelte und einschlägige Publikationen zum Thema vorstellte. Kurz nachdem sie Mitglied in der Wiener Psychoanalytischen Vereinigung geworden war, erschien 1913 ihr Buch »Aus dem Seelenleben des Kindes«. Dem bisher vernachlässigten sexuellen Faktor im Seelenleben des Kindes, so schrieb Freud in einer späteren Anmerkung zur »Infantilen Sexualität« habe Frau Dr. Hermine Hug-Hellmuth in ihrem Buch vollauf Rechnung getragen. Neben zahlreichen Beispielen aus der Literatur, aus veröffentlichten Tagebüchern, die Eltern und Psychologen über ihre Kleinkinder geführt haben (in der Regel ohne die sexuellen Motive der Handlungen zu beachten), besteht das in diesem Buch ausgebreitete Material in der Hauptsache aus Beobachtungen, die Hermine Hug-Hellmuth an ihrem Neffen vorgenommen und interpretiert, bzw. analysiert hat. »Nach meinen Beobachtungen an meinem Neffen«, heißt es beispielsweise, »kann ich sagen, daß der ganze Ausdruck seines Gesichts beim Lutschen, das er von der frühesten Zeit bis jetzt (im siebenten Lebensjahr) intensiv übt, deutlich den Stempel der sexuellen Erregtheit zu Beginn, der wohligen Erschlaffung beim allmählichen Einschlafen trägt. Gegen Ende des ersten Jahres kombinierte er das Lutschen am Daumen und dritten Finger der linken Hand mit gleichzeitigem rhythmischen Zupfen an der Bettdecke mit den Fingern der rechten Hand. Ich halte dafür, daß bei diesem Kinde diese Bewegungen ein Ersatz für onanistische Betätigung sind, da der Junge bereits in dem ersten Monat, sowie er entkleidet wurde, heftig an seinem Membrum zog. Die Säuglingsonanie ist eine viel bestrittene Tatsache, die doch kaum zu leugnen ist.«

Hermine Hug-Hellmuth scheute sich nicht, im Dienste der Wissenschaft – wie viele andere Analytiker und Psychologen auch –, Privates zu berichten; ja, gerade der persönliche Charakter der kleinen Anekdoten und Begebenheiten, die sie in dem Buch, in früheren Aufsätzen und in späteren Arbeiten schildert, verstärkte offensichtlich die Aussagekraft ihrer Forschungen. So heißt es an anderer Stelle in dem Buch »Aus dem Seelenleben des Kindes«: »Mein sechsjähriger Neffe, der mir sehr zugetan ist, läßt seit einiger Zeit im Gespräche mit mir die Anrede ›Tante‹ weg, formt den Namen Hermine erst in ›Hermun‹, dann in ›Herman‹ um; darüber belehrt, daß dies ein Knabenname sei, erwiderte er: ›das macht nichts, du bist halt ein Mann.‹ (Aber das geht ja nicht, ich bin ja eine Frau.) ›Ja, aber für mich bist du halt ein Mann; ein Herr-

Mann, da bist zu zweimal ein Mann.‹ Hier spricht das Unbewußte den Wunsch des vaterlosen Kindes aus; die Tante, bei der er sich Rat holt in allen Fragen der Baukunst, bei der Anlage von Mühlen und ›elektrischen Betrieben‹ – ›das kann die Mutti nicht‹ – soll ihm den abwesenden Vater ersetzen.«

Hermine Hug-Hellmuth wurde in kurzer Zeit zur anerkannten Fachautorität in Fragen der Kindererziehung und kinderanalytischen Arbeit. Sie genoß Freuds persönliche Unterstützung und Wertschätzung, die sich nicht nur in dem empfehlenden Brief zum »Tagebuch« zeigte, sondern auch in der Einschätzung ihrer Arbeit anderen gegenüber zum Ausdruck kam. Freud schrieb 1914 an Karl Abraham: »Mein Enkel ist ein liebenswürdiger kleiner Kerl, der so gewinnend zu lachen versteht, wenn man sich mit ihm beschäftigt, ein anständiger, kultivierter Mensch, was in diesen Zeiten der entfesselten Bestialität doppelt zu schätzen ist. Die strenge Erziehung einer verständigen nach Hug-Hellmuth aufgeklärten Mutter hat ihm sehr wohlgetan.«

Hermine Hug-Hellmuths großes Anliegen war es, Pädagogen und Psychologen mit der »genialen Theorie Freuds« bekanntzumachen. Neben ihrer eigenen therapeutischen Arbeit mit Kindern, die sie selbst als »Charakteranalyse«, als Einflußnahme auf die Erziehung verstand, veröffentlichte sie zahlreiche Aufsätze und hielt Vorlesungen über »Neue Wege zum Verständnis der Kinderseele«. 1920 hielt sie in Berlin, auf Einladung der Poliklinik für Psychoanalyse, vor einer aus Erziehern, Lehrern und Ärzten bestehenden Zuhörerschaft einen 20stündigen Doppelkurs zum Thema »Psychoanalytische Erkenntnisse über das Kind«; im gleichen Jahr referierte sie auf dem VI. Psychoanalytischen Kongress in Den Haag über die »Technik der Kinderanalyse«. Im April 1923 wurde sie Leiterin der Erziehungsberatungsstelle, die in dem Wiener psychoanalytischen Ambulatorium eingerichtet worden war. Den beruflichen Erfolg als Kinderanalytikerin überschatteten in dieser Zeit die privaten Auseinandersetzungen mit dem Neffen Rudolf und die in Kollegenkreisen vehement verkündeten Zweifel an der Echtheit des »Tagebuchs«.

»Die Skepsis der [Psychoanalytischen] Gesellschaft ging so weit, daß eines unserer führenden Mitglieder Detektiv spielte und in allen Krankenhäusern nachfragte, ob an einem bestimmten Tag ein Mann von einer bestimmten Beschreibung eingeliefert worden sei – an dem Tag, an dem die Schreiberin des Tagebuchs über die

Erkrankung ihres Vaters berichtet.« Helene Deutsch, die sich in ihrem Buch »Selbstkonfrontation« dieser Anekdote erinnert, muß an einer Stelle korrigiert werden: nicht der Vater war es, der erkrankte, sondern die Mutter. Der Vater wurde, wie Hermine Hug-Hellmuth am Ende des Tagebuchs vermerkt hatte, »vom Schlage getroffen, seinen ahnungslosen Töchtern ins Haus [gebracht], wo er, ohne das Bewußtsein wiederzuerlangen, nach wenigen Stunden starb.«

Das »Tagebuch eines halbwüchsigen Mädchens« erhitzte die Gemüter. Es ist heute schwer zu klären, ob es eher der Inhalt des Buches, die sexuelle Entdeckungsreise eines Kindes, oder der Fälschungsverdacht war, was das Blut der Psychoanalytiker und Psychologen in Wallung brachte.

III

Lou Andreas-Salomé, Schriftstellerin und Psychoanalytikerin, war eine von Freud hochgeschätzte Schülerin und Kollegin. Sie wurde 1922 Mitglied der Psychoanalytischen Vereinigung, besuchte aber schon lange Zeit vorher als Gast die bekannten Mittwochs-Sitzungen. Lou Andreas-Salomé war eine der ersten, die über das anonyme, nur mit dem Freudschen Brief versehene Tagebuch eine Kritik schrieb. Sie gehörte zu den begeisterten Leserinnen des Tagebuchs: Ein »echtes, unverfälschtes Tagebuch einer Elf- bis Vierzehnjährigen. Neben dem Wert, den es für den Erzieher, Lehrer, Seelenforscher hat, wovon hier ganz abgesehen sein mag, rückt dieses kleine Mädchen sein Tagebuch aber auch noch in die Reihe der literarisch zu bewertenden Bücher. Und das geschieht, trotzdem es sich keinesfalls um ein Ausnahmegeschöpf seinem inneren Erleben nach handelt, wenn auch um ein gut begabtes Kind: sogar gelingt es gerade infolge des Typischen, nicht allzu Individuellen des Falles, über das Private hinaus dem Erleben fast künstlerisch gültige Gestaltung zu verleihen. Ein Wort von Tolstoi nennt einmal die Tiefe der Aufrichtigkeit dasjenige, was nicht nur über das Leben, sondern auch über das Kunstwerk entscheide; tatsächlich ist eines wahr: je unbeeinflußter von begrifflich Gemodeltem, zweckhaft Gewolltem, Erinnertes sich ausströmt, desto gestaltmäßiger, allgemeingültiger faßt es sich zugleich zusammen; vielleicht sind auch *daher* (neben anderem,

hier nicht zu Erörterndem), Kindheitserinnerungen weit mehr als irgendwelche späteren, aller Dichtung Urborn. Weibliche Wesen der bürgerlichen Welt werden sich beim Tagebuch Seite um Seite zurückversetzt fühlen in ihr Einst; männlichen Wesen wird es statt dessen manche Kleinigkeit mitteilen, die sie so noch nicht wußten; denn wir von gestern hielten unsere Tagebücher gut unter Verschluß. Männern und Frauen aber, nämlich Elternpaaren, möchte ich – gleichgültig wie man über die meist mißverständlich aufgefaßte ›Sexualaufklärung‹ denken mag, wünschen, daß sie (um ein Leibwort der kleinen Verfasserin zu gebrauchen) hin und wieder beim Lesen ›feuerrot‹ werden... Doch auch dies bleibe nicht ungesagt: das Hauptthema des Tagebuchs liegt nicht in dem, was von den Außenverhältnissen ausgeht, mögen sie dem Kinde falsch oder richtig seine Geschlechtszukunft enthüllen oder verhüllen. Das Thema der elf bis vierzehn Jahre liegt in dieser Zukunft selber schon, der das weibliche Kind – gleichsam über sein Vermögen ahnend – als einer gleichzeitig vorwärtsdrängenden und zurückdrängenden entgegengeht: denn die Reife des Weibes bezahlt sich mit einer erneuten Passivhaltung, der das zunehmende Ichbewußtsein sich auf das Lebhafteste widersetzt. Nicht nur, wer um psychoanalytische Forschung weiß, könnte davon wissen. Jedem solchen Leser werden Freud und Leid in diesem Tagebuch, über ihre Kindlichkeit hinaus, am ergreifendsten dadurch sein, wie Freud und Leid wechselseitig sich ineinander verkehren, wie Hingenommensein und Abstoßung sich seltsam austauschen, ehe sie sich vereinen lernen zu jenem Widerspruch, der da heißt: Menschenleben.« (Das Literarische Echo 1919/20.) Noch ein anderer sei zitiert, der der Psychoanalytischen Schule nicht ganz so eng verbunden war wie Lou Andreas-Salomé, der aber ebensowenig Zweifel an der Echtheit des Dokuments hatte und von der Tiefe und schöpferischen Kraft der Kinderseele, die sich in dem Tagebuch zum Ausdruck brachten, überzeugt war: Stefan Zweig. Er schrieb in der Wiener Neuen Presse am 20. 10. 1920:
»Unbedeutsam im gewöhnlichen Sinne mag darum auch dieses Tagebuch dem Unbedeutenden gelten, denn es ist weder stilistisch schön geschrieben, noch geistig sonderlich hochwertig, eben nur ein Dutzendtagebuch irgendeines Halbkindes. Aber eben das typische Kleinmädchengeschwätz darin, die ahnungslose Aufrichtigkeit (die dem Dichter ja fehlt), daß jemals ein fremder Blick in diese Blätter eindringe, geschweige denn, daß sie jemals in Buch-

form vervielfältigt werden könnten, macht seine Lektüre so anregend für alle jene, denen das bloße Verstehen von seelischen Dingen selbst schon eine Art geistiger Lust geworden ist. Es ist voll von zufälligem Geschwätz über Konditoreien, Ausflüge, Kameradinnen, Eifersüchteleien, Schuldummheiten, Familienepisoden, aber eben dadurch ist auch den wesentlichen Dingen der richtige Rang im Seelenleben ausgewertet. Denn der Dichter, die sonst einzige Quelle, der eine Kindheit schildert, die eigene oder eine fremde, in Selbstbiographie oder im Roman, verstellt aus dem innersten Gesetz der Kunst bewußt-unbewußt das Gleichgewicht. Er gibt bloß Abbreviaturen, Verkürzungen des kindlichen Seelenlebens, weil er nur das aufzeichnet, was die Erinnerung nach Jahren noch als wesentlich bewahrt hat, nicht aber das Gleichzeitig-Banale, dem das Besondere entwächst. Er zeigt nur die Meilensteine, statt des ganzen Weges, er schafft Auslese, betont nur das Wissende im Kind, die frühe Weisheit, während hier im Tagebuch noch die ganze breite Folie der Torheit und ahnungslosen Dummheit sich in den Aufzeichnungen naturhaft auftut... Hier ist nur Typisches, Allgemeingültiges ausgesprochen, die Kindheit selbst ist hier dichterhaft und der hier durchgebildete Zustand der Dämmerung des Gefühls bloß durch seine Wahrhaftigkeit so erschütternd. Eben deshalb aber, weil es so typisch ist, sollten kluge Eltern und kluge Erzieher dieses Buch zur Hand nehmen, freilich nicht, um danach zu erziehen und vielleicht mit der jetzt so beliebten Aufklärung einzusetzen und zu versuchen, den ihnen anvertrauten Kindern etwas von der Unruhe und der Qual ihres Suchens wegzunehmen, die hier so erschütternd im Bilde des namenlosen Kindes wirkt. Denn wer vermag zu sagen, ob diese Unruhe, diese brennende Neugier nicht etwas unendlich Kostbares und Schöpferisches in jedem Kinde ist, ob nicht bei einzelnen gerade aus ihr die Möglichkeit entwächst, sich das Mystische des Lebensgefühles über die Kindheit hinaus zu bewahren... Es ist vielleicht nicht gut, zu verbessern, wo man nicht weiß, was im Einzelnen ungestaltete Möglichkeit zum Guten oder zum Bösen ist, und das Schicksal, das wunderbar eigenwillige, das mit Kindern wie mit Menschen nach seinem Sinn spielt, bevormunden zu wollen. Aber es ist immer gut, Menschliches zu verstehen, und zu diesem Verständnis der Kinderseele scheint mir dieses Buch eines der kostbarsten, was je die Wissenschaft Hand in Hand mit dem Zufall dargeboten und das nicht durch Kunst, sondern einzig dank jener mystischen

Schöpfungskraft der Jugend, dichterischer wirkt, als die besten Nachdichtungen von Kindheit.«

Als Kinderanalytikerin konnte Hermine Hug-Hellmuth sich über die hochgelobte Neuerscheinung natürlich nicht ausschweigen. In dem »Bericht über die Fortschritte der Psychoanalyse in den Jahren 1914–1919« referierte sie über die in diesen Jahren erschienene wichtige Literatur zur Kinderpsychologie und Pädagogik. Was lag näher, als auf »Das wichtigste Dokument über die seelische Entwicklung des erst noch kindhaften und dann allmählich reifenden Mädchens« gebührend hinzuweisen? So resümierte Hermine Hug-Hellmuth auch am Ende ihrer Ausführungen, daß dieses Tagebuch in keiner pädagogischen Bücherei fehlen dürfe. Die mangelnde Zurückhaltung mag die Kollegen, als 1922 ihre Herausgeberschaft bekannt wurde, nicht wenig erstaunt haben. Aber Hermine Hug-Hellmuth war – was das »Tagebuch« anbelangte – ganz ungeniert. 1923 rezensierte sie das »Tagebuch« in der »Zeitschrift für Sexualwissenschaft«, und in ihrem letzten Buch »Neue Wege zum Verständnis der Jugend« zitierte sie die Tagebuchschreiberin (mit entsprechenden bibliographischen Hinweisen) zur Illustrierung ihrer Thesen.

Nicht gerade der Verdacht der Fälschung, aber Zweifel an der Echtheit der Aufzeichnungen wurde von der Psychologischen Schule, die selbst anhand von Babytagebüchern, exakten Messungen und Beobachtungen entwicklungspsychologische Daten über das Kind zusammentrug, zum Ausdruck gebracht. Charlotte Bühler, die mit ihrem Mann Karl zu den Hauptbegründern der modernen Entwicklungspsychologie gehört, schrieb in dem Vorwort zu ihrem Buch »Das Seelenleben des Jugendlichen«, das sich ebenfalls auf Tagebuchaufzeichnungen stützte: »Das von *Freud* veröffentlichte Tagebuch benutzte ich mit etwas Vorsicht, da mir niemals Ähnliches begegnet ist und es zwar merkwürdig gut zu seinen Ideen, aber nur schlecht zu meiner Kenntnis des *normalen* Mädchens in der Entwicklung paßt.« Noch im gleichen Jahr, 1922, bringt Charlotte Bühler das »Tagebuch eines jungen Mädchens« heraus (1927 erweitert auf »Zwei Mädchentagebücher«), »um dem falschen Bild des reifenden Mädchens... ein richtigeres entgegenzustellen.«

Die heftigste Kritik am »Tagebuch eines halbwüchsigen Mädchens« kam aus England. Das Tagebuch erschien 1921 in einer englischen Übersetzung bei Allan & Unwin Ltd., London, und wurde von Cyril Burt im »British Journal of Psychology« ausführlich besprochen. Seine wichtigsten Einwände waren, daß ein Kind dieses Alters das Schreibtempo, gemessen an der Anzahl der Worte und der zur Verfügung stehenden Zeit, nicht durchhalten, der außerordentlich zusammenhängende und intelligente Aufbau des Tagebuchs, der geschickte und dramatische Umgang mit Personen und Motiven nicht die Leistung einer Elf- bis Vierzehnjährigen sein könne. Von der ersten bis zur letzten Seite bedürfe es keiner einzigen Fußnote, um den Text, die doch eigentlich nur für die Schreiberin bedeutsamen Eintragungen, zu erläutern. Jede Zeile sei auf Anhieb verständlich. Cyril Burt vermutete, daß Herausgeberin und Tagebuchschreiberin eventuell eine Person seien, in jedem Fall aber könne das Tagebuch nicht das Werk eines Kindes sein.

Vielleicht war die ausführliche und genau belegte Kritik von Cyril Burt der entscheidende Anlaß für Hermine Hug-Hellmuth, sich zu der Herausgeberschaft zu bekennen und den Zweifeln und Verdächtigungen, die bisher nur Sigmund Freud und den Internationalen Psychoanalytischen Verlag treffen konnten, entgegenzutreten. Im Januar 1922 antwortete sie Cyril Burt in einem persönlichen Brief und bat die Redaktion des »British Journal of Psychology« ihr Schreiben zu veröffentlichen. Mit Hinweis auf ihren in der Psychoanalytischen Forschung bekannten Namen und ihrer Beziehung zu Freud gab sie ihre ausdrückliche Versicherung, daß das Tagebuch unverfälscht und ohne Änderungen in Druck gegangen sei.

In dem Geleitwort zur 3. Auflage, die wenige Monate nach diesem Brief erschien, nahm Hermine Hug-Hellmuth – nun mit vollem Namen als Herausgeberin zeichnend – zu Burts Kritikpunkten Stellung. Letztlich konnte sie seinen Einwänden aber wiederum nur die eigenen Beobachtungen entgegensetzen. Ihre Ausführungen enden schließlich mit einer charakterologischen Betrachtung: »Man hat wiederholt bedauert, daß ich unbeschadet des Versprechens an das Mädchen, das Original des Tagebuchs zu vernichten, nicht doch aus jedem Jahre einige Blätter aufbewahrte, um aus der Entwicklung der Schrift die Echtheit des Dokuments erweisen zu können. Nun, ich meine, der richtige unverbesserliche Zweifler würde sich auch durch ein solches Faksimile nicht beruhigen lassen. Ihm ist der Zweifel Bedürfnis und darum läßt er sich auch nicht durch ›Beweise‹ überzeugen.«

»Beweise«, daß das »Tagebuch« eine Fälschung ist, brachten nach dem Tod von Hermine Hug-Hellmuth Wissenschaftler der Psychologischen Schule. Nachdem noch 1925 in der von Charlotte Bühler in der Reihe »Quellenschriften und Studien zur Jugendkunde« herausgegebenen Arbeit über »Die Sprache der Jugend« Dr. A. Busemann zu dem Schluß gelangte: »Die Analyse nach kategorialen Phasen hat gezeigt, daß es sich *nicht* um eine Fälschung handelt«, bewies Joseph Krug 1926 in seiner Untersuchung des kalendarischen Materials »einwandfrei« die widersprüchliche und unrichtige Datierung der Eintragungen: »Versuchen wir nun, aus unseren Untersuchungen die Schlußfolgerungen zu ziehen. Läßt sich angesichts der aufgezeigten kalendarischen Verstöße und der groben Anachronismen noch irgend etwas zur Verteidigung der behaupteten Authentizität des Tagebuchs beibringen? Ich glaube nicht. Es ist als ein Machwerk entlarvt. Wir haben zwar nur einen Indizienbeweis führen können und das Geständnis der Herausgeberin bleibt uneinbringlich. Aber man wird wohl nicht fehlgehen, wenn man, um von den als Anachronismen nachgewiesenen Ereignissen die nötige Distanz zu gewinnen, als tatsächliche Abfassungszeit des sog. Tagebuches die Zeit kurz vor oder kurz nach Ausbruch des Weltkrieges ansetzt, und wenn man weiter, das ganze Verhalten der Frau Dr. Hug-Hellmuth kritisch überblickkend, als einfachste und wahrscheinlichste Lösung aller Fragwürdigkeiten die Annahme trifft, daß zwischen der Schreiberin und der Herausgeberin eine Personalunion besteht. Ob die Verf. für das Buch aus irgendwelchen Quellen geschöpft hat, wieweit Erinnerungen aus der eigenen Mädchenzeit mit Beobachtungen anderer und mit freien Erfindungen vermengt sind, ob schließlich vielleicht ein wirkliches Mädchentagebuch als verhältnismäßig kleiner Kern dem Buche zugrunde lag, all das sind Fragen von untergeordneter Wichtigkeit, die uns vorläufig nicht zu beschäftigen brauchen. So wie es vorliegt, ist das Buch im günstigsten Falle eine unentwirrbare Mischung aus Dichtung und Wahrheit. Es kann auch nicht unsere Aufgabe sein, den Beweggründen nachzuspüren, welche die Verf. verleitet haben mochten, dieses Erzeugnis ihrer kombinierenden Phantasie, das im großen und ganzen nur vom belletristischen Standpunkt gewertet werden kann, der psychologischen Wissenschaft als echtes und unverfälschtes Originaldokument zu präsentieren ... Das Buch hat als ›Quellenschrift zur seelischen Entwicklung‹ keinen Platz, es bleibt nur insofern ein psychologisches Dokument, als es erkennen läßt, wie sich in der Vorstellung mancher Erwachsener die Erlebniswelt eines heranwachsenden Mädchens abspiegelt.«

Auf Anregung von Charlotte Bühler entstand eine weitere Arbeit über die »Sprache des Jugendlichen im Tagebuch«, eine sprachtheoretische Untersuchung von Hedwig Fuchs, die ebenfalls zu der Erkenntnis gelangte, daß es sich bei dem Tagebuch um eine Fälschung handelt. Eine besondere Variante ergab die Untersuchung nach »schallanalytischer Methode«: danach soll das »Tagebuch« von drei Autoren geschrieben worden sein, und zwar von einer weiblichen Person und zwei ausgewachsenen Männern!

Nach all diesen massiven Anwürfen sah sich der Internationale Psychoanalytische Verlag gezwungen, das »Tagebuch« aus dem Buchhandel zurückzuziehen. Am 23. März 1927 veröffentlichte der Verlag im Börsenblatt des Deutschen Buchhandels eine ganzseitige Anzeige mit dem folgenden Wortlaut:

»Wie in unserer Zeitschrift ›Imago‹ demnächst ausführlich auseinandergesetzt werden wird, sind Zweifel an der Echtheit des in unserem Verlage 1919 erschienenen, seit 1922 in der 3. Auflage vorliegenden *Tagebuch eines halbwüchsigen Mädchens* aufgetaucht. Insbesondere ergeben sich Widersprüche bei der kalendarischen Vergleichung der schulfreien Tage (Feiertage usw.) in den in Betracht kommenden Jahren. Die Schreiberin des Tagebuchs lebte bereits im Zeitpunkt seiner Veröffentlichung nicht mehr. Sie kann daher zur Aufklärung jener Widersprüche nicht herangezogen werden. Ebensowenig die Herausgeberin, Frau Dr. Hermine Hug-Hellmuth, die bekanntlich vor einigen Jahren einem verbrecherischen Anschlag zum Opfer fiel. Wer Frau Hug-Hellmuth gekannt hat, ihren Charakter, ihre Gewissenhaftigkeit, neigt kaum zur Annahme, daß sie es war, die an dem ihr von der Urheberin überlassenen Schriftstück willkürlich mehr geändert hat, als ihn zur Unkenntlichmachung der Tagebuchschreiberin unbedingt notwendig dünkte. Einem Rätsel gegenüberstehend, muß man also zunächst als näherliegende Möglichkeit in Erwägung ziehen, ob vielleicht die anonyme Tagebuchschreiberin selbst einzelne Stellen nicht in ihrer ›halbwüchsigen Zeit‹ (im 11. bis 14. Jahr) tagtäglich geschrieben, sondern etwa im 16. bis 19. Lebensjahr – vor Übergabe des in losen Blättern geführten Tagebuchs an Frau Dr. Hug-Hellmuth – eingeführt hat. Der Internationale Psychoanalytische Verlag behält sich vor, nach Möglichkeit auf die Untersuchung der Authentizität des Tagebuchs noch zurückzukommen, d.h. zu untersuchen, ob die zeitlichen und sonstigen kleinen Widersprüche doch nicht irgendeine harmlose Erklärung vertragen (z.B. eine Erklärung durch chronologisches Durcheinandergeraten einzelner loser Blätter des Originaltagebuchs), fühlt sich aber jedenfalls schon jetzt, da die Frage nach der Echtheit noch offen dasteht, verpflichtet, das Werk aus der Serie ›Quellenschriften zur seelischen Entwicklung‹ und aus dem Buchhandel überhaupt herauszuziehen. Hoffentlich wird es doch noch in nicht allzu ferner Zeit mit Gewißheit festzustellen sein, ob man es mit einem im Grunde einwandfreien Dokument zu tun hat, oder ob eine Mischung von Tagebuch und Rückerinnerung vorliegt, was in diesem Falle angesichts der nicht von vornherein eingestandenen Herkunft aus verschiedenen Lebensperioden gewiß ein Defekt ist, oder gar nur eine freie Erfindung der für die Öffentlichkeit anonym gebliebenen Schreiberin, die sich – falls dieser zuletzt angeführte Fall zutreffen sollte – durch diese Leistung nach dem Urteile nicht weniger und nicht unmaßgebender Menschenkenner und Schriftenkenner wohl als eine bedeutende Dichterin erwiesen hat. Unsere soeben ausgegebenen Verlagsverzeichnisse führen das ›Tagebuch‹ nicht mehr an. Wir ersuchen den Sortimentsbuchhandel, das ›Tagebuch‹ in den etwa noch vorhandenen älteren Verlagsverzeichnissen zu streichen. Desgleichen ersuchen wir um Remittierung aller in Kommission befindlichen Exemplare.«

Das »Rätsel«, vor dem der Internationale Psychoanalytische Verlag stand, wurde nicht gelöst, auch die angekündigte ausführliche Auseinandersetzung in der Zeitschrift »Imago« erschien nicht. Über das »Tagebuch« und seine Herausgeberin Hermine Hug-Hellmuth wurde der Mantel des Schweigens gebreitet.

Charlotte Bühler notierte befriedigt in dem Vorwort zur 2. Auflage ihrer »Zwei Mädchentagebücher«, 1927: »›Das Tagebuch eines halbwüchsigen Mädchens‹ ist inzwischen übrigens vom Verlag einsichtigerweise zurückgezogen worden, und wir können darüber zur Tagesordnung übergehen.«

IV

Hermine Hug-Hellmuth, die in der einschlägigen Literatur zwar erwähnt, aber kaum in größerem Umfang gewürdigt wird, ist als

»Pionierin der Kinderanalyse« (Nelly Wolffheim) fast vergessen. Anna Freud und Melanie Klein, die sich – mit unterschiedlichen Techniken – der analytischen Arbeit mit Kindern annahmen, gelten als die Begründerinnen der Kinderanalyse, wie sie heute angewendet und gelehrt wird. Hermine Hug-Hellmuths pädagogische und analytische Arbeit einzuschätzen oder zu bewerten, ist hier nicht der Ort, aber man kann sich natürlich fragen, ob die peinlichen Auseinandersetzungen um das Tagebuch und ihre Ermordung durch den Neffen, die letztlich auch ein schiefes Licht auf ihre Schriften warf, mit dazu beigetragen haben, sie schnell in Vergessenheit geraten zu lassen.

Ein Kritiker der Psychoanalyse, der Psychologe William Stern, schrieb in unverhohlener Häme nach dem Tod von Hermine Hug-Hellmuth in der Vossischen Zeitung:... »Da sie selbst kinderlos war, so war sie – abgesehen von spärlichen Notizen über andere Kinder – vornehmlich auf *Beobachtungen an ihrem Neffen* angewiesen, demselben, dessen Opfer sie nun geworden ist. Die Kindespsychologie der Frau Hug-Hellmuth ist in Wirklichkeit zu einem großen Teil Neffen-Psychologie, sie kennt die kindliche Seele eigentlich nur aus den ersten sieben Lebensjahren dieses Knaben...«

Dieser Knabe, Rudolf Otto Hug, zog 1918, als Zwölfjähriger, in das Haus von Hermine Hug-Hellmuth. Aber schon früher wohnte er, gemeinsam mit seiner Mutter, bei der Tante. Die beiden Schwestern kamen, obwohl sie sehr unterschiedlicher pädagogischer und politischer Ansichten waren, häufig zusammen. Die Erziehung des Jungen gab oft Anlaß zum Streit. Hermine Hug-Hellmuth forderte eine gewisse Strenge, ein erzieherisches Einwirken, das die Schwester, für die der Sohn der Mittelpunkt des Lebens war, ganz ablehnte. Antonie Hug von Hugenstein, die in ihrem Beruf als Lehrerin als äußerst streng galt, vertrat den Standpunkt, daß ihrem Kind – das unehelich und vom zweiten Lebensjahr an vaterlos aufwuchs – jeder Willen zu gewähren sei. Vor ihrem Tod, 1915, verfügte sie, daß ihr Sohn keinesfalls bei der Schwester, sondern anderweitig untergebracht werden solle. Nach kurzen Aufenthalten bei Freunden der Mutter lebte Rudolf drei Jahre zur Pension in Krems, bis die Streitigkeiten über Kostgeld und Erziehungsmaßnahmen zwischen Hermine Hug-Hellmuth und der Pensionswirtin schließlich zur Auflösung des Pensionsvertrages führten. Hermine Hug-Hellmuth nahm ihren Neffen, »obwohl sie wußte, daß sie sich für ihre wissenschaftliche Tätigkeit unmöglich machen würde« (Isidor Sadger), in ihr Haus. Isidor Sadger übernahm 1919, auf Bitte von Hermine Hug-Hellmuth, die Vormundschaft über Rudolf Hug. Er ist der letzte der insgesamt fünf Vormünder, die über Rudolf Hugs Belange zu entscheiden hatten.

Rudolf, der sein – wie er meinte – karges Taschengeld durch kleinere und größere Diebstähle aus der Geld- und Schmuckschatulle seiner Tante aufbesserte, wurde lange Zeit für seine Vergehen nicht zur Rechenschaft gezogen. Die Tante bemerkte und verzieh ihm die Stehlereien, schwieg sich auch dem Vormund gegenüber darüber aus, da sie fürchtete, er würde Anzeige erstatten. Sie wollte um jeden Preis vermeiden, daß Rudolfs Vergehen an die Öffentlichkeit gerieten. Erst im November 1922 – Rudolf lebte inzwischen vier Jahre in der Wohnung seiner Tante und hatte gerade wieder einen größeren Betrag entwendet – gingen Hermine Hug-Hellmuth und Isidor Sadger gemeinsam gegen ihn vor. Er wurde aus der Gewerbeschule, die er besuchte, um Chemie zu studieren, herausgenommen und in das Schutzheim für verwahrloste Jugendliche nach St. Veith gebracht.

Rudolf, der diese Entfernung aus der Gewerbeschule als unverzeihlichen Eingriff in sein Leben, als Zerstörung seiner Berufspläne empfand, schlug sich in den nächsten zwei Jahren mit verschiedenen Arbeiten durch, die ihm aber weder ermöglichten, seinen Lebensunterhalt zu bestreiten, noch einen qualifizierten Beruf zu erlernen. Immer wieder wandte er sich um finanzielle Unterstützung an die Tante, die ihm zum Teil auch gewährt wurde. Am 8. September 1924, nachdem die Tante ihm kurz zuvor nur die Hälfte des von ihm verlangten Geldes ausgehändigt hatte, stieg er nachts in ihre Wohnung ein, um sich das benötigte Geld zu beschaffen.

Hermine Hug-Hellmuth hat ihren Tod vorausgesehen. Sie fürchtete sich vor ihrem Neffen. Als er sie – überraschend – in ihrem Urlaubsort aufsuchte, brach sie den gerade begonnenen Urlaub ab und flüchtete zurück nach Wien. Wenige Wochen vor ihrem Tod schrieb sie ein Testament und bat die Psychoanalytische Vereinigung darum, keine Nachrufe auf sie zu veröffentlichen. Zu Isidor Sadger sagte sie: »Ich höre plötzlich bei Nacht, wie Rolf klopft und plötzlich vor mir steht und Geld verlangt... ich sehe ihn, wie er vor mir steht und mich am Halse würgt, wenn er es nur rasch macht.«

Als Rudolf Hug um Mitternacht durch das Fenster in ihre Wohnung einstieg, erwachte Hermine Hug-Hellmuth und schrie. »Sie ist aufgesprungen und neben der Ottomane mit dem Gesicht gegen mich stehengeblieben. Ich bin furchtbar über den plötzlichen Lärm erschrocken, wußte im ersten Moment nicht, was ich jetzt machen sollte, sprang in meiner Angst und Aufregung von der Kassa herunter und packte die Tante beim Hals. Dabei sind wir beide zu Fall gekommen und zwar gegen die Kabinettür. Ich habe die Hände um den Hals gehabt und zusammengedrückt. Ich habe nur den einzigen Gedanken gehabt, um Gottes Willen Ruhe, Ruhe.« – So der 18-jährige Rudolf Hug bei der Gerichtsverhandlung am 3. März 1925.

Der Gerichtspsychiater notierte aus den Gesprächen mit dem Inhaftierten unter anderem folgende Aussagen: »Der Mord sei geschehen, wie irgendein Unglück geschieht. Hätte die Tante fest geschlafen, so wäre die ganze Sache nicht passiert. Es war ein unglücklicher Zufall, daß die Tante zur Unzeit erwacht ist. Er hätte einen fremden Menschen nie umgebracht, so wenig wie er jemals einem fremden Menschen etwas gestohlen habe. Gefragt, ob er Reue oder Gewissensbisse empfinde, antwortete er, er wisse, daß es zu seinen Ungunsten spreche, aber er müsse gestehen, daß er bei der Nachricht, daß die Tante tot sei, gar nicht aufgeregt war. Er sei innerlich nicht davon überzeugt, daß er etwas Schreckliches begangen habe, nur verstandesmäßig sage er sich, daß der Mord, abgesehen vom gesetzlichen Standpunkt, nicht zu billigen sei. Er glaube es auch nicht, wie es in literarischen Werken zu lesen sei, daß der Mörder sich Vorwürfe mache. Reue sei nur eine Beschönigung darüber, daß man gefehlt habe, er für seine Person habe noch keinen Vorfall in seinem Leben bereut. Wenn sich alles wiederholen würde, würde es wieder denselben Abschluß haben, das Ganze war zwangsläufig. Die Tante habe ihn nicht aus reiner Menschenfreundlichkeit zu sich genommen, er glaubt – und wiederholt es bei jedem Anlaß –, daß die Tante ihm gegenüber ein schlechtes Gewissen hatte, möglicherweise hatte sie seiner Mutter gegenüber nicht einwandfrei gehandelt oder hatte ihr gegenüber irgendwelche unklaren Verpflichtungen gehabt. Er weiß, daß die Tante seine Mutter nicht leiden konnte, welchen Grund sie hatte, sich um ihr Kind zu kümmern, weiß er nicht, jedenfalls nicht aus Menschenfreundlichkeit, das traue er ihr nicht zu. Er sei bis zum Tode seiner Mutter von dieser sehr verwöhnt worden, es sei ihm als Kind überhaupt etwas Unbekanntes gewesen, seinen Willen nicht durchzusetzen. Er sei das Opfer einer verfehlten Erziehung. Die fortwährende angebliche Nachsicht war einer der größten Fehler. Er wolle sich keine pädagogischen Ansichten anmaßen, er glaube aber, daß eine ordentliche Tracht Prügel besser und erfolgreicher gewesen wäre. Die Tante hatte immer behauptet, er bestehle sie, weil er glaube, was ihr gehöre, gehöre auch ihm, und erklärte es durch Identifikation. Auch versuchte sie, alle seine Handlungen auf sexuelle Motive zurückzuführen. Den Mord würde sie sicher als Ödipuskomplex aufgefaßt haben. Er habe sich schon frühzeitig über das Deuteln an allen seinen Handlungen lustig gemacht. Bei ihm sei die psychoanalytische Erziehungsmethode gründlich mißraten. Psychoanalyse tagaus tagein richte einen Menschen zugrunde. Wenn man bei keinem Wort, keiner seiner Handlungen sicher sei, daß sie nicht verdeutet werde, das gehe einem auf die Nerven. Er glaube, daß er zuviel Psychoanalyse habe schlucken müssen. Er war nie gewöhnt, eine Strafe zu bekommen, daher habe er auch keine Hemmungen gehabt. Wenn einer nicht von Haus aus einen sehr festen Charakter habe, so könne er, psychoanalytisch erzogen, kein brauchbarer Mensch werden. Er glaubt, wenn er so ohne Erregung an die Tat denken könne, so hänge das mit seiner psychoanalytischen Erziehung zusammen. Wenn man immer für alles eine Entschuldigung habe, so gewöhne man sich bald daran, an nichts etwas zu finden. Er habe kein Schuldgefühl, er habe nicht das Bewußtsein, daß er Strafe verdiene. Er würde einen Freispruch als die richtige richterliche Lösung empfinden.«

Das »Opfer der Psychoanalyse« – wie Rudolf Hug sich selbst sah – beschäftigte sich frühzeitig mit »Büchern sexuellen Inhalts«. Mit Wissen der Tante las er Marquis de Sade, Sacher-Masoch, Krafft-Ebing und natürlich Hermine Hug-Hellmuths Schriften, insbesondere »Aus dem Seelenleben des Kindes« und das »Tagebuch eines halbwüchsigen Mädchens«. Der pubertierende Neffe konnte – oder mußte – lesen, in welcher Weise er sich bereits als Kind sexuell aktiv betätigt hatte. Und nicht nur er – die Bücher und Aufsätze waren ja für jeden zugänglich. Die Tante schrieb beispielsweise über ihn: »So wurde aus dem dritten Lebensjahr meines Neffen notiert, daß er voll Freude berichtete, ein neunjähriges Mädchen habe sich mit ihm ins Badezimmer eingeschlossen und sich ihm nackt gezeigt... Ich habe bei meinem Neffen wiederholt beobachtet, daß bei dem durch die ganze Nacht fortgesetzten Lutschen sich am Morgen an den Fingern der dem weiblichen Genitale spezifische Geruch bemerkbar macht, und diese Wahrnehmung haben mir mehrere Mütter bestätigt... So zeigte mein kleiner Neffe, der bis zum Ende des ersten Jahres ein ausgesprochener Koprophile war, plötzlich im elften Monat einen deutlichen Ekel vor Spinat... Mein Neffe berichtete mit vier Jahren ganz harmlos seiner Mutter: Wenn du mir am Abend Märchen erzählst, klemm ich mein Zipferl so fest zwischen die Schenkel, daß es ganz heiß und steif wird... Seit dem dritten Lebensjahre ist des Knaben größtes Interesse auf den *nackten weiblichen Körper* gerichtet. Mit kaum zwei Jahren pflegte er sich auf den Fußboden zu legen, um seinem Kinderfräulein unter die Röcke zu sehen und war glücklich, wenn es ihm gelang, ihr auf den nackten Arm, das Knie oder die Brust zu greifen...« usw.

Eine Beobachtung, die Hermine Hug-Hellmuth über den Neffen notierte, liest sich im Nachhinein gleichermaßen makaber und aufschlußreich: »Die meisten Kinder lehren sich selbst die Buchstaben an Geschäftsbildern, Plakaten usw.; es ist dabei gewiß nicht ohne Belang, welcher Art die Plakate sind; so hatte mein Neffe für die Darstellung von Eifersuchts- und Mordszenen (Reklametafel eines Kinotheaters) das lebhafteste Interesse, ebenso für Kampfbilder (besonders nackte Ringkämpfer), aber auch für Kinderbilder, unter denen er Züchtigungsszenen den Vorzug gab. An solchen Plakaten studierte er für sich die Buchstaben und die Ziffern.«

Rudolf Hug wurde am 4. März 1925 zu zwölf Jahren schweren Kerkers, verschärft durch ein hartes Lager vierteljährig und Dunkelhaft am 8. September (dem Mordtag) eines jeden Jahres, verurteilt.

Nach Verbüßung seiner Haftstrafe, erinnert sich der Wiener Psychoanalytiker Richard Sterba, trat Rudolf Hug mit dem Verlangen an die Psychoanalytische Vereinigung heran, ihn finanziell zu unterstützen, da er ein Opfer der Psychoanalyse gewesen sei und als solches das Verbrechen begangen habe. Die Forderung wurde abgelehnt. Helene Deutsch schreibt in ihrem Buch »Selbstkonfrontation«: »Das erste, was er tat, war, sich mit der Bitte um finanzielle Hilfe und Therapie an einen alten Analytiker-Freund seiner Tante zu wenden. Dieser war der Meinung, daß eine Analytikerin am geeignetsten wäre – daß sie in der Tat an die Stelle der

verstorbenen Tante treten könne! Er schlug mich vor. Im Bewußtsein der Gefahr, daß sich die Aggressionen des jungen Mannes nun
gegen mich kehren könnten, lehnten mein Mann und ich diesen
Vorschlag ab. Der Neffe kam nicht zur Analyse zu mir, doch mein
Mann bemerkte kurz darauf, daß sich ein junger Mann um unser
Haus herumtrieb, der den Beschreibungen entsprach, die er von
dem Exhäftling erhalten hatte. Um mich nicht zu beunruhigen,
sagte mir mein Mann nichts davon. Aber es begann mir aufzufal-
len, daß mir bei meinen einsamen Spaziergängen im nahe gelegenen Park stets in einiger Entfernung derselbe junge Mann folgte.
Später bemerkte ich in der Ferne einen zweiten jungen Mann, der
ebenfalls allein spazierenging. Der erste war der Neffe, der zweite
ein Privatdetektiv, den Felix zu meinem Schutz angeheuert hatte.
Ich weiß nicht, was schließlich aus dem Neffen wurde, aber er
scheint keine weiteren Verbrechen begangen zu haben. Dieser Vorfall ruft einem die Erkenntnis ins Bewußtsein, die jedem Kinder-
psychologen geläufig ist: Kinder wollen nicht beobachtet, sondern
geliebt werden. Die arme Dr. Hug-Hellmuth wurde ein Opfer ihrer eigenen Einstellung zur Kinderpsychologie.«

V

Es ist auffällig, daß Hermine Hug-Hellmuths Forschungen sich
zum größten Teil auf Beobachtungen aus ihrem engsten Umkreis
stützten. Selbst in ihrem letzten, 1924 veröffentlichten Buch
»Neue Wege zum Verständnis der Jugend – Vorlesungen für Eltern, Lehrer, Erzieher, Schulärzte, Kindergärtnerinnen und Für-
sorgerinnen« waren die Beobachtungen, aus denen sie ihre Thesen
und Argumente ableitete, immer noch die Beobachtungen, die sie
an dem kleinen Neffen angestellt hatte, freilich wurde er nun nicht
mehr als Neffe bezeichnet, sondern beispielsweise als »fünfjähri-
ger Junge, der seine Tante zärtlich liebte« oder als »kleiner Knabe,
der als Einjähriger sich intensiv mit seinen Exkrementen beschäftigte und gern Leib- und Bettwäsche, ja sogar die Zimmerwand
besudelte...« usw. Wie sehr sich ihre persönlichen Erfahrungen
mit der wissenschaftlichen Arbeit verquickten, mag das folgende
Beispiel aus dem Kapitel »Erziehungsschwierigkeiten in Familie
und Schule« illustrieren:

»In neunzig Fällen unter hundert wird das Kind vom Erwachsenen förmlich herausgefordert zum Stehlen. Der Beginn liegt tief in früher Kindheit... Ein Kind stiehlt, was ihm tatsächlich oder in seiner Phantasie vorenthalten wird; diese Einschränkung erscheint ihm ein Mangel an Liebe; vom Eigentum der Eltern stehlen, bedeutet ihm also Liebe von Vater oder Mutter stehlen. Zugleich identifiziert sich das Kind durch den angeeigneten Gegenstand aus Vaters oder Mutters Besitz mit ihnen, es kommt ihnen an Reichtum und Ansehen gleich. Daneben befriedigt es seine Racheimpulse gegen sie. Das Analysenmaterial von jugendlichen Dieben zeigt mir eine überraschende Übereinstimmung in der Wahl der Personen, an deren Eigentum das Kind sich vergeht. Der Knabe bestiehlt vorzüglich die weiblichen Mitglieder der Familie. Für die Person der Mutter ließe sich die Erklärung denken, daß das stets vertraute Zusammenleben mit ihr auch die Gelegenheit zum Stehlen begünstigte. Da aber auch Kinder, deren Mütter sich weniger um sie kümmern, mit Vorliebe sie oder eine andere weibliche Person im Hause bestehlen, so dürfen wohl die Worte des eben erwähnten kleinen Diebes: ›Man stiehlt bei der Mutter oder der Großmama oder dem Hausfräulein – na, weil sie eben Frauen sind, und die passen nicht auf und lassen alles liegen‹ – viele Fälle erklären: der Knabe bestiehlt die Frau, weil er sie wegen ihres Weibtums verachtet. Ich möchte übrigens an dieser Stelle hervorheben, daß nach meiner heilerziehlichen Erfahrung die weitaus größere Zahl der jugendlichen Diebe männlichen Geschlechts sind, was eben aus dem ›Herrenrecht‹ und der Weibverachtung des Knaben gut verständlich ist.«

Von wem und wessen »Weibverachtung« hier die Rede ist, braucht nicht mehr erläutert zu werden. Aber auch Erlebnisse aus der eigenen Kindheit tauchen als anonymisiertes Material wieder auf. So berichtet Hermine Hug-Hellmuth in dem Buch von einem siebenjährigen Mädchen, das am 2. Weihnachtsfeiertag einen Teller seines Puppengeschirrs zerbrach. Der Vater legte dem Kind am Nachmittag die Scherben auf seinen Kuchenteller, von dem es die Torte essen mußte. »Jahrelang mochte sie keine Kastanientorte essen und zeitlebens trug sie kein weißes Kleid, – weiß mit ganz schmalem Goldrand war die Farbe des unglückseligen Puppengeschirrs gewesen.« Es ist natürlich nicht irgendein siebenjähriges Mädchen, dem das Unglück passierte, sondern Hermine Hug-Hellmuth selbst. In einem Aufsatz »Über Farbenhören«, den sie

1912 in »Imago« veröffentlicht hatte, kann man die Geschichte nachlesen: »In meinem 8. Lebensjahre zerbrach ich wenige Tage nach dem Christfeste ohne bösen Willen ein Tellerchen des weißen Puppenservice, das ich am Weihnachtsabend erhalten hatte. Papa war über meine ›Zerstörungswut‹ so empört, daß er mir, als mittags die Mehlspeise aufgetragen wurde, auf meinen Teller die beiden zusammengefügten Scherben des zersprungenen Tellerchens legte, wovon ich nun die Speise essen mußte. Viel zu sehr an stummen Gehorsam gewöhnt, als daß ich mich getraut hätte, sie unberührt liegen zu lassen, würgte ich sie hinunter; aber niemals konnte ich diese harte ungerechte Strafe vergessen und das weiße Puppengeschirr war mir von diesem Augenblick verhaßt.«

Es ist erstaunlich, mit wie wenig Distanz Hermine Hug-Hellmuth ihre wissenschaftlichen Forschungen betrieb. Es ist erstaunlich auch deshalb, weil sie durch ihre praktische, therapeutische Arbeit mit Kindern im Grunde genügend Material hätte sammeln können. Es muß für sie etwas Zwanghaftes gewesen sein, wieder und wieder – selbst nach dem wenig erfreulichen Zusammenleben mit dem Neffen und dessen Rauswurf – die Kindheitsgeschichte des Knaben auszubreiten und die eigenen Erlebnisse zum Maßstab wissenschaftlicher Arbeit werden zu lassen.

Es gibt keine Schrift von ihr, in die nicht Persönliches eingeflossen ist. Wie verhält es sich aber mit dem von ihr angeblich nicht verfaßten, sondern nur herausgegebenen »Tagebuch eines halbwüchsigen Mädchens«?

In dem eben zitierten Aufsatz von Hermine Hug-Hellmuth »Über Farbenhören« finden sich zahlreiche autobiographische Details, die der aufmerksame Leser zwar nicht wie die »Puppengeschirr-Anekdote« in den »Vorlesungen« wiederentdecken kann, die aber in einer auffälligen Parallelität zu biographischen Details einer anderen Person stehen, nämlich zu »Grete Lainer«, der sogenannten, angeblichen Verfasserin des »Tagebuch eines halbwüchsigen Mädchens«.

In dem Aufsatz ist beispielsweise von Hermine Hug-Hellmuths schwerkranker, dann verstorbener Mutter die Rede, von der bevorzugten Schwester, von der Militärbegeisterung des Kindes; auch wurde das Mädchen Hermine – allerdings handgreiflicher als Grete Lainer – von einem »alten Lüstling« belästigt. Und so weiter. Die ganze Atmosphäre des Hugensteinschen Hauses, die Erziehung der Geschwister Hermine und Antonie erinnern sehr an die Schwestern Grete und Dora. Aber das können natürlich zufällige Parallelen sein, mehr noch: jemand, der auf keinen Fall seine Identität preisgeben will, würde solche offensichtlichen Übereinstimmungen vermeiden, sie könnten deshalb geradezu auch das Gegenteil beweisen. Aber nimmt man alles zusammen: das fast ausschließliche Verarbeiten eigener Erfahrungen, die Parallelität der Kindheitsgeschichte, die strukturierte Erzählweise des Tagebuchs, die kalendarischen Unstimmigkeiten, ja auch die »Kinderbriefe«, die Hermine Hug-Hellmuth 1914 veröffentlichte und die in Stil und Sprache absolut mit dem Tagebuch identisch sind, dann kann man eigentlich zu keinem anderen Schluß gelangen, als daß Verfasserin und Herausgeberin des Tagebuchs ein und dieselbe Person sind. Und trotzdem mag man nicht glauben, daß Hermine Hug-Hellmuth, die bis zuletzt entschieden versichert hat, sie sei lediglich die Herausgeberin, ihren Leserinnen und Lesern, ihren berühmten und weniger berühmten Kollegen, Wissenschaftlern und Schriftstellern, einen solchen Bären aufgebunden hat.

Mich persönlich hat schließlich eine Winzigkeit davon überzeugt, daß Hermine und Grete identisch sind. Eine kleine Verfremdung, die – in dieser Art – doch nur der Dichter, bzw. die Dichterin vornimmt, war es, die den letzten Zweifel beseitigte.

In »Über Farbenhören« heißt es: »Große Bedeutung kam in meiner Jugend einer in der Nähe unserer Wohnung gelegenen Privatirrenanstalt zu, an welcher ein schmaler Heckenweg vorbeiführte, der mir streng verboten war, da ich stets im Schlafe aufschrie oder bei Tag sehr aufgeregt war, wenn ich dort gegangen. Denn erstens ging ich diesen Weg nur heimlich, hatte also immer Angst, ertappt zu werden, ferner erfolgte gerade auf diesem Umweg nach Hause meine Einführung in das Sexualgebiet durch eine Schulkameradin und endlich beobachteten wir durch die Spalten des Zaunes des Irrenhausparks eine irrsinnige Französin, die in einem kleinen Nebenhäuschen untergebracht, dort an dem Fenstergitter rüttelte, unaufhörlich Drohungen ausstieß und gellend nach einem ›Richard‹ schrie, was uns Kindern, die wir uns eben mit dem Problem von ›Mann und Weib‹ intensiv zu beschäftigen begannen, höchlich interessierte.«

Nein, es gibt in dem »Tagebuch eines halbwüchsigen Mädchens« natürlich keine verrückte Französin, die nach Richard schreit, aber am 15. Juli des 3. Jahres lautet die Eintragung: »Ich habe eigentlich nie recht gewußt, ob der Onkel Richard in der Irrenanstalt angestellt ist oder ob er selber drin ist; das letztere ist der Fall. Er ist rückenmarkleidend und ganz verblödet und manchmal hat er Tobsuchtsanfälle.«

Vielleicht kann man sagen, daß die Dichterin Hermine Hug-Hellmuth größere Verdienste erworben hat als die Kinderanalytikerin Frau Dr. Hermine Hug-Hellmuth.

Original oder Fälschung? Das mag der Leser des »Tagebuchs eines halbwüchsigen Mädchens« selbst entscheiden.

Hanne Kulessa

»Feminismus«

Ausgewählte Literatur im Suhrkamp Verlag

Ansprüche. Verständigungstexte von Frauen. Hg.: Eva-Maria Alves. st 887

Bachofen, Johann Jakob: Das Mutterrecht. Hg. H.-J. Heinrichs. stw 135

Becker, Bovenschen, Brackert u. a.: Aus der Zeit der Verzweiflung. Zur Genese und Aktualität des Hexenbildes. es 840

Bovenschen, Silvia: Die imaginierte Weiblichkeit. Exemplarische Untersuchungen zu kulturgeschichtlichen und literarischen Präsentationsformen des Weiblichen. es 921

Brandt, Gisela / Johanna Kootz: Zur Frauenfrage im Kapitalismus. es 581

Chasseguet-Smirgel, Janine (Hg.): Psychoanalyse der weiblichen Sexualität. es 697

Dürkop, Marlis / Gertrud Hardtmann (Hg.): Frauen im Gefängnis. es 916

Familie und Gesellschaftsstruktur. Materialien zu den sozioökonomischen Bedingungen von Familienreformen. Hg. H. Rosenbaum. stw 244

Historische Familienforschung. Herausgegeben von Michael Mitterauer und Reinhard Sieder. stw 387

Feminismus. Ein Handbuch. Hg. L. F. Pusch. es 1192

Frauen, die pfeifen. Hg. R. Geiger, H. Holinka, C. Rosenkranz, S. Weigel. es 968

Gerhard, Ute: Verhältnisse und Verhinderungen. Frauenarbeit, Familie und Recht der Frauen im 19. Jahrhundert. es 933

Goffman, Erving: Geschlecht und Werbung. Mit zahlreichen Illustrationen. Aus dem Amerikanischen von Th. Lindquist. es 1085

Heinsohn, G. / Knieper, R.: Theorie des Familienrechts. es 747
– Menschenproduktion. es 914

Helfer, Ray E. / C. Henry Kempe: Das geschlagene Kind. Einleitung von G. Zenz. Übersetzt von U. Rennert. stw 247

Hört ihr die Kinder weinen. Eine psychogenetische Geschichte der Kindheit. Herausgegeben von Lloyd de Mause. stw 339

Homosexualität und Gesellschaft. Hg. R. Lautmann. stw 200

Honegger, Claudia (Hg.): Die Hexen der Neuzeit. Studien zur Sozialgeschichte eines kulturellen Deutungsmusters. es 743

Irigary, Luce: Speculum. Spiegel des anderen Geschlechts. Deutsch von X. Rajewsky u. a. es 946

»Feminismus«

Ausgewählte Literatur im Suhrkamp Verlag

Kindeswohl. Eine interdisziplinäre Untersuchung über seine Verwirklichung in der vormundschaftsgerichtlichen Praxis. Von S. Simitis, L. Rosenkötter, R. Vogel, B. Boost-Muss, M. Frommann, J. Hopp, H. Koch, G. Zenz. stw 292

Kindheit als Fiktion. Berichte von M. Köhler, H. Hengst, B. Riedmüller, M. Wambach. es 1081

Meillassoux, Claude: »Die wilden Früchte der Frau«. Über häusliche Produktion und kapitalistische Wirtschaft. Übersetzt von Eva Moldenhauer. stw 447

Métral, Marie-Odile: Die Ehe. Analyse einer Institution. Mit einem Vorwort von Philippe Ariès. Übersetzt von Max Looser. stw 357

Michelet, Jules: Die Frauen der Revolution. Herausgegeben und übersetzt von Gisela Etzel. it 726

Miller, Alice: Das Drama des begabten Kindes und die Suche nach dem wahren Selbst. st 950

– Am Anfang war Erziehung. st 951

– Du sollst nicht merken. Variationen über das Paradies-Thema. st 952

Mitchell, Juliet: Psychoanalyse und Feminismus. Freud, Reich, Laing und die Frauenbewegung. Übersetzt von Brigitte Stein. Leinen

Prinzhorn, Hans: Gespräch über Psychoanalyse zwischen Frau, Dichter und Arzt. Mit einem Nachwort herausgegeben von B. Urban. st 669

Prokop, Ulrike: Weiblicher Lebenszusammenhang. Von der Beschränktheit der Strategien und der Unangemessenheit der Wünsche. es 808

Pusch, Luise F.: Das Deutsche als Männersprache. Aufsätze und Glossen zur feministischen Linguistik. es 1217

Riedmüller, B. / Kickbusch, J. (Hg.): Die armen Frauen. es 1156

Rosenbaum, Heidi: Formen der Familie. Untersuchungen zum Zusammenhang von Familienverhältnissen, Sozialstruktur und sozialem Wandel in der deutschen Gesellschaft des 19. Jahrhunderts. stw 374

Rossanda, Rossana: Einmischung. Gespräche mit Frauen über ihr Verhältnis zu Politik, Freiheit, Gleichheit, Brüderlichkeit, Demokratie, Faschismus, Widerstand, Staat, Partei, Revolution, Feminismus. Aus dem Italienischen übersetzt von Maja Pflug, Andrea Spingler und Burkhart Kroeber. st 921

Rüpke, Giselher: Schwangerschaftsabbruch und Grundgesetz. Nachwort von Peter Schneider. es 815

Runge, Erika: Frauen. Versuche zur Emanzipation. es 359

75/2/8.84

»Feminismus«

Ausgewählte Literatur im Suhrkamp Verlag

Schlegel, Friedrich: Theorie der Weiblichkeit. Herausgegeben von Winfried Menninghaus. it 679

Schwarzer, Alice: Lohn: Liebe. Zum Wert der Frauenarbeit. es 1225

Weber-Kellermann, Ingeborg: Die deutsche Familie. Versuch einer Sozialgeschichte. st 185

Wesel, Uwe: Der Mythos vom Matriarchat. Über Bachofens Mutterrecht und die Stellung von Frauen in frühen Gesellschaften vor der Entstehung staatlicher Herrschaft. stw 333

Wunderle, Michaela: Politik der Subjektivität. Texte der italienischen Frauenbewegung. es 884

75/3/8.84